뇌전증과 지적장애

Vee P. Prasher, Mike P. Kerr 엮음 | 송길연, 문진화, 이진숙 옮김

Σ 시그마프레스

뇌전증과 지적장애

발행일 | 2015년 11월 30일 1쇄 발행

편저자 | Vee P. Prasher, Mike P. Kerr
역자 | 송길연, 문진화, 이진숙
발행인 | 강학경
발행처 | (주)시그마프레스
디자인 | 송현주
편집 | 김성남

등록번호 | 제10-2642호
주소 | 서울특별시 영등포구 양평로 22길 21 선유도코오롱디지털타워 A401~403호
전자우편 | sigma@spress.co.kr
홈페이지 | http://www.sigmapress.co.kr
전화 | (02)323-4845, (02)2062-5184~8
팩스 | (02)323-4197
ISBN | 978-89-6866-512-7

Epilepsy and Intellectual Disabilities

* 책값은 뒤표지에 있습니다.
* 이 도서의 국립중앙도서관 출판예정도서목록(CIP)은 서지정보유통지원시스템 홈
페이지(http://seoji.nl.go.kr)와 국가자료공동목록시스템(http://www.nl.go.kr/
kolisnet)에서 이용하실 수 있습니다.(CIP제어번호 : CIP2015031935)

이 책을 번역하기로 마음먹은 것은 뇌전증과 지적장애를 갖고 있던 한 아동을 보고 나서였습니다. 지적장애로 상담을 하게 된 아동이 주의집중에서 다른 아이들과 다른 특이한 현상을 보인 후 문진화 선생님에게 조언을 구했고, 그 아동은 병원 검사 결과 뇌전증으로 진단받았습니다. 아동은 더 이상의 뇌기능 손상을 막기 위해 뇌전증에 대한 치료를 받고 있습니다. 제 입장에서 그 일은 그동안 발달장애의 여러 영역에서 자주 수반되어 나타나는 뇌전증이 지적장애를 가져온다는 사실을 알게 된 중요한 계기였습니다. 그 후 임상 현장에서 일하는 의료전문직 종사자, 심리전문가들이 뇌전증과 지적장애와의 관련성을 종합적으로 볼 수 있는 자료가 필요하다는 인식을 문 선생님과 공유하고 자료를 찾던 중 이 책을 알게 되었습니다. 이 책은 우리의 요구에 맞는 내용으로 구성된 유일한 책이었습니다.

뇌전증과 지적장애에 대한 이 책은 3부로 구성됩니다. 1부는 임상적 문제, 2부는 치료 문제, 3부는 심리사회적 문제에 대한 내용으로 이루어져 있습니다. 뇌전증은 의학 분야에서만 관심을 갖고 치료해야 하는 영역이 아니라 심리사회적, 교육적 영역에서도 고려해야 하는 질환 중 하나입니다. 특히 발달과정에서 발생한 뇌전증은 발달과업 수행에 큰 영향을 주게 되므로 의학적인 접근과 함께 심리사회적 측면과 교육적 측면의 접근이 반드시 필요합니다. 이 책은 그러한 접근의 기초를 충분히 다져주리라 확신합니다.

이 책이 뇌전증을 가진 아동·청소년들을 현장에서 만나는 의사, 간호사, 심리전문가, 교육전문가, 상담전문가, 특수교사, 일반교사들에게 도움이 되길 바랍니다. 그리고 이 책을 출발점으로 해서 뇌전증과 지적장애의 관계에 대한 더 많은 연구가 이루어지길 고대합니다.

번역자들 모두 열심히 번역하였으나 미흡한 부분이 있을 수 있습니다. 여러분이 조언을 주시면 고맙겠습니다. 가치 있는 책을 기꺼이 출판해주시는 (주)시그마프레스 강학경 사장님과 전문적 식견을 갖춘 꼼꼼한 편집진에게 큰 감사를 드립니다.

역자 대표

추천사

<big>뇌</big>전증과 그 치료 충격을 완화시키는 것은 환자와 그들의 가족에게 상당한 도전과 어려움이며, 뇌전증과 지적장애의 두 가지 문제가 같이 있는 경우 어려움은 더욱더 커지게 된다. 지적장애가 있는 사람에게 발작이 있는 것이 정신의학자와 신경학자에게 더 높은 단계의 진단과 치료에 대한 이해를 요구하는 것은 잘 알려져 있는 사실이다. 최근의 발전된 약물적·비약물적 치료, 유전학, 영상기술의 발전, 그리고 서비스 제공에 대한 다학제적 접근들은 발작과 지적장애가 있는 환자들의 삶을 극적으로 향상으로 이끌고 있다.

지적장애와 뇌전증 사이의 연관관계를 다루는 책은 많이 있으나, **뇌전증과 지적장애**는 주로 지적장애의 관점에서 이 문제를 바라보는 첫 번째 책이라고 할 수 있다. 이 책은 단지 발작성 질환에 대한 것을 다룬다기보다는 인지장애, 성격에 미치는 영향, 그리고 정신적·신체적 문제의 발생빈도와 같은 다른 복잡하고 서로 연결되어 있는 문제들에 중점을 두고 있다. 이 책은 과학적으로 쓰여진 문헌들의 간극을 채워 줄 것으로 생각한다.

뇌전증과 지적장애의 편집자들은 국제적으로 명성 있는 전문가 그룹이 뇌전증과 지적장애가 있는 환자들을 치료하였던 그들의 지식과 경험을 공유하기 위하여 함께 모였다는 점에서 축하받을 만하다. 그들의 노력은 수십 년간의 연구 결과를 한데 묶어 이 사회적으로 취약한 집단에서의 발작 조절에 관한 임상적 문제들의 최신 지견을 제공하는 이 훌륭한 책을 만들게 되었다.

이 책이 향후 수년간 뇌전증과 지적장애를 다루는 전문가들의 필독서가 될 것이라 믿어 의심하지 않는다. 편집자들에게 찬사를 보내며 그들의 책인 **뇌전증과 지적장애**와 함께 모두 성공하기를 바라 마지않는 바이다.

Gus A. Baker, PhD FBPsS
영국 리버풀대학 임상신경심리학 교수

저자 서문

이 책은 지적장애가 있는 환자들에서 뇌전증의 중요한 측면들에 대한 다양한 학문 분야의 최신 지견들과 연구 및 임상치료 결과들을 한데 모은 것이다. 지적장애와 뇌전증이 있는 환자들을 돌보는 것과 관련된 전문가들은 주요 연구 결과와 임상적 문제들에 대한 포괄적인 이해를 하는 것이 중요하다. 학문적인 책들은 종종 사람중심의 접근 관점을 잃어버리기 쉽다. 반면 임상실무자들은 적합한 돌봄을 제공하는 가장 최신의 관련지식들을 항상 갖추고 있지 못할 수도 있다. 이 책은 이러한 간극을 메우고자 하는 의도로 만들어졌다.

더 나아가 이 책은 일반인구집단에서의 뇌전증에 대한 중요한 연구들과 임상적 측면들이 포함되어 있으며 지적장애가 있는 환자들에게도 비슷한 맥락을 제시한다. 의심할 여지 없이 지적장애가 있는 환자들보다 일반인구집단에서 연구와 임상적 치료들이 더 많이 발전되어 있다. 그러므로 지적장애를 다루는 전문가들과 학자들은 일반인구집단에서의 진행 중인 발전들을 완전히 알고 있는 것이 중요하며, 이는 지적장애가 있는 집단에서도 틀림없이 중요한 문제가 될 것이다.

지적장애 집단에서 뇌전증이 있는 것은 단지 하나의 질병만으로 논의될 수 없다. 환자와 보호자에게 미치는 영향은 항상 고려되어야 할 필요가 있다. 지적장애가 있는 성인에서 뇌전증이 발생하는 것은 여러 학문 분야에 걸친 접근이 필요하다.

이 책에서 지적장애(intellectual disability)라는 용어는 전체 본문에 걸쳐 사용된다. 이 용어는 아직 전반적으로 받아들여진 것은 아니며, 전 세계적으로 비슷한 뜻을 가진 다른 용어들도 사용되고 있음을 알고 있다. 예를 들어 정신지체(mental retardation), 학습장애(learning disability), 정신불구(mental handicap), 발달장애(developmental disability), 또는 지적불구(intellectual handicap) 등이 다른 국가에서는 사용되고 있다. 이 책에서는 지적장애가 이러한 용어들과 동의어로 사용되고 있다.

감사의 글

저자들은 너그러운 마음으로 이 책에 기여한 많은 학식 있는 임상가들과 연구자들의 도움을 받았다. 그들의 지원과 기여가 없었더라면 이 책은 존재하지 못하였을 것이다.

차례

|제4장| 지적장애 환자에서의 뇌전증 진단 _P. Martin   51

|제5장| 뇌전증의 감별질환 _S. M. Zuberi   73

제2부   치료 문제

|제6장| 지적장애 환자에서 급성발작의 치료 _F. M. C. Besag   101

제3부 심리사회적 문제

1부

임상적 문제

서론

M. P. Kerr

지적장애(Intellectual Disability, ID)와 뇌전증(epilepsy)이 흔히 같이 공존하는 상황은 이 병을 앓는 환자들과 그들을 돌보는 사람들에게 특별한 도전 과제이다. 이 두 가지 상황 사이에는 상당히 중복되는 점들이 존재하여 문제를 더욱 복잡하게 만든다. 먼저 ID는 실질적으로 지능 구조, 적응기능, 발달에 끼치는 영향들을 망라하는 포괄적인 용어이다. 그러므로 종종 교육, 취업, 건강을 포함하여 복합적 돌봄을 필요로 하는 생물학적 및 사회적 요소들을 갖고 있는 것으로 보인다. 뇌전증도 비슷한 문제들을 갖고 있는데, 이는 본질적으로는 생물학적 문제이면서 환경의 영향을 받고 있고, 신체적·심리적 건강에 많은 영향을 미친다. 뇌전증은 또 불행한 사회적 결과들을 가져올 수 있으며, ID와 마찬가지로 최선의 치료를 위해서는 다양한 전문가들의 참여가 필요하다.

이러한 상황들은 ID가 있는 사람들의 건강 돌봄에 대한 경험이 다 같지 않다는 것을 입증하는 자료들에도 잘 반영된다. ID 환자들의 의료에 대한 접근 및 건강증진 서비스를 받는 정도가 모두 같지 않다는 것과, 이들의 입원 및 사망률이 증가되어 있다는 것은 잘 알려진 사실이다. 이는 ID와 뇌전증을 같이 앓고 있는 사람들에서도 잘 나타나며, 종종 더 많이 나타날 수 있다.

V. P. Prasher, M. P. Kerr(eds.) *Epilepsy and Intellectual Disabilities,*
DOI : 10.1007/978-1-84800-259-3_1, ⓒ Springer Science+Business Media, LLC 2008

그러므로 뇌전증 관리의 초점은 이들을 다양한 의료적 경험으로 이끄는 그러한 문제들을 다루는 것에 있다. 이 장에서 저자는 문제들이 어떻게 연관되어 있는지를 보여주는 한 임상 시나리오를 이용할 것이다. 이 시나리오는 아래에 기술하게 될 존이라는 환자에 대한 것이다. 그는 당신이 아는 전문가, 돌보는 사람, 친구, 또는 친척 중의 한 명이거나, 또는 그의 소망을 실현하고 뇌전증 관련 질병에 걸리는 것을 줄일 수 있도록, 당신이 개별적 일괄치료 패키지를 제공하거나 이에 대한 접근을 하고자 하는 사람일 수도 있다.

존은 24세의 청년이며 정부지원 주거시설에 거주하고 있다. 그의 장애는 의사소통 문제, 신체적 돌봄의 필요, 잦은 발작 등이다. 그는 뇌전증과 행동 문제로 여러 가지 약을 복용하고 있으며, 자신의 담당 일반의를 '필요에 따라' 만나고 있다. 그에 대한 마지막 보고서에는 그의 상태가 안정적이라고 기록되어 있었으며 추가적인 전문가 진료를 위한 계획은 없었다.

존과 같은 사람이 ID와 뇌전증이 같이 있는 환자들을 대표하지 않는다고 할 수는 없다. 그는 임상적이면서도 돌봄과 관련된 어떤 문제들을 제기하고 있는데, 더 중요한 것은 그가 양질의 임상적 관리를 받는다면 많은 유익을 얻을 수 있다는 것이다. 그에 대한 평가 및 관리에는 앞으로 이 책에서 다루어질 몇 가지 핵심요소들이 있다. 먼저 존이 직면하고 있는 첫 번째 문제(적합한 치료에 접근하기)를 설명한 후 이어서 요약하도록 한다.

치료에 접근하기

이러한 범위의 문제를 갖는 환자는 신경과, ID 정신과, 또는 뇌전증 지식을 갖춘 다른 치료시설들과 같은 뇌전증 전문 치료시설에 접근할 수 있어야 한다. 뇌전증 관련 사망 국가감시평가(National Sentinel Audit) 자료에 따르면 소아에서 성인 서비스로 이행하는 일부 환자들은 사실상 뇌전증 치료를 이행하지 못하며, 이러한 환자들은 뇌전증 관련 사망을 겪기 쉽다. 이와 같은 결과를 피하기 위하여 존을 돌보는 사람들은 치료 서비스에 접근할 필요가 있다. 영국에서는 1차 치료 서비스로의 접근에 존재하는 어려움 때문에 치료 이행이 더욱 방해받을 수도 있다. 돌보는 이들, 지지자들, 또 관련 전문가들은 뇌전증이 존의 삶에 미칠 영향과 위험성에 근거하여 적극적인 치료 의뢰가 필요할 수 있다.

올바른 진단을 얻는 것

전문가 서비스는 먼저 뇌전증을 정확히 진단하고 발작의 종류 및 증후군을 확진하는 것에 초점을 맞출 것이다. 이것은 존의 상태와 병의 예후에 대하여 더 많은 이해를 얻도록 도와준다. 만일 진단이 사실상 잘못된 것이었다면 불필요한 약을 줄임으로써 유익을 얻을 수도 있을 것이다.

치료 문제

존은 그의 치료 선택들에 대한 상세한 접근으로부터 많은 유익을 얻을 수 있다. 그가 적합한 치료의 길에 있을 때 자신이 처한 상황과 본인이 원하는 치료 선택들에 대한 이해가 가능해질 것이다.

양질의 치료는 그가 가진 증후군과 발작 유형에 맞게 약이 짝 지어지도록 하며 약물 부작용 가능성을 명확히 평가하는 것이다. 이 책의 뒷부분에서 논의하겠지만 수술적 치료에 대한 접근은 발작 변화의 관점에서 희망을 제시할 수도 있다.

많은 ID 환자들에서 급성발작의 조절을 통하여 전체 발작 횟수를 감소시키기 위해 노력하는 만큼 삶의 질은 더 향상된다. 급성발작의 조절로 입원 횟수는 줄고, 사회 및 주거에 대한 선택들은 더 늘어나기 때문이다. 뇌전증 지식을 갖춘 서비스기관이라면 어디든 급성발작 조절계획의 필요성을 설명하려고 할 것이다.

심리사회적 문제

이 문제들은 종종 개인 뇌전증 치료에 있어 가장 중요한 부분이기도 하다. 돌보는 이들은 행동 문제들이 뇌전증 치료를 무력화시킬 수 있는 것과 마찬가지로 뇌전증 치료 변화와 연관된 행동 변화에 대한 두려움이 치료 진행을 중단시킬 수도 있음을 걱정한다.

많은 뇌전증과 ID가 같이 있는 환자들과 마찬가지로 존은 공존행동 문제들을 갖고 있다. 이 연관성은 이 책의 뒷부분에서 자세히 다루어질 것이다. 공존행동 문제에 대한 명확하고 일관적인 접근은 삶의 질이라는 관점에서 존에게 많은 것을 제공할 수 있을 것이다. 그 외에 심리사회적 관심사들도 다루어질 필요가 있다. 뇌전증과 그 치료가 존의 인지적 웰빙에 미치는 영향을 강조하고 설명하는 것은 돌보는 이들과 가족의 불안을 덜어주고 치료의 중요성을 확실히 하는 데 도움이 된다. 사람들에게 발작의 부정적인 영향에 대해 알려주면서, 발작에 대한 두려움으로 발생하는 사회적 삶의 어려움을 최소화하도록 노력하는 것은 사실상 어려운 과제이며, 특히 발작 관련 사망에 대하여 언급할 때에는 가장 어려운 일이 될 수 있다. 그러나 우리의 위치는 환자와 그 가족들이 선택과 위험성을 완전히 이해하면서 삶을 꾸려나가고 치료를 선택할 수 있도록 잘 알려주는 것이다.

일괄치료의 제공

의료의 연속성을 제공하는 것은 존의 일생에 걸쳐 주된 필요가 될 것이다. 이 연속성은 발작평가와 치료는 물론 돌봄 환경 변화에 대응하는 것들을 포함하여야 한다. 더 이상 가족과 함께 살지 않는 ID 환자들은 일생 동안 많은 의료진의 변화를 겪기 쉽다. 많은 사람들처럼 그들의 건강 요구에 대한 의사소통능력은 약화될 것이고 의료진의 변화는 만성질환 치료에 상당한 위험요인이 될 수 있다. 이 같은 상황은 한 환자의 삶에 있어 일관성 있는 의료 서비스가 필요함을 강하게 주장하고 있지만, 불행히도 이러한 필요성은 조기퇴원이라는 (제도적) 요구와는 일치하지 않는 것이다. 숙련되고 다양한 전문가팀이 있는 뇌전증 지식을 갖춘 서비스기관들은 최소한 존과 같은 이들을 장기간에 걸쳐 지지하는 어떤 연속성을 제시할 수 있을 것이다.

결론적으로 이 책의 광범위한 지식들은 이러한 지식을 아는 것이 개인의 삶을 증진시킨다는 단순한 가정에 그 중심을 두고 있다. 배우고자 하고, 기술과 능력을 지속적으로 확장하고자 하는 전문가들의 열심으로부터 ID 환자들은 많은 유익을 얻게 될 것이다.

뇌전증 : 일반적 개관

A. Johnston & P. Smith

서론

뇌전증은 흔한 장애이며, 만성적이고 사회적인 격리를 가져오는 상황이다. 21세기에도 뇌전증이라는 진단은 사회적 낙인을 동반하며 개인과 가족들에게 신체적, 심리적, 재정적 영향을 끼친다. 그럼에도 불구하고 이 병의 과학적 기반에 대한 이해의 증가와 신경영상학, 신경외과학, 신경약물학적 진전들은 뇌전증 환자와 그 가족들에게 더 많은 검사 및 치료법에 대한 선택과 함께 더 나은 삶의 질에 대한 희망을 주고 있다.

뇌전증은 임상적인 진단으로, 단 하나의 '진단 검사법'은 없다. 임상의들은 진단되지 않은 의식소실이 있는 모든 사람들, 심지어 이미 뇌전증이라는 병명을 갖고 있는 사람들에서도 뇌전증 진단을 확증하기 위하여 많은 시간과 주의를 기울여야 한다. 뇌전증 치료의 궁극적인 목적은 약물 부작용 없이 발작으로부터 자유로워지는 것이다.

정의

발작(seizures)은 갑작스럽고 대개 일시적인, 정형화된 형태의 행동, 감정, 운동 또는 감

V. P. Prasher, M. P. Kerr(eds.) *Epilepsy and Intellectual Disabilities*,
DOI : 10.1007/978-1-84800-259-3_2, © Springer Science+Business Media, LLC 2008

각 기능 이상을 보이는 임상적 사건들로, 의식의 변화는 동반될 수도 있고 동반되지 않을 수도 있다. 원인은 일련의 뇌신경세포들로부터 발생하는 비정상적으로 과도한 동시성 방전에 의한다. 발작의 진단은 대부분 임상적으로 이루어지며 과거의 병력과 정확한 목격자 진술에 많이 의존하게 된다.

뇌전증(epilepsy)은 유발요인이 없는 발작의 재발을 겪는 경향이다. 실제로는 두 번 이상의 자발적인 발작이 24시간 이상의 간격을 두고 일어나는 것을 의미한다. 단 1회의 발작으로 끝나는 것은 뇌전증이 아니다.

간질중첩증(status epilepticus)은 장시간의 발작, 또는 도중에 의식 회복 없이 발작이 반복되는 것이 30분 이상 지속되는 상황이다.

발작의 분류

발작의 분류는 아직까지 국제뇌전증연맹분류및용어위원회(Commission on Classification and Terminology of the International League Against Epilepsy)의 1989년 합의보고에 기초하고 있다.[1] 발작 방전에는 다음 두 가지 주요 패턴이 있다.

- 국소 피질 이상으로부터 발생하는 것으로 부분적으로 시작하는 발작을 일으킨다. 흔히 전조증상과 함께 시작하는데, 이것은 그 부분의 피질기능을 반영한다(예 : 시각피질에서 발생하는 시각전조증상).
- 양쪽 대뇌반구의 즉각적인 동시적 극서파를 특징으로 하는 것으로 전신발작을 일으킨다. 발작 중에는 경고 증상 없이 갑자기 의식이 소실되는데 이는 광범위한 피질과 피질하 부위가 관련되기 때문이다.

부분발작

부분발작(partial seizures)은 **단순형**(simple, 의식이 유지됨)과 **복합형**(complex, 의식의 변화가 있음)으로 나뉜다. 복합부분발작은 전조증상으로 시작되기도 하지만 점차 의식의 변화가 있으면서 상동적인 행동('자동증', 예 : 입맛 다시기, 만지작거리기, 의복 잡아당기기)을 보이며, 때로는 더 복잡하거나 괴상한 행동을 하기도 한다. 발작 후에는 종종 발작후착란기가 뒤따른다. 환자는 전조증상을 기억할 수는 있어도 발작 자체는 기억하지 못한다.

임상적인 특징은 발작의 시작부위를 반영한다. 발작 시작 시의 증상(전조증상)은 발작의 위치를 알아내는 데 유용하다. 부분적으로 시작하는 발작 대부분은 측두엽이나 전두엽에서 발생한다.

- **측두엽발작**(temporal lobe seizures) : 전형적인 복합부분발작이다. 전조증상은 상복부 이상감각(해마경화증이 있음을 암시), 데자뷔 현상(전형적으로 우성대뇌반구에서 시작), 이상한 맛이나 냄새, 종종 불유쾌한 정신적 현상으로 일어날 수 있다. 청각 환각은 흔하지 않으며 외측 측두엽의 병변을 암시한다. 자율신경계 증상으로는 얼굴이 붉어지거나 동공산대, 무호흡, 심박동수 변화 등이 있다. 발작 중의 운동 현상으로 입맛 다시기, 코 문지르기(편도핵 관련), 손의 자동증(예 : 의복 잡아당기기, 발작 시작부위와 동측), 상지의 근긴장이상자세(발작 시작부위와 반대쪽) 등이 있다. 머리가 강제로 돌아가면서 이차적인 전신 강직간대발작을 하는 것은 측두엽발작 환자들에서 흔하며, 발작파가 측두엽을 넘어 퍼져가는 것을 암시한다.

- **전두엽발작**(frontal lobe seizures) : 다양한 종류의 발작형태를 포함하는데, 이는 전두엽의 크기가 크기 때문이다. 전형적인 잭슨형(Jacksonian) 뇌전증은 운동피질에서 기원하며, 사지의 움찔거림이 손(대개 엄지손가락, 해당 피질영역이 넓은 것을 반영함)으로부터 전신으로 퍼져나가는 '행진' 형태로 나타난다. 발작 후에는 일시적인 국소쇠약(Todd 씨 현상)이 있을 수 있다. 또 다른 경우에는 강제로 머리와 눈이 한쪽으로 돌아가며(발작 시작부위와 반대쪽), 팔은 움찔거리거나 들어 올린 자세로 나타난다('펜싱 자세'). 말을 못하거나 의미 없는 중얼거림(모두 우성대뇌반구에서 시작함을 암시)이 있을 수 있다. 보조운동영역에서 발생하는 발작은 특징적으로 매우 짧고(30초 미만), 종종 수면 중에 발생한다. 의식은 흔히 유지되며, 때로 '과잉행동' 현상(예 : 달리기, 주먹질하기, 자전거 타는 행동)을 보인다. 심부 뇌중앙으로부터 발작이 시작되는 경우에는 두피에서 기록하는 뇌파에서 정상 소견을 보일 수도 있다. 괴상한 행동들과 발작 중의 뇌파에 변화가 없는 것이 같이 나타나는 경우에는 심인성으로 오인될 수도 있다.

- **후두엽발작**(occipital lobe seizures) : 후두엽발작은 흔하지 않으며 불빛이나 색깔이 있는 공과 같은 시지각의 이상으로 나타나며, 대부분 반대쪽 시야에 발생하고, 동측으로 안구의 전위가 있을 수 있다. 임상적으로 종종 편두통 증상과 중복된다.
- **두정엽발작**(parietal lobe seizures) : 두정엽발작은 드물며 편측의 양성 감각이상이 특징이다(예 : 저리거나 통증).

전신발작

전신발작(generalized seizures)에서 의식 손상은 시작부터 나타난다. 전신발작의 주요 유형에는 소발작, 근간대발작, 강직간대발작, 강직발작, 무긴장발작이 있다.

소발작(Absences)

- **전형소발작**(typical absences) : 소아전형소발작은 갑작스런 의식소실을 특징으로 하며, 순간적으로 행동을 멈추는 것이다. 눈꺼풀의 근간대가 있을 수 있으며 체간의 긴장도가 변하거나 자동증을 보일 수도 있다. 발작 시의 뇌파는 매우 특징적으로 3Hz 전반극서파(그림 2.1)를 보인다. 뇌파의 변화와 발작은 과호흡을 시키면 특징적으로 유발될 수 있다.
- **비전형소발작**(atypical absences) : 전형적 발작보다 더 흔하며 더 길고, 시작과 끝은 덜 급격하다. 근간대나 근육긴장도의 변화가 종종 동반된다. 의식소실은 불완전한 경우가 많다. 발작 시의 뇌파는 느리거나 빠른 극서파 활동도를 보인다. 비전형소발작은 이전부터 뇌손상이 있었거나 지적장애가 있는 경우에 특징적으로 발생하며, Lennox-Gastaut 증후군의 일부로 나타날 수도 있다.

근간대발작(Myoclonic Jerks)

근간대발작은 짧은 사지의 움찔거림으로 특히 팔에서 잘 나타난다. 급작스럽게 나타나며, 대개 대칭적이고, 때로는 과격하며, 종종 피질의 방전과 관련이 있다. 몇몇 뇌전증증후군들에서도 나타날 수 있다.

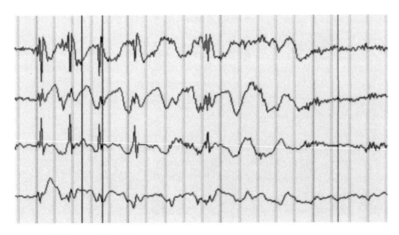

그림 2.1 극서파 활동을 보여주는 뇌파

강직간대발작(Tonic-Clonic Seizure)

강직간대발작은 의식의 소실 뒤에 '강직기'(팔다리를 뻗고 뻣뻣해지며 때로 울부짖음, 청색증, 혀 깨물기가 발생한다)와 '간대기'(율동적인 팔다리의 짧은 수축)가 이어서 나타난다. 환자는 다치거나 요실금이 발생할 수 있다. 발작이 끝난 후 환자는 몽롱해지며, 두통이나 근육통을 호소한다.

강직발작(Tonic Seizure)

강직발작은 사지와 체간의 근육이 수축하는 것으로 나타나며, 의식의 변화가 있고 종종 넘어지거나 다칠 수 있다.

무긴장발작(Atonic Seizure)

무긴장발작은 갑작스런 근육 긴장도의 소실에 의해 일어나며, 종종 넘어지거나 손상을 일으킨다.

이차성 전신강직간대발작

이차성 전신강직간대발작(secondary generalized tonic-clonic seizures)은 부분발작이 선행한 후에 일어나거나 일차성 전신발작과 유사하게 별다른 경고 없이도 발생한다. 수면 중 발생하는 경련(convulsion)은 대개 이차적으로 전신화된 경우가 많으며, 깨어 있을 때 발생하는 경련은 일차성 전신발작인 경우가 많다.

뇌전증의 분류

발작의 분류와 비슷하게 뇌전증의 분류도 1989년 국제뇌전증연맹분류및용어위원회에서 보고된 합의에 근거하고 있다.[1] 각각의 뇌전증은 여러 형태의 발작을 나타내며, 아래 두 가지 특징에 의해 분류된다.

1. **발작 시작부위** : (임상적으로나 뇌파상) 우세한 발작의 유형은 전신성(전신뇌전증에서) 또는 국소성(국소성 또는 국소화 관련 뇌전증)으로 간주된다.
2. **발작 추정원인** : 추정되는 발작원인은 증상관련(symptomatic, 구조적 원인이 알려져 있음을 의미)이거나 잠재성(cryptogenic, 추정되는 구조적 원인이 확인되지 않음), 또는 특발성(idiopathic, 이것은 단지 '원인을 모른다'는 것이 아니라 유전적 원인으로 추정되며, 발작이 특정 연령대에 시작하여 특정 연령대에 끝나고, 정상 뇌영상 소견과 항뇌전증약에 좋은 반응을 보일 것이 예견됨을 암시)일 수 있다.

뇌전증의 원인

성인에게서 가장 흔한 뇌전증은 특발성전신성과 증상관련국소성이다.

특발성전신성뇌전증

특발성전신성뇌전증(idiopathic generalized epilepsies)은 여러 가지 형태를 보이나, 가장 잘 알려진 예는 소아소발작뇌전증(childhood absence epilepsy)과 청소년근간대뇌전증(Juvenile Myoclonic Epilepsy, JME)이다. JME에서 나타나는 발작들은 아침에 발생하는 근간대, 잠에서 깰 때 발생하는 전신강직간대발작, 때때로 소발작과 광과민성이며, 모두 수면박탈 후 잘 일어난다. 발작은 전형적으로 10대에 시작하지만, 뇌전증 경향은 평생토록 지속된다. 뇌파는 발작사이기간에 전반적 다발극서파를 보인다(그림 2.2).

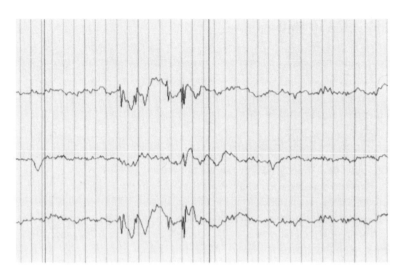

그림 2.2 다발극서파 활동을 보여주는 뇌파

발작은 valproate에 잘 반응한다.

증상관련국소성뇌전증

증상관련국소성뇌전증(symptomatic focal epilepsies)은 다양한 원인을 갖는다. 성인에서 가장 흔한 원인은 해마(내측두엽)경화증이다. 전형적으로 나이가 어릴 때 뇌손상을 받았던 과거력이 있다(예 : 장시간의 국소성 열성경련 후 수년간 잠재기로 지내다가 복합부분발작이 시작되며 특징적으로 상복부 전조증상이 있음). 발작은 종종 항뇌전증약에 잘 반응하지 않으며 뇌전증은 시간이 지남에 따라 점점 악화되고 약물농도 증가가 필요한 경우가 많다. 수술(측두엽절제술)은 강력한 완치 치료법이다. 그 외 흔한 증상관련국소성뇌전증에는 두부손상 후 발생하는 경우(전형적으로 전두엽, 측두엽)와 종양(특히 뇌피질을 침범하는 저등급 종양들로 때때로 약물치료반응이 나쁘며 잦은 발작을 일으킨다), 피질형성이상(작은 국소부위를 침범하고 정상인지기능을 보이는 것부터 전체적 피질이상이 있고 심한 지적장애가 있는 경우까지 다양함), 동정맥기형과 해면혈관종(미세출혈 후에 침착되는 철은 뇌전증 유발 경향이 강함) 등이 있다.

역학

뇌전증은 성인에서 뇌졸중 후에 발생하는 가장 흔한 만성 신경학적 질환이다.

발생률

선진국에서는 매년 10만 명당 약 50명의 뇌전증 환자가 발생한다(열성경련과 일회성 발작은 제외).[2] 개발도상국에서는 발생률이 더 높으며 10만 명당 거의 100명으로, 대략 2배의 발생률을 보인다. 발생에 기여하는 요인으로는 사회적 박탈, 영양결핍, 출생 전과 출생 시의 합병증, 그리고 영구적인 뇌손상을 가져오는 질병 위험성의 증가(예 : 신경낭미충증, 뇌수막염, 뇌 말라리아) 등이 있다.[3]

유병률

1,000명당 5~10명의 사람들이 뇌전증으로 진단받는다(열성경련, 일회성 발작, 비활동성 환자 제외). 일생 동안의 발작유병률(비열성 뇌전증성 발작이 평균적인 일생 중 특정 시점에서 발생할 위험성)은 대략 2~5%이다.[4] 유병률은 신생아와 어린 소아에서 가장 높고, 노년기에 다시 정점이 있다.

뇌전증의 감별진단

의식의 변화를 보이는 사건들에서 가능한 진단은 매우 많다. 그러므로 뇌전증이라는 진단을 내리기 전에 먼저 가능한 유발요인과 관련된 정보를 수집하는 것은 매우 중요하다. 파악해야 할 임상병력에는 의학적 병력 전체가 포함되며, 특히 과거의 심각한 두부손상, 뇌수막염 또는 뇌염, 출생력, 열성경련, 또 어떠한 뇌전증이라도 진단받은 가족이 있는지 등이 포함되어야 한다.

　뇌전증의 진단은 임상적으로 이루어지며, 정확한 개인 또는 목격자의 증언에 의존하고, 발작시기의 사건들(즉 선행전조증상, 발작 도중과 발작 후의 상태 등)에 집중해야 한다. 뇌전증의 진단은 일생을 바꿀 만한 사건이며, 심리적 결과가 따르므로 충분히 납득할 만한 확실성이 있을 때에만 진단 및 관련 치료가 시작되어야 한다. 환자를

표 2.1 뇌전증과 감별해야 할 진단들

실신	혈관미주신경성(본문 참조) 기립성(자율신경부전) 심장성(부정맥 또는 구조적)
정신성	공황발작 해리발작
혈관성	편두통(특히 뇌기저동맥 편두통) 일과성 허혈발작(특히 뇌간) 일과성 전체기억상실
수면장애	사건수면 기면증
대사성	저혈당증과 인슐린종 저칼슘혈증
독성	약물 알코올

처음 접했을 때에는 관련 정보들을 다 알지 못할 수도 있다. 시간의 경과는 잘못된 진단을 피하는 데 중요한 진단도구가 될 수도 있다. 뇌전증발작으로 오인되는 가장 흔한 경우는 실신(혈관미주신경성 또는 심장성), 비뇌전증성 발작행동, 수면장애이다. 〈표 2.1〉은 뇌전증의 감별진단으로 고려할 수 있는 상황들을 대략적으로 기술하고 있다.

실신

실신(syncope)은 대뇌 혈류의 급격한 감소로 인한 갑작스럽고 일시적인 의식의 소실이며, 뇌전증과 가장 흔히 혼동되는 상황이다. 〈표 2.2〉는 뇌전증과 실신의 차이를 비교하여 보여주고 있다.

또 실신은 뇌전증과 마찬가지로 임상적인 진단이며, 목격자의 진술이 중요하다. 실신에는 두 가지 형태의 아형이 있다.

표 2.2 발작과 실신

	발작	실신
유발요인	드물다	흔하다
상황	어디서나	욕실 댄스 술집 대기행렬
전구증상	전조증상	구역, 식은땀 흐린 시야 청력약화
시작	갑자기	점차로
지속시간	몇 분	몇 초
의식	잃음	짧은 무의식 쓰러졌던 것을 기억할 수도 있음
움찔거림	흔하다	짧다
대소변실금	흔하다	드물다
외측 혀 깨묾	흔하다	드물다
피부색	창백, 푸른색, 청색증	매우 창백, 흰색
회복	느리다	빠르다
혼란	흔하다	드물다

출처 : Smith에서 인용.[5]

신경심장성실신

신경심장성실신(neurocardiogenic syncope)은 혈관미주신경성실신의 주요 형태이며 의식소실의 가장 흔한 원인이기도 하다. 대부분 오래 서 있거나, 무더운 환경, 놀람, 혈액을 보는 것과 같은 분명한 유발요인이 있다. 혈관미주신경성실신은 전형적으로 구역, 축축함, 발한, 터널모양 시야, 시각소실(흐리게 보이거나 검게 보임)과 같은 전구증상들과 함께 시작된다. 환자는 창백해 보이며 땀을 흘리기도 한다. 실신 시에는 근육긴장도가 떨어지며, 눈동자는 위로 올라가고, 환자는 바닥에 쓰러진다. 무산소기에 짧고 작은 몇 번의 움찔거림을 보일 수 있는데, 이것은 뇌전증발작과 쉽게 혼동될 수 있다. 의식은 대개 몇 초 이내에 다시 회복된다. 기억상실, 기면증, 혼란은 대부분 짧게 나타난다. 손상이나 실금이 때로 발생할 수 있으나 외측 혀를 깨무는 것은 매우 드물다.

실신 후 환자가 계속 선 자세로 있는다면 증상이 더욱 악화될 수 있다(예 : 화장실이나 좁은 비행기 안에 한정되어 있다면 의식의 회복이 늦어지고 이차적인 무산소성 경련을 일으킬 수도 있다).

사건 당시 상황과 목격자의 증언을 포함한 정확한 병력청취는 혈관미주신경성실신의 진단에 대부분 충분하다. 12-전극 ECG는 가장 중요한 (그 외의 심한 실신의 원인을 배제하는 데 유용한) 검사법이며 머리상방기울임테이블검사가 진단에 도움이 될 수 있다.

심장성실신

신경심장성실신은 매우 양성의 경과를 보이는 반면, 심장성실신(cardiac syncope)은 치명적일 가능성이 있다. 원인으로는 심장부정맥(예 : Wolff-Parkinson-White 증후군, QT 연장증후군) 또는 구조적 심장질환(예 : 비대심근병, 대동맥판협착) 등이 있다. 심장성실신의 원인을 알기 위해서는 정확한 병력, 전반적인 신경학적 검사와 심장검사, 심전도검사(ECG), 심장초음파검사, 때로는 지속적 ECG 모니터링(24시간 또는 매입형 장기모니터링)이 필요하다.

정신성비뇌전증발작장애(Psychogenic Nonepileptic Attack Disorders)

이전에 뇌전증으로 진단받았던 (종종 수년간) 환자들이 많게는 약 20% 정도까지도 비뇌전증발작이었던 것으로 판명되고 있다.[6,7]

공황장애(Panic Disorder)

공황증상은 대개 과호흡, 어지러움, 두근거림, 흉통, 발한, 시야 흐려짐, 피로, 감각이상, 그리고 종종 압도적인 공포와 불안기로 특징지어진다. 대개 쉽게 인식될 수 있으나 어떤 경우에는 측두엽발작과 구별하기 어려울 수도 있다.

해리장애(Dissociative Attacks)['거짓발작(Pseudoseizures)']

해리장애는 심리적으로 매개된 의식이나 행동변화 사건들이며 어떠한 형태의 뇌전증과도 유사하게 나타날 수 있다. 해리장애가 있는 대부분의 (학력이 낮고 장애가 있는) 성인은 여성이며(75%),[8] 대개 10대 후반이나 20대 초반에 나타난다. 과거 병력에서 여러 번의 설명되지 않은 질병이 있었거나 여러 번의 검사를 받은 적이 있고, 신체적 또는 성적 학대 경험이 있을 수도 있다. 검사 결과들이 정상이면서 고용량의 항뇌전증약을 투여해도 발작이 자주 발생하고, 때로는 하루에도 여러 번 발생하며, 심지어 '간질중첩증'으로 추정되어 병원에 입원하거나 집중치료를 받기도 한다.

뇌전증발작보다는 비뇌전증발작을 추측하게 하는 특징들은 서서히 시작함, 긴 지속시간, 발작 중 운동 증상의 변동, 갑자기 회복됨 등이다. 5분 이상 움직임이 없이 무반응상태로 있는 일들이 있다면 비뇌전증발작의 가능성이 크다.[8] 〈표 2.3〉에는 뇌전증과 정신성비뇌전증발작을 구별하게 하는 차이점들이 기술되어 있다.

수면장애

수면장애(sleep disorders)는 뇌전증과 흔히 동반된다. 폐쇄성수면무호흡은 전체인구와 비교했을 때 뇌전증 환자에서 2배나 더 흔하다. 수면장애에는 크게 세 가지 범주가 있다.

1. 수면-각성주기장애
2. 사건수면 또는 수면침입행동
3. 의학적 또는 정신과적 질병과 연관된 수면장애

사건수면은 흔히 뇌전증으로 오인될 수 있다. 반대로 야간에 발생하는 발작은 흔히 수면장애로 오인되기도 한다. 주된 감별 단서는 사건이 발생하는 시간이다. 수면장애는 특정 수면기와 특정 야간시간대에 발생하는 경향이 있으나, 뇌전증은 수면의 어느 시기에서도 일어날 수 있다. 수면장애의 구별에는 임상적 특징이 중요하지만, 수면다원검사, 수면잠복기검사, 비디오뇌파검사 등을 시행해도 감별이 어려운 경우가 있다.

표 2.3 뇌전증발작 대 정신성비뇌전증발작

	비뇌전증발작	뇌전증발작
상황	대부분 목격자가 있다	드물게 목격된다
시작	점차적으로	갑자기
지속시간	몇 분에서 몇 시간	몇 분
상동적 행동	흔하다	흔하다
피부색	핑크색	창백, 붉거나 청색증
운동특징		
점차적인 시작	흔하다	드물다
변동이 있는 경과	흔하다	매우 드물다
몸부림치기, 난폭함	흔하다	드물다
고개를 좌우로 흔들기	흔하다	드물다
골반 들썩거림	흔하다	드물다
눈 감고 있기	흔하다	드물다
자동증	드물다	흔하다
빠른 호흡	흔하다	드물다
의식	유지될 수도 있다	소실됨
울음	때때로	매우 드물다
눈을 뜨려 하지 않음	흔하다	드물다
심한 손상	드물다	흔하다
타인을 다치게 함	흔하다	드물다
혀 깨물기	드물다 – 혀끝	흔하다 – 외측면
대소변실금	때때로	흔하다
혼란	드물다	흔하다

출처 : Smith[5]와 Mellers[9]에서 인용.

뇌전증으로 잘못 진단될 수 있는 수면장애

몇몇 수면증후군들은 뇌전증과 혼동을 일으킬 수 있다.

- **기면증**(narcolepsy) : 기면증은 급속안구운동(Rapid Eye Movement, REM) 수면의 장애이다. 전체 증후군은 수면발작, 허탈발작, 입면기(잠들기 직전) 또는 출면기환각으로 특징지어진다.
- **수면발작**(sleep attacks) : 수면마비는 통제할 수 없이 수면에 빠져드는 것으로 나타나며, 특히 부적절한 시간대에 나타난다(예 : 식사 중, 대화 중).
- **허탈발작**(cataplexy) : 허탈발작은 감정적 자극과 함께 갑자기 근긴장도가 소실되는

것이 특징이다(예 : 웃음, 소음, 놀람, 분노). 의식의 변화는 나타나지 않는다.

- **수면마비**(sleep paralysis) : 수면마비는 잠에서 깨어날 때 발생하며 깨어 있음은 느끼나 움직일 수는 없는 증상으로 나타난다. 종종 매우 무서운 느낌이 들며, 공황증상과 동반되는 경우가 많다.

- **폐쇄성수면무호흡**(obstructive sleep apnea) : 특히 과체중이며 목이 큰 남자에서 흔하고 수면 중 상기도가 폐쇄되어 코를 심하게 골거나 수면중 무호흡발작이 자주 나타난다. 아침 두통, 심한 수면분절로 인한 주간 졸림이 특징이다. 수면발작과 주간 졸림은 모두 뇌전증과 혼동될 수 있으며, 결과적으로 일어나는 수면박탈은 기존의 뇌전증을 악화시킬 수도 있다.

- **하지불안과 수면시주기적사지운동**(restless legs and periodic limb movements in sleep) : 하지불안증후군은 양다리의 불쾌한 감각과 함께 다리를 움직이려는 강력한 충동이 특징적이며 주로 저녁과 밤에 악화된다. 이 병은 수면 시의 주기적 사지운동(20~40초 간격으로 나타나는 짧고 반복적인 다리 움찔거림으로 수면 중 자주 깨어나게 한다)과 관련이 있으며, 흔히 전두엽뇌전증으로 오인될 수 있다.

- **수면-각성이행장애**(sleep-wake transition disorders) : 수면에 빠질 때 발생하는 양성 수면-또는 근간대성-움찔거림을 예로 들 수 있다.

- **야간유뇨증**(nocturnal enuresis) : 소아에서 흔하며 노년기에도 나타나고, 종종 야간성 뇌전증을 의심하게 한다.

- **비-REM 사건수면**(non-REM parasomnias) : 몽유병, 야경증, 혼란각성 등이 있다. 사건 도중 환자는 혼란스러워 보이며 나중에 기억을 하지 못한다.

- **REM 사건수면**(REM parasomnias) : REM 수면기의 악몽들이며, 종종 약물(L-도파 화합물)과 신경학적, 정신적 질병과 관련이 있다.

- **REM 수면행동장애**(REM sleep behavioral disorder) : REM 수면기의 정상적인 운동억제가 소실되어 발생하는 것으로 전형적으로 파킨슨병 환자들과 다발성기관위축이 있는 환자들에서 나타나며, 자기의 꿈속에서 '행동하게' 만든다. L-도파 약물에 의해 종종 악화된다.

수면장애로 잘못 진단될 수 있는 뇌전증

- **상염색체우성 야간전두엽뇌전증**(autosomal dominant nocturnal frontal lobe epilepsy) :
  최근에 가족성뇌전증으로 알려졌으며 많은 환자들이 수면장애로 오인받았던 경험
  이 있다(과거에 발작성야간근긴장이상증으로 불리기도 했음). 야간에 짧은 운동성
  발작들이 군발성으로 나타나며 종종 복잡하고 난폭한 행동을 보이고 의식은 대개
  유지된다.[10,11] 뇌전증병소가 보조운동영역의 비교적 깊은 곳에 위치한 경우 때로는
  발작 중에도 두피 EEG는 정상 소견을 보인다.

의식소실의 검사

의식소실(blackout)은 임상적으로 진단되지만, 때로 어떤 검사들은 진단과 기저원인의
확인 및 뇌전증증후군 진단을 명백히 하는 것을 뒷받침해준다. 그러나 검사들이 정확
한 과거 병력과 목격자의 증언을 대신하는 경우는 거의 없다.

심전도

심전도(Electrocardiogram, ECG)는 가장 중요한 첫 번째 검사법이다. 뇌전증 환자에서
발작사이기간의 ECG는 대개 정상이고 어떤 특정한 ECG 형태가 뇌전증에서의 원인불
명급사(Sudden Unexplained Death in Epilepsy, SUDEP) 경향을 미리 예측하는 것은 아
니지만, QT 연장증후군, 비대심근병과 같은 뇌전증 유사질환들을 확인 및 제외시키는
데 유용하다. 이 질환들은 드물지만 돌연사 예방이 가능한 원인들이다. 또, ECG 검사
후에 머리상방기울임테이블검사, 심장초음파검사, 지속적 심박모니터링과 같은 전문
심장검사가 더 필요할 수도 있다.

뇌파검사

뇌파검사(Electroencephalography, EEG)는 20세기 초에 처음 개발되었으며 두피전극을
이용하여 대뇌피질의 표면에서 발생한 미세한 전기적 변화를 분석한다. 흔히 환자와
의사들은 이를 뇌전증의 진단적 검사라고 잘못 간주하여 의식소실이 있는 경우 일률
적으로 시행하는 경향이 있으나, 기록 중에 발작이 실제로 포착되지 않는 한 뇌전증에
대한 임상진단을 단지 보충하는 역할을 한다.

EEG에서 발견되는 '간질모양(epileptiform)' 활동가는 항상 뇌전증 진단을 의미하는 것은 아니다. 건강한 인구집단의 0.5~3%에서는 비정상적인 EEG 소견을 보일 수 있다.[12] 간질모양 활동파는 뇌전증이 없이도 뇌종양, 심한 지적장애, 선천성 뇌손상과 동반될 수 있으며, 뇌 수술 후에도 나타날 수 있다. 반대로 EEG는 뇌전증이 있는 사람에서도 종종 정상으로 나타난다. 발작 도중에 기록되었다고 하더라도 뇌전증병소가 드물게 피질 속 깊이 묻혀 있다면 두피 EEG에서 전기파이상을 잡아내지 못할 수도 있다.

그러므로 EEG는 반드시 바른 임상적 맥락에서만 해석되어야 한다. EEG 판독자가 발작에 대한 기술을 완전히 아는 것은 중요하다. 통상적인 기초적 발작사이기간 EEG는 20~30분 정도 기록하며, 과호흡과 광자극 및 각성상태기록을 포함한다. 비디오기록은 어떤 사건이라도 이에 대한 시각적 기록을 제공할 수 있으므로 도움이 된다. 마지막 발작 후 빠른 시기에 기록하는 것, 각성뇌파의 반복기록, 수면제한 후의 수면뇌파기록, 며칠간 장시간 기록을 하는 것들은 더 나은 EEG 결과를 가져올 수 있다.

EEG 검사의 흔한 적응증

- 뇌전증의 임상적 진단을 뒷받침하기 위하여
- 뇌전증증후군의 진단을 돕기 위하여(어떤 증후군들은 특징적인 EEG 소견을 보인다)
- 광과민성을 입증하기 위하여(전체 뇌전증 환자의 5%)
- 발작 후 방전의 느려짐을 입증하기 위하여(뇌전증과 비뇌전증발작을 구분하는 것에 유용하다.)
- 비뇌전증발작을 유발하기 위하여(흔히 광자극 시 일어난다.)
- 경련성(convulsive)과 비경련성(nonconvulsive) 간질중첩증을 진단하고 치료하기 위하여

지속적 EEG 모니터링, 비디오원격측정, 통원형모니터링은 진단되지 않은 잦은 의식소실이 있을 때, 특히 비뇌전증발작장애들, 수면장애, 그리고 지적장애가 있는 환자들에서 자신의 발작을 잘 표현하는 것이 어려울 때 유용하게 쓰일 수 있다. 이와 같은 기록들은 이미 확진된 뇌전증 환자들에서도 발작형태와 간질모양 활동파 정도의 결정, 추가적인 비뇌전증발작과 유발요인의 확인, 그리고 수술치료의 가능성이 있는 환

자들에서 뇌전증병소의 위치를 찾아내는 데 필요한 정보들을 제공해준다. 더욱 침습적인 심부뇌파(depth EEG) 전극들은 국소뇌전증 환자들에서 수술적 치료계획을 세우는 데 유용하다.

뇌영상검사

컴퓨터단층촬영(Computed Tomography, CT)

CT 스캔은 쉽게 시행할 수 있고 뇌의 대칭성 및 뇌경색이나 종양처럼 큰 잠재적 뇌전증유발 병소들에 대한 정보를 제공한다. 특히 석회화된 이상이나 두개골의 변화가 있는 경우 유용하다. 그러나 CT는 대부분의 뇌전증 환자에서 확정적인 영상검사로 이용하기에는 민감도가 부족하다.

자기공명영상검사(Magnetic Resonance Imaging, MRI)

MRI는 민감도와 특이도가 더 우수하므로 뇌전증의 원인을 확인하는 데 있어서 최선의 영상검사법이며 실질적으로 CT를 대체하고 있다. 그러나 MRI 검사의 이용이 쉽지 않은 경우도 있으므로 때로는 CT로 첫 검사를 하는 것이 아직 적합할 수도 있다. MRI에서 더 흔히 발견되는 이상소견은 해마경화증, 피질형성이상, 양성피질종양(신경절종, 태생기발육부전신경상피종)이다. 기능성 MRI(fMRI)와 MR분광법(spectroscopy)은 추가적인 정보들을 더해주며, 때로는 MRI에 이상이 없는 환자들에서 절제 가능한 국소적 이상을 확인할 수 있게 한다.

MRI 검사의 적응증

임상적으로 최선의 방법은 모든 성인 특발성전신뇌전증 환자들에서 MRI를 얻는 것이다. 〈표 2.4〉는 뇌전증 환자들에서 MRI 검사의 적응증들을 기술하고 있다. 〈그림 2.3A〉와 〈그림 2.3B〉는 해마경화증과 해면혈관종을 보여준다.

표 2.4 뇌전증 환자들에서 MRI 검사의 적응증

어느 연령에서든지 이차적 전신화가 있거나 없는 부분발작들
생후 1년 이내에 시작하였거나, 20세 이후에 시작한 뇌전증
국소성 신경학적 징후들
국소성 EEG 이상소견들
발작이 조절되지 않을 때
발작패턴과 유형의 변화가 있을 때
1차 치료약제에 반응하지 않는 뇌전증

출처 : Berkovic 등[13]에서 인용.

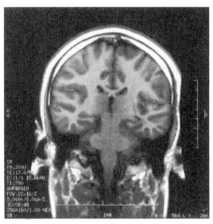
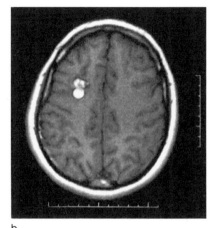

a   b

그림 2.3 (A) 좌측 해마경화증을 보여주는 뇌 MRI. (B) 우측 전두엽의 해면혈관종

치료

뇌전증의 치료와 항뇌전증약의 선택은 6장과 7장에서 자세히 다룰 것이다. 이 장에서는 뇌전증 치료의 일부로서 고려되어야 할 일반적인 사항들과 생활방식 측면에 대하여 다룰 것이다.

뇌전증 환자의 삶

환자들이 자신의 만성질환에 대한 이해와 지식을 증진시키는 것은 약물순응도를 높이

고 의사-환자 관계를 촉진할 수 있다.

대부분의 성인 뇌전증 환자들은, 특히 지적장애가 있는 경우 질병이 평생 지속되는 경우가 많고, 모든 다른 만성질환들과 마찬가지로 뇌전증이 그들의 일상생활의 일부가 된다. 뇌전증 환자들은 종종 진단이나 치료 이외의 것들을 염려하는 경우가 많은데, 특히 가족의 삶, 자녀, 학교생활, 교육, 직업, 보험, 운전, 음주, '섬광'에 노출되는 것 등을 포함하여 일상생활에 미치는 뇌전증의 영향을 염려하게 된다.

많은 사람들은 뇌전증 환자들의 일상생활에 심각한 제한이 있다고 잘못 믿고 있다. 그러나 대부분의 뇌전증 환자들은 운전을 제외하고는 완전하고 활기찬 삶을 살 수 있고, 또 그래야만 한다. 뇌전증 환자들을 위한 합리적 조언에는 수면부족, 과음, 불법약물의 복용과 같은 분명한 유발요인들을 피하는 것이 포함될 수 있다. 그러나 뇌전증 환자들이 레저 활동이나 스포츠에 참여하는 것, 특히 단체 스포츠에 참여하는 것은 너그럽게 녹려될 수 있다. 어떤 활동들이 적합한지는 상식적으로 결정할 수 있으나, 위험할 수 있는 상황에서는 특별한 주의가 필요하다(예 : 혼자 목욕하기, 수영, 보트 타기나 언덕을 오르는 것과 같은 혼자서 하는 스포츠 등).

운전

뇌전증이 있는 운전자들은 사고와 교통사고 사망에 대한 위험성이 일반인보다 더 크다.[14] 영국에서 운전적합성에 대한 결정은 영국운전면허국(DVLA)이 정한다.

간질

- **1그룹 면허**(자동차와 오토바이) : 12개월간 발작이 발생하지 않았거나 오직 수면 시에만 발작이 한정된 경우로, 면허취득 3년 전에 이러한 패턴이 확정된 경우여야 한다.
- **2그룹 면허**(3.5톤 이상의 트럭, 9인승 이상의 승용차량, 임대차량) : 10년간 발작이 없고 항뇌전증약을 사용하지 않은 경우여야 한다.

단 1회 발작 : DVLA의 1그룹 면허 규정과 같다.

유발요인이 있는 발작 : 원인에 따라 규정이 다르다.

- 마취와 같이 일시적인 사건과 관련된 경우에는 DVLA의 개별적 지침에 따른다.

- 음주나 불법약물에 의해 유발된 경우에는 1년의 발작 없는 기간이 요구된다(1그룹).

약물의 변화

발작이 없는 운전자가 항뇌전증약을 줄이거나 교체하려 할 때(1그룹), 변화가 있는 시점으로부터 변화가 완료된 후 6개월까지는 운전을 삼가도록 권고된다. 뇌종양, 경막하출혈, 두부 손상, 신경외과수술에 대해서는 특별한 규칙이 적용된다. 이와 같이 영국에서는 DVLA에서 운전적합성을 결정하며, 환자의 임상의가 결정하지 않는다. DVLA의 요약지침서는 매 6개월마다 업데이트된다(www.dvla.gov.uk).

광과민성

대중매체와 텔레비전, 영화에서는 종종 뇌전증을 광과민성(photosensitivity) 상황으로 묘사하고 있어 뇌전증 환자들의 컴퓨터나 비디오 오락 이용 안정성에 대한 염려를 일으킨다. 그러나 실제로는 단지 5%의 뇌전증 환자에서만 광과민성이 나타나는데, 대개 소아기에 발생하고 10대 시기에 최고에 이른다. 광과민성은 주파수가 변하는 섬광등을 이용한 EEG 광자극 검사로 진단될 수 있으므로 쉽게 확인되며, 환자 자신도 알게 된다. 거의 대부분의 뇌전증 환자들은 텔레비전이나 컴퓨터게임, 디스코 섬광에 노출되는 것에 의해 발작의 위험이 더 증가하지 않는다. 그러나 광과민성이 있는 사람들은 텔레비전을 시청할 때 충분히 먼 거리에서, 불빛이 밝은 곳에서 보도록 하고, 채널을 바꿀 때는 리모컨을 사용하도록 하는 것이 타당할 것이다.

신경심리검사

신경심리검사는 임상병력 및 다른 검사결과들과 함께 이용된다면 뇌전증의 진단과 치료에 유용하다. 신경심리검사는 지능, 언어, 기억, 지각, 집행기능 측면에서의 인지기능을 확인하고 점수화한다. 신경심리학자들은 뇌전증 환자들의 진단, 약물효과 평가, 인지기능쇠퇴의 모니터링을 도와주며, 수술 전후 상태평가에서 중요한 관찰을 하도록 한다. 신경심리학자들은 또한 비뇌전증발작장애의 평가를 도와주며 유발요인을 밝혀내고 궁극적으로는 그들에 대한 치료와 지속적인 관리를 용이하게 한다.

특별한 의뢰집단

뇌전증은 매우 다양한 원인을 가진 질환이다. 어떤 환자에서는 사실인 것이 다른 환자에서는 아닐 수도 있다. 나이, 성별, 사회적 배경은 각각 특별히 고려해야 할 사항들이다. 뇌전증의 특별 집단에는 신생아, 소아, 10대 청소년, 노인, 여성, 그리고 지적장애인들이 포함된다.

지적장애인

대규모 역학조사에 따르면 약 30%의 지적장애(IQ<70) 환자들이 뇌전증을 갖고 있다. 일반적으로 그러한 환자들은 뇌전증 자체의 심각성과 치료반응 저항성, 종종 복잡한 공존질환들, 또 사회적·심리학적 및 다른 복합적인 정신과적 상호작용으로 인하여 진단과 치료의뢰가 어려워지며 특별한 치료를 필요로 한다. 학습장애가 있는 환자들에서의 뇌전증은 선천적인 뇌 이상, 발달상의 기형, 염색체 이상(예 : 다운 증후군, 취약X증후군, 결절성경화증, Angelman 증후군) 등의 원인으로 발생할 수 있으며, 외상, 출혈, 수술과 같은 출생 후 뇌손상의 결과로도 나타날 수 있다.

신생아

신생아에서 발작은 이후 생애 시기들에 비하여 더 흔하며, 미성숙한 뇌의 더 큰 발작경향성을 반영한다. 신생아발작의 대부분의 원인은 허혈성뇌병증, 뇌출혈, 뇌경색, 뇌기형, 뇌수막염, 대사이상(예 : 저혈당증, 선천성대사이상)을 포함한다. 특정 뇌전증증후군이 신생아에서도 발생할 수 있다(예 : 양성특발성신생아발작－제5일발작, 양성가족성신생아발작, 또는 조기근간대성뇌병증). 그러나 여러 가지 다른 상황들이 뇌전증과 혼동될 수 있으므로(예 : 특정 운동장애, 수면관련행동, 호흡정지발작, 미성숙 뇌간반사 등), 뇌전증으로 잘못 진단하지 않도록 많은 주의를 기울여야 한다.[15]

소아

열성경련은 소아기에 가장 흔한 발작원인이다. 열성경련의 정의는 대뇌로부터 기원하는 발작이 열성질환과 관련되어 발생하지만 뇌 감염과는 관련이 없어야 한다. 열성경련은 소아신경과 분야에서 가장 흔한 문제이며, 5세 아동의 2~4%에서 한 번 이상 경험했던 적이 있다.[16] 전형적으로 출생 후 둘째 해에 발생하며 생후 6개월부터 3세까지의 연령에 가장 많이 발생한다. 대부분 체온이 38도 이상일 때 발생한다. 발작은 대개 짧으며, 전신성이고, 저절로 멈춘다. 거의 대부분의 경우에 이후의 지능이나 뇌기능, 행동에는 영향을 미치지 않는다. 전체적으로 이후에 뇌전증으로 진행할 위험성은 일반 인구보다 더 높지 않으나, 장시간의 열성경련을 보였던 소수의 환자에서는 나중에 해마경화증과 관련된 복합부분발작으로 진행될 수 있다.

소아에서 다른 중요한 뇌전증의 진단으로는 양성뇌전증증후군이 있다. 가장 흔한 것은 중심측두극파를 동반한 소아양성뇌전증(양성롤란딕뇌전증)이다. 이 질환은 전형적으로 6~8세에 수면 중 단순부분발작(대개 사지를 떨거나 침을 흘림)으로 나타난다. 예후는 양호하다(그러므로 이 질병을 잘 아는 것이 중요하다). 소아에서 의식소실의 다른 원인은 혈관미주신경성실신, 편두통 현상(소아기양성현기증 포함), 호흡정지발작, 그리고 종종 더 나이 든 소아에서 나타나는 비뇌전증발작장애들이다.

뇌전증은 소아기의 많은 다른 의학적 상황들보다도 환자와 보호자, 돌보는 이들에게 사회적 · 심리적인 문제를 더욱 많이 일으킨다. 학교, 교육, 또래 압박, 부모의 두려움과 불안은 환자의 전반적인 치료와 웰빙 문제를 다루는 것에 있어 중요한 요소가 된다.

10대 청소년

10대 청소년은 전형적으로 부모로부터 독립하고 소아 시기의 제한으로부터 벗어나 동료들에게 받아들여지고 싶어 한다. 소아에서 성인기로 이행하는 것은 추가적인 만성질환이 없어도 충분히 심리적 스트레스를 받을 만한 일이다. 10대 청소년에서 고려해야 할 사항들은 다음과 같다.

• 진단이 정확한가?(비뇌전증발작장애를 고려한다.)
• 환자와 가족들의 불안
• 약물순응도
• 교육과 직업의 선택

- 성적 선택과 피임
- 운전

　10대 청소년기에 나타나는 가장 중요한 뇌전증증후군은 JME(앞의 내용 참조)이다. 이 증후군을 잘 깨닫는 것이 중요한 이유는 (때로는 아침에 발생하는 움찍거림 발작에 대한 세심한 질문이 필요함) 그 치료약의 선택이 제한되어 있기(valproate가 가장 효과적이며, carbamazepine은 근간대발작과 소발작을 악화시킬 수 있음) 때문이다. 약물치료를 하면 발작이 완전히 소실되기도 하지만, 때로는 수년간 발작이 없었더라도 평생 장기적인 약물복용을 해야 하는 경우도 있다.

노인

연령에 따른 뇌전증의 발생률은 'U' 모양을 하고 있으며, 신생아와 노년기에 높은 빈도를 보인다. 노년기에 시작되는 대부분(75%)의 뇌전승은 뇌혈관질환 때문인 경우가 많다.[17] 다른 원인으로는 종양, 치매, 두부손상 등이 있다. 진단은 역시 병력과 목격자의 증언을 기초로 한 임상소견에 의존한다. 그러나 혼자 살고 있는 쇠약한 노년기 환자들에서 자세한 진술을 얻어내기가 쉽지 않을 수 있다. 더구나 허혈성심장질환이나 인지기능장애, 여러 약제의 사용과 같은 공존 문제들이 있는 것은 노인들의 뇌전증 진단을 매우 어렵게 만들 수도 있다. 뇌전증의 진단은 노인 환자들에서 손상이나 혼란, 우울, 격리에 대한 두려움, 독립성의 상실 등 엄청난 의학적 · 사회적 영향을 수반한다. 더욱이 기저의 허혈관련부정맥성심장성실신(쉽게 뇌전증 때문으로 생각되는)은 치명적인 것으로 나타날 수 있으며, 사망 후에도 뇌전증으로 오진된 상태로 남아 있을 수 있다.

여성

뇌전증이 있는 여성이 특별한 고려대상이 되는 것은 당연하다. 여성에서 항뇌전증약의 선택은 잠재적인 미용상의 부작용, 피임 문제, 발작에 미치는 호르몬 영향에 의해 영향받을 수 있으나 무엇보다도 특정 항뇌전증약들의 기형유발가능성에 의해 가장 큰 영향을 받는다.

- **미용상 부작용** : 다모증과 여드름(phenytoin), 체중증가(sodium valproate)
- **피임약** : 효소유도 항뇌전증약은 에스트로겐 대사산물의 대사를 촉진시켜 호르몬 피임약들의 실패를 가져올 수 있다. 그러므로 carbamazepine, oxcarbazepine, phenytoin을 복용하는 여성들과 더 적은 범위이지만 lamotrigine, tiagabine, topiramate, zonisamide를 복용하는 여성들은 피임에 대한 특별상담과 추가적인 차단식피임법에 대한 조언이 필요하다.
- **기형유발가능성** : 기형유발가능성은 여성에서 항뇌전증약 처방에 중요한 영향을 준다. 단일 항뇌전증약을 사용하는 경우 주요 기형의 발생률은 3.7%이며, 다제요법을 하는 경우에는 6%이지만 valproate를 포함한 다제요법을 하는 경우에는 6.2%로 가장 큰 위험성을 나타낸다.[18] 비록 항뇌전증약에 노출된 인간태아에서의 이득에 대한 증거는 아직 부족하지만, 임신을 계획하고 있는 모든 여성은 신경관결손을 방지하기 위하여 매일 5mg의 엽산을 복용하는 것이 추천되고 있다.
- **주기적 호르몬변화** : 주기적 호르몬변화는 발작조절에 명백한 영향을 미친다. 월경 시기 주위에 발생하는 월경성군발발작(catamenial clustering of seizures)은 간헐적 항뇌전증약 요법으로 치료하기도 한다.[19] 일반적으로 뇌전증이 있는 여성은 그렇지 않은 경우보다 자녀가 더 적다.[20] 뇌전증 여성의 임신, 출산 그리고 궁극적인 부모역할은 특별한 조언을 받는 것이 좋으므로, 임신 중에 활동성뇌전증이 있는 여성은 산과 및 뇌전증서비스기관과 정기적인 접촉을 유지해야 한다(예 : 조산사 및 뇌전증전문 간호클리닉과의 연계).

결론

뇌전증은 흔하며, 복합적이고 종종 모든 연령대에 영향을 미치는 만성질환이다. 뇌전증을 진단하는 것은 놀랍게도 어려운 도전이 될 수도 있으며, 검사가 아니라 목격자 증언을 포함하는 완전하고 정확한 병력에 의존한다. 치료는 생활방식 선택과 항뇌전증약, 수술 및 심리적 중재를 망라하며, 특정 환자군에 따라서 특별한 고려가 필요하다. 뇌전증의 배후에 있는 세포학적, 유전학적 발생기전을 더 잘 이해하게 된 것과 새로운 항뇌전증약 생산의 상당한 진전으로 말미암아 뇌전증에 대한 인식이 바뀌어오고 있으며, 심지어 최근 10년 동안에도 많은 변화가 있었다. 과거 수백 년 동안의 뇌전증이라는 낙인은 걷히기 시작하고 있다. 현재는 많은 뇌전증 환자들이 약물 부작용 없이도 발작에서 자유로워지는 것을 현실적으로 기대할 수 있다. 더 많은 임상적 개방성과 광범위하게 이용가능한 인터넷정보 등은 환자와 친척들, 그리고 자원봉사부문에서의 뇌전증에 대한 지식과 인식을 증가시켜오고 있다. 뇌전증 환자들은 이제 가정, 직장, 지역사회의 삶에 더 잘 통합될 수 있을 것으로 기대되며, 궁극적으로는 과거 어느 때보다도 더욱 충만하고, 독립적이며, 활발한 사회생활로 나아갈 것이 기대되고 있다.

참고문헌

1. Commission on Classification and Terminology of the International League Against Epilepsy. (1989) Proposal for revised classification of epilepsies and epileptic syndromes. Epilepsia 30:389–399.
2. Sander JW, Shorvon SD. (1996) Epidemiology of the epilepsies. J Neurol Neurosurg Psychiatry 61:433-443.
3. Sander JW. (2003) The epidemiology of epilepsy revisited. Curr Opinion Neurol 16:166-170.
4. MacDonald BK, Cockerell OC, Sander JW, et al. (2000) The incidence and lifetime prevalence of the neurological disorders in a prospective community-based study in the UK. Brain 123:665–676.
5. Smith PEM. (2001) If it's not epilepsy …. J Neurol Neurosurg Psychiatry 70 (Suppl 2): ii9–ii14.
6. Smith D, Defalla BA, Chadwick DW. (1999) The misdiagnosis of epilepsy and the management of refractory epilepsy in a specialist clinic.Q J Med 92: 15–23.
7. Benbadis SR, Allen HW. (2000) An estimate of the prevalence of psychogenic non-epileptic seizures. Seizure 9: 280–281.
8. Meierkord H, Will B, Fish D, et al. (1991) The clinical features and prognosis of pseudoseizures diagnosed using video-EEG telemetry.Neurology 41: 1643–1646.
9. Mellers JDC. (2005)The approach to patients with 'non-epileptic seizures'. Postgrad Med J 81: 498–504.
10. Scheffer IE, Bhatia KP, Lopes-CendesI et al.(1995) Autosomal dominant nocturnal frontal lobe epilepsy — A distinct clinical syndrome. Brain 118: 61–73.
11. Scheffer IE, Bhatia KP, Lopes-Cendes I et al. (1994) Autosomal dominant nocturnal frontal lobe epilepsy misdiagnosed as a sleep disorder. Lancet 343: 515–517.
12. Gregory RP, Oates T, Merry RTG. (1993). EEG epileptiform abnormalities in candidates for aircrew training. Electroenceph Clin Neurophysiol 86: 75–77.
13. Berkovic SF, Duncan JS, Barkovich A, et al. (1997) ILAE commission neuroimaging recommendations for neuroimaging of patients with epilepsy. Epilepsia 38: 1–2.
14. Hansotia P, Broste SK. (1993). Epilepsy and traffic safety. Epilepsia 34: 852–858.
15. Levene MI, Troune JQ. (1986) Causes of neonatal convulsions. Arch Dis Child 61: 78–79.
16. Nelson KB, Ellenberg JH. (1978) Prognosis in children with febrile seizures. Pediatrics 61: 720–727.
17. Sander JW, Hart YM, Johnson AL, et al. (1990) National General Practice Study of Epilepsy: Newly diagnosed epileptic seizures in a general population. Lancet 336: 1267–1271.

18. Morrow J, Russell A, Guthrie E, et al. (2006) Malformation risks of antiepileptic drugs in pregnancy: A prospective study from the UK Epilepsy and Pregnancy Register. J Neurol Neurosurg Psychiatry 77: 193–198.
19. Duncan S, Read CL, Brodie MJ. (1993). How common is catamenial epilepsy? Epilepsia 34: 827–831.
20. Olafsson E, Hauser WA, Gudmundsson G. (1998) Fertility in patients with epilepsy: A population based study. Neurology 51: 71–73.

Chapter 3

지적장애인에서의 뇌전증 역학

S. W. Brown

서론

뇌전증은 지적장애(ID)와 관련 있는 가장 중요한 상황 가운데 하나를 대표한다. 일반적으로 ID 환자들에서 발작질환의 발생률(일정 시기에 한 집단 내에서 발생하는 새로운 환자들)과 유병률(특정 시점에서 한 집단 내에서 그 진단을 갖고 있는 사람 수)이 일반인구에 비하여 훨씬 더 높다는 것과, 다양한 뇌전증 증후군과 발작 유형들로 인하여 치료에 불응하는 경우와 치료가 어려운 경우가 많다는 것이 공통된 의견이다. 그러나 이와 같은 일반적 서술은 복잡하고 광범위한 표현형들을 숨기고 있으므로, 본 장에서는 현재까지 알려진 연관관계들의 일부나마 풀어헤쳐 보고자 한다. 연구 결과를 해석할 때에는 모든 뇌전증전문가들이 ID 심리학의 전문가는 아니며, ID 분야에서 일하고 있는 모든 연구자들이 뇌전증전문가가 아니라는 것을 기억하는 것이 중요하다. 학습장애와 발작질환은 연구에 따라 서로 다른 방법으로 정의되거나 분류되는 경우도 있고, 여러 가지 이유로 인하여 지리적인 표현형태의 차이가 있을 수 있다. 또 산전스크리닝, 산과학, 출생 후 치료의 발전과 같은 다른 요인들이 ID 환자들의 뇌전증 유병률에 아직까지 중요한 영향을 미치고 있을 수 있다.

V. P. Prasher, M. P. Kerr(eds.) *Epilepsy and Intellectual Disabilities,*
DOI : 10.1007/978-1-84800-259-3_3, ⓒ Springer Science+Business Media, LLC 2008

정의 및 변이

학습장애(Learning Disability)

질병및관련보건문제국제통계분류(International Statistical Classification of Diseases and Related Health Problems, ICD-10)[1]에 따르면 국제적으로 용인되는 ID[지적장애 또는 정신지체(mental retardation)라고 함]를 정의하는 기준은 지능지수(Intelligence Quotient, IQ) 70 미만의 낮은 인지능력과 사회적 능숙성의 부족이라는 두 가지 구성요소에 기초하고 있다. 시작은 발달시기 중이어야 한다. 지능지수는 네 가지 중증도의 범주로 더 분류된다(경도, 중등도, 중증, 심한 중증). 만일 IQ만을 평가기준으로 삼는다면 인구의 약 3% 정도가 해당되는데, 이는 이 검사가 만들어진 방법을 반영하는 것이다.[2] 정신장애진단통계매뉴얼(Diagnostic and Statistical Manual of Mental Disorders-IV, DSM-IV)[3]에서는 진단을 내릴 때 적응행동 문제들에 추가적 중요성을 두고 있다.

이러한 정의들은 IQ가 70 미만으로 낮은 어떤 사람들이 ID로 판정되지 않을 수도 있다는 것을 암시한다. 또 어떤 연구들은 IQ가 70 미만인 사람들을 ID 유병률에 포함시키면서 전반적인 기능 수준과 그 사람이 특별서비스를 받고 있는가에 중점을 두었다. 이 같은 방법을 사용한 예로 Beange와 Taplin[4]은 호주 시드니 성인대상연구에서 IQ로 확인이 된 346명에 14명을 추가하였다. 또 다른 예로는 Bhasin 등[5]이 유병률 결정의 중요하거나 유일한 기준으로서 IQ를 이용했었던 것을 들 수 있다.

자료수집의 다른 방법으로는 ID 환자들이 이용가능한 관련 복지혜택, 특수교육, 사회복지제공을 받는 사람들의 수를 조사하는 것이 있다. 이 방법으로 얻어지는 결과의 변이가 큰 것은 놀라운 일이 아니다. 1996년 미국질병통제센터의 주간유병률및사망률보고(The Centers for Disease Control's Morbidity & Mortality Weekly Report in 1996)[6]에 따르면 인구 1,000명당 정신지체의 유병률은 소아 31.4명(앨라배마)에서 3.2명(뉴저지), 성인 15.7명(버지니아)에서 2.5명(알래스카)이라고 하여, 주에 따라 큰 차이가 있음을 기술한 바 있다. 어느 정도 실제적 차이가 있기는 하겠지만, 이러한 큰 차이를 설명할 수 있는 노력이 있어야 할 것이라고 권고하였는데, 아마도 사회적 관례의 결과일 것으로 생각된다.

McConkey 등[7]은 일반인구의 인구학적 프로파일의 근본적 차이가 영향을 미쳤을 수 있을 것이라고 지적하였으나, 이러한 관점은 거의 주목을 받지 못하였다. 그들은 또 국가적 사회보장이 있는 부유한 사회에서는 '행정상'과 '실제적'인 유병률이 아마도 심한 장애가 있는 사람들에게로 공통 수렴되기 쉬울 것이라고 하였다.

영국의 학습장애에 대한 건강백서 *Valuing People*[8] 담당부서는 영국 ID 환자의 숫자가 인구의 약 3%에 맞먹는다고 하였다. 이는 IQ가 70 미만인 사람들의 기대수치와 동일한데, 이는 IQ 검사가 만들어진 방법에 따른 결과이기도 하다. 만일 그와 같은 정부의 공식적인 수치가 정확하다면, ICD-10[1]이나 DSM-IV[3] 진단에 IQ 이외의 기준이 의미가 있는가라는 의문을 불러일으킨다. 약 3%라는 유병률 수치를 최신 인구조사에 적용한다면, 영국 전체에서 전 연령대에 182만 4,000명이라는 숫자가 될 것이다.

이와 같이 다양한 원인으로 인해 ID의 역학적 연구 결과들은 변동이 있을 수 있으며 그중 전부가 발병률이나 유병률의 실제적인 차이에 기인하는 것은 아닐 수 있다.

뇌전증(Epilepsy)

뇌전증은 일반적으로 재발성 발작의 경향이 있는 것으로 정의된다. 영국에서 80여 년의 생애 중 최소 한 번 이상의 발작을 보일 수 있는 위험은 10명 중 1명으로 추정되어 왔으며,[9] 일생 중 한 번 뇌전증이라는 진단을 받을 수 있는 위험은 약 3.5%로 알려져 있다.[10]

영국및아일랜드공동뇌전증협의회(The Joint Epilepsy Council of Great Britain and Ireland, JEC)는 영국과 아일랜드의 최신 뇌전증 역학에 대한 공동견해의 요약을 출간하였다.[11] 유병률과 관련한 공동견해에 따르면, 연령 표준화된 영국의 뇌전증 유병률은 1,000명당 7.5명으로 2003년 영국 인구조사 자료에 근거하면 45만 6,000명의 사람들에 해당한다. 유병률은 연령에 따라 변화하며, 16세 이하의 소아 279명당 1명(1,000명당 3.6명)으로부터 65세 이상의 노인 91명당 1명(1,000명당 11명)이다. JEC 보고서는 또 뇌전증 환자 5명 중 1명 이상에서 ID가 있다고 기술하고 있다. 매년 발병률의 숫자는 대략 10만 명당 46명이라고 하였는데, 이는 영국에서 매년 2만 7,400명, 또는 한 해의 평일에 105명의 환자들이 새로 진단받는 것을 의미한다. 다른 연구 결과들은 발병률이 연령에 따라 달라짐을 보여주고 있는데 생의 마지막에 최고에 달한다. 유럽뇌전증백서[12]는 최근 연구들이 노년기에 발생률이 증가하는 것을 나타낸다는 것에 주목하면서 발병률이 과소평가되어 과소치료에 이르게 하는 것은 아닌지에 대한 의문을 제기하였다.

ID 인구에서 뇌전증의 전반적 발병률과 유병률

과거의 기관기반연구들(institution-based studies)이 ID 환자들에서 뇌전증이 발생하는 경우 추가적 의존도가 발생하며 지원이 필요하다는 것을 강조하고 있고, 뇌성마비와 같은 다른 심각한 공존질환이 있을 수 있다는 것을 알려주지만, 현실적인 치료에 그리 많은 정보를 주는 것은 아니다.[13,14]

　인구기반연구들(population-based studies)은 보다 최근에 수행되어왔으며, 이용할 수 있는 자료들은 선진국들과 산업화된 세계에서도 꽤 타당하게 적용될 수 있다. Camberwell[15-17]과 Aberdeen[18,19]의 환자등록연구들(case-registered studies)은 ID가 있는 경우 뇌전증 유병률이 현저하게 증가하는 것과, 비록 소아초기에 발생한 어떤 뇌전증들은 호전되고 다른 뇌전증은 청소년기에 시작함에도 불구하고 전반적인 유병률은 소아기부터 성인초기에 이르기까지 일정하다는 것을 확인하였다. Aberdeen의 연구는 또한 출생 후 손상과 연관된 장애들이 이러한 뇌전증의 유병률을 증가시키는 데 특별한 위험요인이라는 것을 제시하였고, 두 연구 모두 뇌전증 빈도는 ID가 심할수록 더 높다는 것을 보여주었다.

　가장 의미 있는 어떤 연구 결과들의 일부는 스칸디나비아, 특히 스웨덴의 인구연구들로부터 나온 것이다. Forsgren 등[20]은 스웨덴의 전체인구를 대상으로 한 연구에서 ID 환자들에서 활동성 뇌전증의 시점유병률이 20%인 것을 발견했는데, 그 빈도는 심한 ID가 있는 경우 23%에서 경한 ID로 분류되는 경우 11%로 변화를 보였다. 매일 또는 매주 발작이 있는 비율은 26.8%였으며, 32%만이 지난해에 발작이 없었다고 하였고, 27.7%는 1세 이전에 뇌전증이 시작되었다.

　Steffenberg 등[21,22]은 Göteborg의 연구에서 6~13세의 소아집단을 연구하여 중간 정도 ID가 있는 아동들의 15%에서, 더 심한 ID가 있는 아동의 45%에서 뇌전증이 있는 것을 발견하였다. 이 연구에서 44%의 아동들은 매일 또는 매주 발작이 있었는데, 이것은 전 연령대 인구집단을 조사한 Forsgren의 결과와는 대조를 보인다. 이것은 ID 소아에서의 뇌전증이 성인보다 더 높은 발작 빈도를 보이며 더 심하게 나타날 수 있다는 것을 암시한다. Göteborg의 연구는 또 ID와 뇌전증 모두를 일으키는 관련된 뇌손상이 뇌전증의 최종결과에 가장 중요한 요인일 것이라고 한 이전의 Aberdeen의 코호트 관찰과 일치하는 것이었다.

1999년 Sillanpää는 뇌전증과 ID에 관한 고찰[23]에서 "인구기반연구들에서 뇌전증이 있는 ID 환자들의 유병률은 ID에서 뇌전증이 있는 경우와 같아 보인다"고 하였다. 이처럼 서로 다른 기원으로부터 나온 결과로부터 인구집단 내 이환된 환자 수가 동일할 수 있을까? 영국의 예를 들자면, JEC의 45만 6,000명의 뇌전증 환자들 중 5명 중 1명이 ID가 있다고 할 때 9만 1,200명이 두 질환을 동시에 가질 것으로 예측할 수 있다. 그러나 *Valuing People*에서는 ID의 인구 유병률은 전체적으로 대략 3%이며, 경도/중등도는 2.5%, 중증/심한 중증은 0.5%라고 하였다. JEC가 사용한 것과 같은 전 영국의 인구조사자료를 고려하였을 때 전체 ID가 있는 사람 수는 182만 4,000명이고 이 중 경도/중등도는 152만 명, 중증/심한 중증은 30만 4,000명이 될 것이다. 한눈에 보기에도 불일치가 있어 보이는데, 뇌전증과 ID가 동시에 있는 숫자는 182만 4,000명의 20%인 36만 4,800명이고, 기존의 추산보다도 4배나 많은 숫자이다. ID의 중증도에 따른 뇌전증의 유병률에 Forsgren의 수치를 추정해보아도 숫자는 단지 23만 7,120명으로 줄어드는 것에 그친다. 그러나 우리가 Lhatoo와 Sander가 했었던 것처럼 Camberwell, Aberdeen, Göteborg의 연구들에서 제시된 수치들을 모두 모아본다면,[24] 경한 ID에서의 뇌전증의 유병률은 6%로 낮아질 수도 있는데, 이것은 약 15만의 수치감소를 가져오게 되고 이것은 아직 높기는 하나 예측되었던 수치와 근접한 수치이다. 이로부터 유일한 합리적인 결론을 내리자면 뇌전증과 ID는 우연이라기보다는 꽤 자주 공존하며, 인구수명의 증가를 고려할 때 소아기 자료들로부터의 추정과 같은 것은 점점 더 부적합하게 되므로, 더 많은 연구가 필요하다고 할 수 있다.

사망률

일반적으로 뇌전증은 일반인구에 비하여 조기사망률이 2~3배 높은 위험을 수반하는 것으로 알려져 있으며,[25] 이 조기사망 원인의 대부분은 뇌전증 자체와 관련된 것이다.

최소한 절반 이상의 사망은 뇌전증에서의 원인불명급사(SUDEP)라는 상황에 기인하는데, 특히 전신강직간대발작의 지속이 가장 중요한 위험요인이라고 할 수 있다.[26] 또 지적장애도 종종 위험요인으로 간주되는데,[27] 한 연구에서는 심한 뇌전증과 ID가 있는 젊은 성인은 원래 기대되는 것보다 15.9배나 더 사망률이 높다고 보고한 적도 있었다.[28] Walczak은 자신의 1998년도 연구의 원래 자료들을 검토한 후 발작횟수와 ID는 독립적인 위험요인이라고 하였다.[29] 그러나 영국국가감시평가(UK National Sentinel Audit)에 따르면 뇌전증 관련 사망을 겪는 ID 환자들이 전문가 ID 임상팀과의 접촉이 부족한 것이 위험요인이 될 수 있다고 하였다. 영국 콘월에서의 한 인구기반연구는 이러한 관점을 지지하고 있으며,[30] 양질의 치료와 직업훈련, 특히 구급약물치료에 관심을 기울이는 것들이 사망률을 실질적으로 줄일 수 있음을 제안하면서 이와 같은 관점을 지지하고 있다. 그러므로 ID 환자들에서 뇌전증 관련 사망 역학은 특정한 치료적 접근을 통해 변화할 수 있을 것이다. 반대로 이 같은 접근이 없다면 ID 환자들에서 뇌전증 관련 사망률은 현저히 늘어나게 될 것이다.

공존 정신과적 장애

뇌전증, 특히 만성뇌전증은 정신과 질환의 위험성을 수반한다. 이것은 특히 정신병(psychosis)과의 관련성에 있어 더욱 그러하며, Krishnamoorthy[31]에 따르면 일반인구의 10배 이상이다. 이와 별도로 ID가 있는 환자들은 그 밖의 인구에 비하여 정신건강문제의 비율이 더 높다고 알려져 있으며, 종종 3~5배 이상으로 기술되고 있고, 어떤 연구들은 정신분열병의 위험성이 의미 있게 높다고 보고하고 있다.[32] Krishnamoorthy가 추가적 고찰에서 언급한 바와 같이 뇌전증과 ID가 같이 있는 환자들의 정신병리에 관한 문헌들은 많지 않으며 상반된 결과를 보이고 있다.[33] 그럼에도 불구하고 스칸디나비아의 인구기반연구들은 다시 한 번 명백한 결과들을 보여주고 있는데, Göteborg의 아동대상연구에서는 ID와 활동성 뇌전증이 있는 환자들의 59%에서 최소 한 가지 이상의 정신과적 진단이 있었고, 38%의 자폐스펙트럼장애를 포함함을 발견하였다. 저자들은 관찰된 수치들이 실제 유병률보다 더 낮을 것으로 생각하는데, 왜냐하면 어떤 아동들은 행동이나 정서적 문제를 나타내어 진단을 받도록 하기에는 기술이나 운동능력이 부족할 수 있기 때문이다.[34] Lund는 인구기반 성인연구에서[35,36] ID 환자들의 정신과적 장애는 뇌전증과 강한 상관관계가 있다고 하였는데, ID는 있으나 뇌전증이 없는 환자들은 26%에서 정신과적 장애가 있는 것에 비하여 ID와 뇌전증이 모두 있는 환자들은 59%에서 정신과적 장애가 있었다. 이 연구는 1980년대 초반에 수행되었으며 그 수치는 인구의 연령분포변화에 따라 변화할 수도 있으므로 더욱 최신 연구의 필요성이 강조되고 있다.

뇌전증 관련 발달장애증후군

뇌성마비

뇌성마비(cerebral palsy)는 어린 소아에서 운동기능의 장애를 일으키는 만성 비진행성 뇌질환이다.[37] 이 질환이 있는 환자들이 성인기에 이르도록 길게 생존하게 되면서, 아직 입증된 것은 아니나 '비진행성'이라는 정의 부분에서 검토의 필요성이 제기되고 있다. 뇌성마비는 또한 크게 네 가지 유형으로 나뉜다. 즉 편마비형, 양측마비형, 사지마비형, 근긴장이상형이다. 각 유형에서 뇌전증의 발생률은 Aicardi[38]에 의해 고찰된 바 있다.

편마비형 뇌성마비는 전형적으로는 중뇌동맥에 의해 공급되는 영역과 관련되며 생후 수개월 이내에 뚜렷이 나타난다. 뇌전증은 34~60%에서 발생하며, 부분적인 경향이 있고 손상된 영역 주변의 상처조직으로부터 발생한다. 중뇌동맥은 전두엽, 두정엽, 그리고 측두엽의 측면, 감각운동영역에 혈류를 공급하지만 후두엽이나 하측두엽은 중뇌동맥이 아니라 후뇌동맥에 의해 공급을 받는다. 결과적으로 나타나는 국소화관련뇌전증은 관련된 동맥의 분포를 반영한다.

양측마비성 뇌성마비는 극소저출생체중 생존아와 밀접한 관련을 갖는다. 뇌손상은 산전에 발생하며 전형적으로 피질하조직을 침범하므로, 뇌전증의 빈도는 상대적으로 낮다. 손상이 매우 심각한 경우에는 뇌피질을 침범하여 부분 또는 전신성뇌전증이 발생할 수도 있으며 이는 약 16~27%에서 나타난다. 사지마비형 뇌성마비에서는 광범위한 뇌피질의 침범이 있으며, 약 50~90%의 환자들에서 다국소성이나 증상관련 전신성뇌전증이 발생할 수 있다. 근긴장이상형 뇌성마비는 기저핵 손상이나 발달이상으로 인하며, 뇌피질은 상대적으로 손상을 덜 받으므로 뇌전증이 반드시 발생하는 것은 아니다. 발작장애는 23~26%에서 발생하며 뇌전증 발생은 이러한 환자들에서 피질이 전반적으로 관련되었다는 것을 암시하며 주로 증상관련 전신성뇌전증으로 나타나게 된다.

뇌성마비 환자들이 모두 ID가 있는 것은 결코 아니다. 많은 연구들은 소아와 젊은 이들을 대상으로 수행되어왔으며, 성인에서 이용할 수 있는 자료는 상대적으로 적다. 미네소타 로체스터에서 시행한 연구에서 Kudrjavcec 등[39]은 뇌성마비 환자들에서 16세까지 뇌전증의 누적발생률이 33%라고 보고하였으며, Aberdeen 연구에서 Goulden 등은 뇌성마비와 ID가 함께 있는 경우 22세까지 뇌전증 누적발생률이 38%라고 하였다. Delgado 등[40]은 이러한 상황의 뇌전증이 특히 치료에 잘 반응하지 않는 것을 보여주었는데, 오직 13%의 환자들이 2년 완화기를 보이며 이는 ID보다는 뇌성마비와 더 관련 있는 것으로 보였다. ID 환자에서의 뇌전증은 뇌성마비가 있을 때 좀 더 많이 발생하는 듯한데, 이는 아마도 전반적인 뇌병변의 심각도로 인한 것일 것이다. ID 환자에서 뇌성마비가 있는 것은 뇌전증 발생 위험을 더 높여준다. Corbett 등[41]은 초기의 연구에서 ID 인구에서 뇌전증의 위험이 뇌성마비가 동반된 경우 3배나 더 높다고도 하였다. 이탈리아의 Arpino 등[42]은 흥미로운 연구 결과들을 보고하였는데, ID와 뇌성마비가 있는 환자의 일차친족들에서 뇌전증 가족력이 증가되어 있다는 것과 뇌성마비, ID, 뇌전증의 조합이 있는 경우에는 분만 당시 어머니의 연령이 32세 이하일 가능성이 적고, 미숙아 출산이나 저출생체중아와 관련되어 있을 가능성은 더 낮다고 하는 것 등을 포함하는 내용이다. D'Amelio 등[43]은 저체중출생아 또는 미숙아와 관련된 뇌성마비와 만삭아에서 발생하는 뇌성마비를 일으키는 뇌손상은 서로 다르며, 후자의 경우 이후에 뇌전증이 발생할 가능성이 더 높을 수 있고, 뇌전증의 가족력도 추가로 기여할 수 있다고 추론하였다.

뇌전증과 관련된 경우는 차치하더라도, 뇌성마비의 장기적 추적연구는 드물고 예후에 대한 정보도 많지 않다. 북미에서 시행된 한 일차의료기관기반연구는 학습장애가 동반되거나 동반되지 않은 나이 든 뇌성마비 환자들에서 뇌전증 유병률이 감소하는 것을 보고한 바 있다.[44] 그러나 이것이 기저의 조기사망률, 또는 어떤 환자들에서의 완화경향을 반영하는 것인지는 분명하지 않다.

취약X증후군

취약X증후군(fragile X syndrome)은 ID의 가장 흔한 유전적 원인 가운데 하나로, 추정 발생률은 남자 1,500[45]~6,000명[46] 중 1명이다. 여자도 또한 이환될 수 있으나 표현형은 남자에서 더 심하게 나타난다. 많으면 여성 1,000명 중 1명이 보인자일 수 있다. 뇌전증의 존재는 ID의 정도에 영향받지 않는다. 대부분의 뇌전증은 15세 이전에 시작하며,[47] 대개 청소년기에 호전된다. Musumeci 등[48]은 단지 25%에서만 성인기에 발작이 지속된다고 하였다. (소수에서는 더 심한 난치성 발작을 보이는 경우도 있으나) 대개 뇌전증은 상대적으로 경하며 치료에 잘 반응하고, 흔히 복합부분발작(Musumeci의 연구에서 89.3%)과 강직간대발작(46.4%)을 나타낸다. 부분적으로 시작하며 청소년기에 호전되는 비교적 경한 뇌전증의 존재는 양성롤란딕뇌전증에 비견될 수 있으나, 현재까지의 유전연구들은 이 두 질환의 분명한 연관성을 밝히지는 못하고 있으며, 공통성은 우연한 것일 수 있다.[49]

Rett 증후군

Rett 증후군은 유전적 원인에 의한 전반적 발달장애로 뚜렷한 자폐적 특징과 퇴행을 보이고 거의 전적으로 여아에게 발생한다. 10,000명 중 1명의 여아에서 발생하는 것으로 추정되지만[50] 과소추정되었을 수 있다. 특징적으로 전반적 서파, 율동성 서파, 그리고 국소성 및 전반적 극파, 예서파와 같은 간질모양 활동으로 나타나는 비정상뇌파가 임상적인 발작이 뚜렷하지 않아도 관찰된다. 약 절반에서는 뇌전증이 발생한다. 경련 유형은 강직간대, 소발작, 근간대성, 무긴장발작과 부분발작을 포함하며 종종 증상관련 전신발작의 모습을 보인다. 대부분의 발작은 3~5세경에 시작하며 시작 당시에 더 심하고 나이가 들면서 어느 정도 완화된다. 항상 그런 것은 아니지만 대개 10대나 20대에 완화된다. Rett 증후군에서의 뇌전증은 치료가 힘든 상황일 수도 있으며, 종종 표준적인 항뇌전증약이 잘 듣지 않는다.

15q11-q13 염색체 장애

이 흥미 있고 상대적으로 불안정한 염색체 부위는 Angelman 증후군, Prader-Willi 증후군, 그리고 가장 최근에 발견된 inv dup(15) 증후군을 비롯한 다양한 질환들과 관련된다. 이들은 모두 다른 표현형을 보이며 모두 서로 다른 뇌전증과 관련된다.

Angelman 증후군은 15q11-q13 부위의 모계로부터의 결실, 또는 부계로부터 대립유전자 두 개가 모두 온 경우(uniparental disomy)의 결과로 발생한다. 생존 출생아 1만~3만 명 중 1명에서 발생하는 것으로 알려져 있다.[51] 이 병에 걸린 환자의 80%에서는 발작질환이 발생하며, 대개 3세 전에 시작하고, 흔히 열성경련으로 나타난다.[52] 전체적으로는 근간대발작과 쓰러짐발작이 우세한 증상관련 전신발작과 비슷한 모습으로 나타나지만, 종종 비전형소발작과 강직간대발작으로도 나타난다. 안구 전위와 구토를 동반한 복합부분발작도 보고되고 있다. Guerrini 등[53]은 Angelman 증후군 환자들에서 장시간 지속되는 떨림을 야기하는 특별한 근간대발작을 언급하기도 하였다. 비경련성(비전형소발작) 간질중첩증이 50% 정도에서까지 나타나는 것으로 알려져 있으며, 종종 성인기의 Lennox-Gastaut 증후군과도 비슷하다.[54]

Prader-Willi 증후군은 15q11-q13의 부계로부터의 결실 또는 모계로부터의 uniparental disomy의 결과이다. 과식증을 포함한 특징적인 신체적, 행동적 표현형들은 잘 알려져 있으며 이는 Angelman 증후군과는 매우 다르다. 그러나 열성경련의 빈도가 높은 것은 Angelman 증후군과 공통적이며 환자들의 28~46%에서 발작질환이 발생하는 것으로 보인다. 이는 아마도 학습장애만 있는 경우 기대되는 것보다는 더 높은 것이지만, 뚜렷이 구별되는 뇌전증 표현형이 따로 있는 것은 아니다.[55] 발작질환은 아동기와 청소년기에 더 뚜렷할 수 있다. Butler 등[56]은 진단에 혼동을 가져오는 많은 이유 없이 쓰러지는 사건들과 부주의함에 관심을 두고, 이것이 허탈발작의 표현일 수도 있다고 추정하였다. 과식증과 뇌전증이 있는 상황은 어떤 연구자들이 식욕억제를 일으킨다고 알려진 topiramate가 Prader-Willi 증후군 환자들의 항뇌전증약으로 적합할 수도 있다는 추측을 하게 하였다. topiramate가 이 환자들의 자해행동에 효과가 있을 가능성에 대한 보고들과[57], 식욕에 미치는 효과를 같이 연구한 보고들이 있다.[58,59]

최근에 기술된 질환[60]인 inv dup(15)는 15p의 네염색체증과 15q의 부분적네염색체증(partial tetrasomy)에 의해 발생하며, 자폐유사 특징들, 저긴장증, 그리고 난치성 전신성뇌전증으로 나타난다. 이 병의 어떤 측면은 Angelman 증후군과 유사하다. 뇌전증의 빈도는 높으나, 발생률이나 유병률 자료를 제공하는 충분한 규모의 연구는 아직 없다. 발작의 시작은 생후 6개월~9세 사이로 다양하며, 때로 조기에 영아연축으로 발병하는 경우도 있다. 어떤 특징들은 Lennox-Gastaut 증후군을 시사하기도 하며, 난치성근간 대가 발생할 수도 있다. 뇌파는 정상적인 후두부 리듬이 줄어 있거나 없는 것과 증상 관련 전신발작의 일부 특징들을 보인다. 발작활동은 수면구조를 방해할 수도 있다.

결절성경화증

결절성경화증(Tuberous Sclerosis, TS)은 피부와 뇌 그리고 다른 기관들에 병변을 일으 키는 장애이다. 다양한 투과도의 상염색체우성으로 유전될 수 있으나, 많은 경우(절 반 이상)에서 자연돌연변이로 발생할 수도 있다. Ahlsén 등[61]은 청소년기의 최소 유병 률이 6,800명 중 1명이라고 발표하였으나 이는 과소평가된 것으로 생각되었으며, 소 아초기에 심한 증상이 나타나는 환자들의 최소 절반 정도는 유전성이라고 하였다. 적 어도 50%의 TS 환자에서 ID가 동반되는데, 어떤 연구에서는 80%에 이른다고도 하였 다.[62] ID의 정도는 경증에서 중증에 이르기까지 다양하다. 특히 뇌전증과 자폐증이 같 이 있는 경우와 강한 연관성이 있는데, 실제로 Gillberg[63]는 ID, 뇌전증, 자폐증이 공 존하고 있는 경우, 기저 원인으로 TS가 있다는 임상적 신호일 수도 있다고 하였다. 약 1/3의 TS 소아에서 연아연축(West 증후군)이 발생하는데, 이는 거꾸로 전체 West 증후 군 환자의 25% 이상에 해당하는 것일 수도 있다. 약 80% 이상에서 어느 시기에서나 뇌 전증이 발생할 수 있다. 강직간대발작과 복합부분발작이 잘 기술되어 있다.[64] 발작의 유형은 다양한 뇌 병소들로부터 영향을 받으므로, 종종 증상관련 국소화 관련 뇌전증 또는 다국소성뇌전증으로 나타나지만, 때로 증상관련 전신성뇌전증도 나타난다. 작은 규모의 환자 사례들로부터 뇌전증이 단일한 피질결절이나 다른 확인 가능한 발작유발 성 병소와 관련되어 보이는 경우에는 수술적 치료가 어느 정도 성공적이라고 주장되어 왔다.[65] 최근에는 TS 환자에서 다약제내성과 관련된 단백질들의 발현이 기술되고 있는 데,[66] 이는 치료 불응성의 일부를 설명하는 것일 뿐만 아니라 이 환자들에게 이전보다 고용량의 항뇌전증약을 사용해야 함을 뜻하는 것일 수도 있다.

다운 증후군

다운 증후군(Down Syndrome, DS. 21세염색체증)은 출생아 800명당 1명에서 발생하며 뇌전증이 흔히 동반된다. 약 1%의 DS 소아에서는 West 증후군(연아연축)[67]이 발생하는데 이는 일반인구의 2,000명 중 1명에서 발생하는 것보다 훨씬 높은 빈도이지만[68] 치료에는 상대적으로 잘 반응하는 편이다. 나이 어린 DS 환자에서의 뇌전증은 소음, 촉각 등에 의해 유발되는 반사성발작 및 전형소발작을 포함하는 특발성전신성뇌전증, 그 외의 다른 전신발작 유형들이 높은 빈도로 나타나며 종종 어느 정도 광과민성을 보인다.[69] DS 환자들의 뇌가 특별히 이러한 발작 유형에 더 민감한 것같이 보이는 이유에 대하여는 억제기전에 문제가 있다는 등의 설명이 있다.[70] 청소년기의 국소성(국소화관련) 뇌전증의 빈도는 일반인구에 비하여 단지 약간 더 높은 것으로 보인다. DS 환자의 발작질환은 이상성(biphasic)으로 나타나는 것처럼 보이는데, Pueschel 등[71]은 뇌전증이 있는 DS 환자의 40%는 생후 첫해에 뇌전증이 시작되고, 추가적인 40%는 40세 이후에 시작된다는 것을 발견하였다. DS 환자의 뇌전증 유병률은 나이가 들수록 증가하며, 특히 근간대발작과 종종 다른 전신발작들이 알쯔하이머 유형의 조발성치매와 함께 나타나게 되고, 나이 든 DS 환자들에서의 뇌전증 유병률은 70~80%에 이른다.[72, 73] 늦게 발생하는 뇌전증은 '노년기 근간대뇌전증'[74, 75]이라고 불린다. 그러므로 대부분의 DS 뇌전증 환자들에서는 증상관련 전신성 유형, 소발작, 근간대발작, 강직간대형 발작이 우세하게 나타나며, 반사성발작도 흔하다.

ID와 연관된 일부 뇌전증증후군들

앞에서 기술한 바와 같이 ID 증후군과 특별히 관련된 뇌전증의 유형에는 전신성, 근간대발작, 비전형소발작, 쓰러짐발작과 강직간대, 그리고 어떤 유형의 복합부분발작이 있다. 물론 일반인구집단에서 발생하는 것과 동일한 뇌전증증후군들도 ID 집단에서 나타날 수 있는데, 내측두엽뇌전증 및 소아소발작뇌전증, 청소년근간대발작과 같은 특발성전신성뇌전증 등이 이에 포함된다. 그러나 이러한 것들이 ID에서 더 많이 나타난다는 근거는 없다. 뇌전증의 유병률이 높은 것은 대체로 증상관련 그리고 잠재성 전신뇌전증에 기인하며, 그중 Lennox‑Gastaut 증후군이 특별한 예이며, 다국소성뇌전증, 그리고 분류가 어려운 뇌전증들도 그러하다. 후자에 해당하는 것들로 드물지만 흥미 있는 Landau‑Kleffner 증후군(후천성뇌전증성실어증) 그리고 서파수면 중 전기적 간질중첩증(Electrical Status Epilepticus During Slow Sleep, ESES) 관련 증후군이 있다. 이 두 가지 질환의 발병률과 유병률은 사실상 알려져 있지 않다. 비록 드물다고는 생각되지만 진단되지 않은 ESES가 붕괴성자폐상태에 어느 정도까지 역할을 하고 있는지는 분명하지 않으며 추가적 역학조사로 이를 밝혀내야 할 것이다.

Lennox‑Gastaut 증후군은 소아기파국성(catastrophic)뇌전증으로 강직‑체측성, 무긴장성, 비전형소발작과 그 외 다른 발작 유형들이 나타나며 뇌파는 느린 극서파를 보이고 지적 발달의 둔화 또는 감퇴를 동반한다. 시작 연령은 다양하지만 대개 2~6세 사이에 발생하며, 이전에 연아연축(West 증후군)의 과거력이 있을 수도 있다. 증상관련 환자들이 전체의 70~78%를 차지한다.[76] 전체인구 중에서는 드물지만, 모든 뇌전증 환자의 2~5%에 해당한다. 그러나 심한 ID가 있는 경우에는 명백한 Lennox‑Gastaut 증후군이 17%까지도 보고되고 있으며[77], 뇌전증 아동들을 위한 기숙형 특수학교에서는 Lennox‑Gastaut 증후군 진단을 만족하는 경우가 약 2/3에서 발견되기도 한다.[78]

결론 : 미래에 대한 기대

ID 환자들은 ID가 없는 사람들보다 뇌전증이 더 흔하다. 과다발현과 관련된 뇌전증 유형에는 비전형소발작, 근간대발작, 강직성, 무긴장발작과 같은 특별한 발작과 부분성, 강직간대발작 등이 있다. ID와 관련된 뇌전증은 치료가 어려울 수 있으며 특별한 치료 문제들을 제기한다. ID를 일으키는 어떤 유전증후군들은 특별한 뇌전증 표현형들을 보인다. 이들 증후군 및 ID와 관련하여 현재까지 알려져 있는 뇌전증의 발생률과 유병률 수치는 ID 인구집단의 수명 증가, 유전 스크리닝의 영향, 임신기 모성영양의 향상, 출생 전후 치료의 향상 등을 반영할 수 있도록 전반적인 조정이 필요할 수 있다.

참고문헌

1. Internationl Statistical Classification of Disease and Related Health Problems. Tenth Revision. (1992) Geneva World Health Organization.
2. American Psychiatric Association. (1994) Diagnostic and Statistical Manual of Mental Disorders, Fourth Edition. Washington, DC, American Psychiatric Association.
3. BrownSW(2003) Towards definitions: Learning disability, mental handicap and intelligence. In Trimble MR (ed) Learning disability and epilepsy: An integrative approach. Clarius Press, London, pp. 1-16.
4. Beange OH, Taplin JE. (1996) Prevalence of intellectual disability in northern Sydney adults. J Intellect Disabil Res 40: 191-7.
5. Bhasin TK, Brocksen S, Avchen RN et al. (2006) Prevalence of four developmental disabilities among children aged 8 years — Metropolitan Atlanta Developmental Disabilities Surveillance Program, 1996 and 2000.MMWR — Morbidity & Mortality Weekly Report.55 (SS-1):1-9.
6. Anonymous. (1996) State-specific rates of mental retardation—United States, 1993. MMWR — Morbidity & Mortality Weekly Report. 45: 61–5.
7. McConkey R, Mulvany F, Barron S. (2006) Adult persons with intellectual disabilities on the island of Ireland. J Intellect Disabil Res. 50: 227–36.
8. Valuing people: A new strategy for learning disability for the 21st century. (2001) London, The Stationery Office.
9. Hauser WA, Hesdorffer DC. (1990) Epilepsy: Frequency, causes and consequences. Demos Press. New York:
10. Hauser WA, Kurland LT. (1975) The epidemiology of epilepsy in Rochester Minnesota 1935 through 1967. Epilepsia 16: 1–66.
11. Joint Epilepsy Council. (2005) Epilepsy prevalence, incidence and other statistics. Joint Epilepsy Council, Leeds.
12. EUCARE. (2003) European White Paper on Epilepsy. Epilepsia. 44 Suppl 6: 1–88.
13. Illingworth RS. (1959) Convulsions in mentally retarded children with or without cerebral palsy. J Ment Defic Res. 3: 88–93
14. Iavanainen M. (1974) A study of origins of mental retardation, Heinemann London.
15. Corbett JA. (1979) Epilepsy and the electroencephalogram in early childhood psychoses. In: Wing JK (ed), Handbook of Psychiatry, Vol. 3. Cambridge University Press. Cambridge:
16. Corbett JA. (1988) Epilepsy and mental handicap. In: Laidlaw J, Richens A, Oxley J (eds) .A textbook of epilepsy, 3rd ed. Churchill Livingstone, Edinburgh: 533–8.
17. Corbett JA. (1983) Epilepsy and mental retardation. In: Parsonage M (ed). Proceedings of the 6th International Symposium on Epilepsy, Raven Press, London. New York, 207–14.
18. Richardson SA, Koller H, Katz M et al. (1981) A functional classification of seizures and its distribution in a mentally retarded population. Am J Ment Defic 815: 457–66.
19. Goulden KJ, Shinnar S, Koller H, et al. (1991) Epilepsy in children with mental retardation: A cohort study. Epilepsia 32: 690–7.
20. Forsgren L, Edvinsson SO, Blomquist HK, et al. (1990) Epilepsy in a population of mentally retarded children and adults. Epilepsy Res 6: 234–48.
21. Steffenburg U, Hagberg G, Viggedal G, et al. (1995) Active epilepsy in mentally retarded children. I. Prevalence and additional neuro-impairments. Acta Paediatrica 84: 1147–52.
22. Steffenburg U, Hagberg G, Kyllerman M (1996) Characteristics of seizures in a population-based series of mentally retarded children with active epilepsy. Epilepsia 37: 850–6.
23. Sillanpää M. (1999) Definitions and epidemiology. In: Sillanpää M, Gram L, Johannessen SI, Tomson T (eds). Epilepsy and mental retardation. UK, Wrightson Biomedical Publishing, Petersfield, Hampshire, 1–6.
24. Lhatoo SD, Sander JWAS. (2001) The epidemiology of epilepsy and learning disability. Epilepsia. 42 (Suppl 1): 6–9.

25. Cockerell OC, Johnson A, Sander JWAS, et al. (1994) Mortality from epilepsy: Results from a prospective population-based study. Lancet 344: 918–21.

26. Hanna N J, Black M, Sander JWS, et al. (2002) The National Sentinel Clinical Audit of Epilepsy-Related Death: Epilepsy—death in the shadows. The Stationery Office. London,

27. Walczak TS, Hauser WA, Leppik IE, et al. (1998) Incidence and risk factors for sudden unexpected death in epilepsy: A prospective cohort study. Neurology 50 [Suppl 4]: 443–4.

28. Nashef L, Fish DR, Garner S et al. (1995) Sudden death in epilepsy: A study of incidence in a young cohort with epilepsy and learning disability. Epilepsia 36: 1187–94.

29. Walczak T. (2002) Sudden unexpected death in epilepsy: An update. In: Devinsky O, Westbrook LE (eds). Epilepsy and developmental disabilities, Butterworth Heinemann, Boston: 41–7.

30. Brown S, Sullivan H, Hooper M (2004) Reduction of epilepsy-related mortality in a population with intellectual disability (ID). J Intellect Disabil Res 48: 340.

31. Krishnamoorthy ES. (2002) Neuropsychiatric disorders in epilepsy: Epidemiology and classification. In: Trimble MR, Schmitz EB (eds). The neuropsychiatry of epilepsy. Cambridge University Press, Cambridge, UK: 5–17.

32. Kerker BD. Owens PL. Zigler E. et al. (2004) Mental health disorders among individuals with mental retardation: Challenges to accurate prevalence estimates. Public Health Reports 119: 409–17.

33. Krishnamoorthy ES. (2003) Neuropsychiatric epidemiology at the interface between learning disability and epilepsy. In: Trimble MR (ed). Learning disability and epilepsy: An integrative approach. Clarius Press, London: 17–26.

34. Steffenburg S, Gillberg C, Steffenburg U. (1996) Psychiatric disorders in children and adolescents with mental retardation and active epilepsy.Arch Neurol 53: 904–12.

35. Lund J. (1985) Epilepsy and psychiatric disorder in mentally retarded adults. Acta Psychiatrica Scandinavica 72: 557–62.

36. Lund J. (1985) The prevalence of psychiatric morbidity in mentally retarded adults.Acta Psychiatrica Scandinavica 72: 563–70.

37. Bax MCO. (1964) Terminology and classification of cerebral palsy. Dev Med Child Neurology 6: 295–7.

38. Aicardi J (1990) Epilepsy in brain-injured children. Dev Med Child Neurol 32: 191–202.

39. Kudrjavcev T, Schoenberg BS, Kurland LT, et al. (1985) Cerebral palsy: Survival rates, associated handicaps, and distribution by clinical subtype (Rochester, MN, 1950–1976). Neurology 35: 900–3.

40. Delgado MR, Riela AR, Mills J, et al. (1996) Discontinuation of antiepileptic drug treatment after two seizure-free years in children with cerebral palsy. Pediatrics 97: 192–197.

41. Corbett JA, Harris R, Robinson R. (1975) Epilepsy. In: Wortis J (ed). Mental retardation and developmental disabilities, Vol VII. Raven Press, New York: 79–111.

42. Arpino C, Curatolo P, Stazi MA, et al. (1999) Differing risk factors for cerebral palsy in the presence of mental retardation and epilepsy. J Child Neurol 14: 151–5.

43. D'Amelio M, Shinnar S, Hauser WA (2002) Epilepsy in children with mental retardation and cerebral palsy. In: Devinsky O, Westbrook LE (eds). Epilepsy and developmental disabilities. Butterworth-Heinemann,Woburn, MA: 3–16.

44. McDermott S, Moran R, Platt T, et al. (2005) Prevalence of epilepsy in adults with mental retardation and related disabilities in primary care. Am J Ment Retard 110: 48–56.

45. Webb TP, Bundey SE, Thake AI, et al. (1986) Population incidence and segregation ratios in the Martin-Bell syndrome. Am J Med Genet 23: 573–80.

46. Vries BB, de Ouweland AM, van den Mohkamsing S et al. (1997) Screening and diagnosis for the fragile X syndrome among the mentally retarded: An epidemiological and psychological survey. Collaborative Fragile X Study Group. Am J Human Genetics 61: 660–7.

47. Wisniewski KE, Segan SM, Miezejeski CM, et al. (1991) The Fra(X) syndrome: Neurological, electrophysiological, and neuropathological abnormalities. Am J Med Genet 38: 476–80.

48. Musumeci SA, Hagerman RJ, Ferri R, et al. (1999) Epilepsy and EEG findings in males with fragile X syndrome. Epilepsia 40: 1092–1099.

49. Gobbi G, Genton P, Pini A, et al. (2005) Epilepsies and chromosomal disorders. In: Roger J, Bureau M, Dravet C et al. (eds). Epileptic syndromes in infancy childhood and adolescence, 4th ed., John Libbey & Co Ltd., Eastleigh, UK: 467–92.

50. Hagberg B (ed). (1993) Rett Syndrome — Clinical & Biological Aspects. McKeith Press. London:

51. Stafstrom. CE (1999) Mechanism of epilepsy in mental retardation: Insights from Angelman syndrome, Down syndrome and fragile X syndrome. In: Sillanpää M, Gram L, Johannessen SI, Tomson T (eds). Epilepsy and mental retardation.Wrightson Biomedical Publishing, Petersfield, Hampshire, UK: 7–41.

52. Matsumoto A, Kumagai T, Miura K et al. (1992) Epilepsy in Angelman syndrome associated with chromosome 15q deletion. Epilepsia 33: 1083–1090.

53. Guerrini R, Lorey TM, De Bonanni P, et al. (1996) Cortical myoclonus in Angelman syndrome. Ann Neurol 40: 39–48.

54. Minassian BA, DeLorey TM, Olsen RW, et al. (1998) Angelman syndrome: Correlations between epilepsy phenotypes and genotypes. Ann Neurol 43: 485–93.

55. Kumada T, Ito M, Miyajima T, et al. (2005) Multi-institutional study on the correlation between chromosomal abnormalities and epilepsy. Brain Dev—NPN 27: 127–34.

56. Butler JV, Whittington JE, Holland AJ. (2002) Prevalence of, and risk factors for, physical ill-health in people with Prader-Willi syndrome: A population-based study. Dev Med Child Neurol 44: 248–55.

57. Shapira NA, Lessig MC, Murphy TK, et al. (2002) Topiramate attenuates self-injurious behavior in Prader-Willi Syndrome. Inter J Neuropsychopharmacol 5: 141–5.

58. Smathers SA, Wilson JG, Nigro MA, et al. (2003) Topiramate effectiveness in Prader-Willi syndrome. Pediatr Neurol 28: 130–3.

59. Shapira NA, Lessig MC, LewisMH, et al. (2004) Effects of topiramate in adults with Prader-Willi syndrome. Am J Ment Retard 109: 301–9

60. Battaglia A, Battaglia A. (2005) The inv dup(15) or idic(15) syndrome: A clinically recognisable neurogenetic disorder. Brain and Development. 27: 365–9.

61. Ahlsén G, Gillberg IC, Lindblom R. et al. (1994)Tuberous sclerosis in Western Sweden. A population study of cases with early childhood onset. Arch Neurology. 51: 76–81.

62. Hunt A. (1993) Development, behaviour and seizures in 300 cases of tuberous sclerosis. J Intellect Disabil Res 37: 41–51.

63. Gillberg C. (1995) Clinical child neuropsychiatry.Cambridge University Press. Cambridge, UK:

64. Riikonen R, Simell O. (1990) Tuberous sclerosis and infantile spasms. Dev Med Child Neurol 32: 203–9.

65. Guerreiro MM, Andermann F, Andermann E, et al. (1998) Surgical treatment of epilepsy in tuberous sclerosis: strategies and results in 18 patients. Neurology 51: 1263–9.

66. Stafstrom CE, Patxot OF, Gilmore HE, et al. (1991) Seizures in children with Down syndrome: Etiology, characteristics and outcome. Dev Med Child Neurol 33: 191–200.

67. Lazarowski A, Lubieniecki F, Camarero S, et al. (2006). New proteins configure a brain drug resistance map in tuberous sclerosis. Pediatr Neurol 34: 20–4.

68. Riikonen R, Donner M. (1979) Incidence and etiology of infantile spasms from 1960 to 1976: A population study in Finland.Dev Med Child Neurol 21: 333–43.

69. Guerrini R, Genton P, Bureau M, et al. (1990) Reflex seizures are frequent in patients with Down syndrome and epilepsy. Epilepsia 31: 406–17.

70. Brown SW. (2002) Epilepsy. In: Prasher VP, Janicki MP, (eds) Physical health of adults with intellectual disabilities. Blackwell Publishing; Oxford: 133–59.

71. Pueschel SM, Louis S. McKnight P. (1991) Seizure disorders in Down syndrome. Arch Neurol 84: 318–20.

72. Lai F, Williams RS.(1989) A prospective study of Alzheimer disease in Down syndrome. Arch Neurol 46: 849–53.

73. Evenhuis HM.(1990) The natural history of dementia in Down's syndrome. Arch Neurol 47: 263–7.

74. Genton P, Paglia G. (1994) Épilepsie myoclonique sénile (senile myoclonic epilepsy). Epilepsies 6: 5–11.
75. SabersA,(1999) Epilepsy in Down Syndrome. In: Sillanpaa M, Gram L, Johannessen SI, Tomsom T (eds). Epilepsy & mental retardation. Wrightson Biomedical Publishing, Petersfield, Hampshire, UK: 41–5.
76. Glauser TA, Morita DA. (2002) Lennox-Gastaut syndrome. In: Devinsky O, Westbrook LE (eds). Epilepsy and developmental disabilities. Butterworth-Heinemann, Woburn, MA: 65–78.
77. Trevathan E, Murphy CC, Yeargin-Allsopp M. (1997) Prevalence and descriptive epidemiology of Lennox-Gastaut syndrome among Atlanta children.Epilepsia 38: 1283–8.
78. Jenkins LK, Brown SW. (1990) The value of syndrome classification in childhood epilepsy. Acta Neurologica Scandinavica 82 (Suppl)133:–10.

Chapter 4

지적장애 환자에서의 뇌전증 진단

P. Martin

서론

3장에서 강조한 바와 같이, 뇌전증발작은 일반인구집단과 비교해 지적장애(ID) 환자에서 더 자주 발생한다.[1] 특히 중증과 심한 ID의 경우 더욱 그러하다. 뇌전증의 발생률은 ID가 결절성경화증복합(TSC)과 같은 특정 증후군에 의한 경우 더 크게 증가할 수도 있다. 어떤 질병이나 증후군에서는 발작 가능성이 연령에 의존하거나 동반질환과 관련되어 있다(예 : Angelman 증후군에서의 영아기와 소아기에 높은 발작 가능성, 또는 나이 많은 다운 증후군 환자들의 알츠하이머 질환의 치매와 관련된 발작[2-6]).

이러한 사실은 ID 환자에서 처음으로 발작이 의심되는 상황에서 유념해야 한다. 문제가 되는 발작행동이 정말로 뇌전증성인가에 대한 가능성은 전체 인구집단과 비교해서는 안 되며, 중증도나 그 원인이 같은 ID 환자 코호트와 관련하여 추정되어야 한다. 일반적으로 ID 환자에서의 돌발성 발작행동이 뇌전증성장애일 가능성은 일반인구집단에 비해 더 높다. 그러나 비뇌전증성 운동 또는 행동발작들도 ID 인구집단에서 더 높게 나타난다.

V. P. Prasher, M. P. Kerr(eds.) *Epilepsy and Intellectual Disabilities,*
DOI : 10.1007/978-1-84800-259-3_4, ⓒ Springer Science+Business Media, LLC 2008

환자의 의학적 과거력

뇌전증과 ID가 있는 환자의 과거력에 대한 질문에는 다음과 같은 정보들이 반드시 포함되어야 한다.

1. 뇌전증의 시작과 경과
2. 발작의 모양, 발작의 주관적인 측면들
3. 발작 전구기와 발작 후의 감정 및 행동
4. 발작의 낮 시간대 분포
5. 발작과 중증도와 발작 위험요소
6. 개별 환자에서 특정한 발작 유발요인
7. 항경련제 효과와 약물 내약성(현재와 과거)
8. 환자와 가족구성원들의 행동 및 정신과적 질환

많은 경우에 성인 ID 환자들에서 영아기와 소아기로 거슬러 올라가는 과거력에 대한 정보를 충분히 얻기는 매우 어렵다. 더구나 심한 ID가 있는 환자로부터 직접 정확한 정보를 얻는 것은 불가능하다. ID 환자의 전 생애에 걸쳐 있는 발작질환 경과를 전반적으로 알고 있는 정보제공자가 전혀 없는 경우도 종종 있다.

한 환자에서 뇌전증증후군뿐 아니라 ID의 원인을 명확히 하는 것은 뇌전증발작의 조기 진행에 대한 정보를 얻는 데 중요하다. 예를 들어, 영아기중증근간대성뇌전증(Dravet 증후군) 환자들은 정상 영아에서 전형적으로 발열에 의해 유발되는 지속적인 전신성 또는 편측성간대성발작으로 시작한다.[7] 생후 2년째부터 정신운동지연의 진행이 뚜렷해지며, 이는 초기 경련발작의 빈번한 횟수와 연관성이 있다. 또 다른 예로, 많은 경우 인지저하, 행동 문제, 성조숙증과 관련이 있는 시상하부과오종(hypothalamic hamartoma)에 의해 유발되는 발작증후군을 들 수 있다. 웃음발작(gelastic seizure)은 시상하부과오종이 있는 거의 모든 소아에서 나타나지만, 성인환자에서는 특징적인 발작 소견이 아니다.[8, 9] 그러므로 뇌전증과 행동 문제가 있는 환자에서 웃음발작이 있었다면 시상하부과오종이 ID의 원인일 수 있다는 중요한 단서가 될 수 있다.

심한 ID가 있는 사람에서 주관적인 발작경험에 대한 정보를 얻는 것이 불가능해 보

일 수도 있다. 능숙한 의사라면 심한 장애가 있는 환자에서 상세한 발작양상이 필요
할 때 이를 가능하게 할 수 있어야 한다. 어떤 환자들은 발작 시작 시 "아(ah)", "무서
워(fear)", "안 돼(oh no)" 등의 짧은 말을 하기도 하며, 또 어떤 환자들은 돌보는 이에
게 매달리거나 겁에 질린 얼굴과 같은 일정한 행동변화에 이어 의식장애나 운동증상이
나타나기도 한다. 이러한 증상들은 모두 전조증상이나 단순부분발작을 나타내는 것일
수 있다. 이러한 증상이 있으면 환자가 국소화관련 뇌전증을 앓고 있다는 추측을 할
수 있으며, 특히 뇌전증 수술이 고려되는 경우에는 결정적 참고사항이 될 수도 있다.
전조증상의 존재와 지속시간은 또한 본인에게 해로운 결과가 있을 수 있는 발작(예 :
쓰러짐발작) 초기에 스스로를 보호하는 능력과 관련하여 중요하다. 전조증상이 충분
히 길게 지속되는 어떤 경우에는 단순부분발작이 강직간대발작으로 진행하기 전에 돌
보는 이가 응급약물을 투여하는 것이 가능할 수도 있다. 또 어떤 경우 전조증상들이
공포스러운 감정들로 이루어져 있으며, 환자에게 불안장애가 발생할 수도 있다.[10] 이
러한 환자들에서 발작 모양을 세심하게 정밀 평가하는 것은 공존하는 정신과적 문제
를 이해하는 데 결정적 정보를 제공할 수 있다.

　많은 뇌전증 환자들은 돌보는 이들에게 발작이 임박했다는 것을 알려주는 기분이
나 행동변화 전구증상들을 겪는데, 공격성, 불쾌감, 과잉행동 등이 흔한 증상이다. 또
들뜬 기분, 말이 많아짐, 주의력 증강, 그 외 다른 감정과 행동의 변화가 나타날 수 있
다. 발작 후 시기에는 종종 감정이 완화되어 달라진 정서 상태를 보일 수 있다. 전구기
와 발작 후 시기의 증상들은 뇌전증 전조증상과는 달리 뇌파이상을 동반한 발작의 일
부분이 아니며, 발작 중의 신경생리학적 변화를 동반하지도 않는다. 발작성 질환의 주
관적 측면들은 전구증상이나 발작 후의 정서적 변화에 대한 이해를 돕는 데 중요하
다. ID 환자들의 대부분에서는 이것이 돌보는 이들과의 면담을 통해서만 가능할 것이
다.[11~13]

　발작 모양에 대한 정보는 의사가 뇌전증성과 정신성비뇌전증발작(PNES)을 구분하
는 것을 가능하게 하는 것이어야 한다. 〈표 4.1〉은 뇌전증발작과 PNES의 구별을 도와
주는 자세한 발작 모양들을 열거하고 있다. ID가 있는 환자들에서도 역시 다른 발작성
비뇌전증성운동 및 이상행동들(표 4.2)을 파악하는 것은 중요하다. 이에 대한 정보들
은 제1장에서 이미 언급된 바 있으나 이 장에서 더 자세히 논의할 것이다.

표 4.1 정신성비뇌전증발작(PNES)의 임상적인 특징

PNES의 증상

긴 지속시간(종종 10분 이상)
정신성 비뇌전증발작(PNES) 상태는 빈번히 발생한다.
주로 운동성 행동이 많다.
　　　　율동성의 감소
　　　　때리거나 발로 차는 행동
　　　　골반을 들썩거림
　　　　고개 기울이기
　　　　불연속성, 악화와 완화 패턴
　　　　해부학적인 논리성이 없음
　　　　일정성이 적음(같은 환자에서 서로 다른 발작)
눈 감기/찡그리기
대광반사의 존재
발작 중에 감각자극에 반응함
발작 후 탈진이 없거나 적음
유뇨증이나 유분증이 일어날 수 있음
혀의 측면을 깨무는 일이 극히 드묾

표 4.2 뇌전증성발작과 혼동될 수 있는 발작성비뇌전증성운동 및 이상행동

신경학적/심장혈관성	정신성/행동성
과장된 놀람반사 수면장애/사건수면 실신 넘어짐(보행, 균형장애와 같은 원인에 의한) 이상운동성 움직임	틱장애 공격성 상동행동 소발작과 비슷한 '몰두' 행동을 일으키는 편집 　적이고 환각적인 경험들 불안행동 통증이나 다른 신체적 불편에 대한 행동 표현 들뜸이나 웃음

　　밤에 관찰할 수 없는 상황에서 지내는 환자들은 돌보는 이들이 수면 및 깨어남과 관련된 발작이 있는지를 알아챌 수 없기 때문에 야간발작에 대한 정보를 얻기가 특히 어렵다. 그러나 발작이 수면 중이나 깨어날 때 일어나는지를 아는 것은 중요하다. 많은 경우에 이러한 발작은 합병되는 위험성은 덜할 수 있는데, 환자가 누워 있는 중에는 쓰러져 다치거나 손상을 입지 않기 때문이다. 그러나 수면 관련 발작은 효율적 수면과

수면의 질을 저하시켜 주간졸림을 일으키고, 깨어 있을 때 행동이나 인지기능의 변화를 일으킬 수 있다.[14, 15] 의사는 환자의 수면 시에 발작을 경험하는 습관적인 수면자세와 환자들의 베개 크기, 재질에 대하여도 알고 있어야 한다. 이는 수면 관련 발작 중에 질식의 위험성을 평가하는 데 도움이 될 수 있다.

수면 관련 발작의 위험성과 관련된 다른 중요한 질문들은 다음과 같다. 발작이 발생할 때 보호자에게 경고를 알리는 '소리 지름'으로 시작하는가? 발작 중에 환자가 심하게 움직여 '발작경고시스템'이 작동하도록 하는가? 환자가 발작 중에 침대에서 낙상할 위험성이 있는가?

환자가 경험하는 발작의 심각도는 다른 기준들에 추가적으로 의식이 흐려지거나 소실되는 기간, 미리 방어할 수 있는 경고가 없음, 낙상의 위험도 등에 의해 평가될 수 있다. 낙상을 동반하는 발작으로는 강직발작, 무긴장발작, 강직간대발작과 드물게 근간대성발작이 있다. 강직발작은 ID가 있는 뇌전증 환자들에서 매우 흔하며 종종 발작의 정신운동성 진행이 선행된다. 낙상을 동반하는 발작 중 무긴장발작은 가장 흔히 심한 손상을 가져온다.[16] 뇌전증성 쓰러짐발작을 경험하는 환자들의 거의 절반에서는 ID를 동반한다.[17]

발작 평가의 일부로서 유발요인을 평가하는 것은 중요하다. 영아기와 아동기뿐만 아니라 청소년기와 성인의 발작도 감염성질환과 발열에 의하여 유발될 수 있다.[18] 어떤 환자들은 발열 시마다 일정하게 자주 발생하기도 한다. 발열에 의한 발작의 악화는 Angelman 증후군이나 Dravet 증후군과 같은 개별적인 증후군들의 특징이기도 하다.[7, 19] 이와는 대조적으로, 열성감염이 있는 중에는 발작질환이 호전되는 경우도 있다.[20]

그 외에 서로 다른 감각자극들-섬광, 빛, 소리, 더운 물에 손을 담그거나, 특별한 재질의 섬유를 만지는 것 등-과 같은 많은 발작 유발요인들이 존재한다. 의사는 자신의 환자들에서 발작을 유발하는 특별한 요인들과 자가유도발작의 가능성에 대한 단서들이 있는지 파악하여야 한다.[21~23] 발작 횟수를 증가시키는 다른 중요한 요인으로는 불편감, 스트레스, 생활시설이나 직장에서의 갈등상황 등을 들 수 있다.[18] 어떠한 수면장애라도 뇌전증을 악화시킬 수 있으며, 발작과 항뇌전증약 치료는 수면장애와 연관되어 있다.[24] 스트레스나 수면장애는 환자나 보호자들이 자발적으로 보고하지 않는 경우가 많으므로, 의사는 이러한 요인들에 대하여 적극적으로 물어보아야 한다.

ID 환자에게 투여되는 항뇌전증약의 잠재적 부작용도 약물치료 시작 전 고려되어야 한다. 거의 모든 항뇌전증약은 감정상태나 행동에 미치는 부작용의 가능성이 있다. 특히 barbiturate, topiramate, vigabatrin과 같은 약물들은 원치 않는 정신적 효과를 나타낼 가능성이 있다. 새로운 약물을 시작할 때에는 다음과 같은 몇 가지 위험요인들을 고려함으로써 개별 환자들에서 감정 및 행동 문제를 발생시키거나 악화시킬 위험성이 있는지 추정해볼 수 있다. 치료가 어려운 뇌전증, 여러 항뇌전증약의 사용, 급격한 용량증가, 고용량, 환자와 그 가족에서의 정신과질환 병력.[25] 이 같은 내용은 새로운 약물을 시작하기 전에 주의 깊게 평가되어야 할 것이다.

진단적 평가 : 목표와 질문

진단적 평가는 의학적 병력 데이터와 함께 다음 몇 가지 질문들에 답해야 한다. 첫째, 발작성 사건이 뇌전증성 특징이 있는가? 또 환자가 뇌전증으로 진단받아야만 하는가? 둘째, 만일 뇌전증이 진단이라면 어떤 뇌전증증후군에 할당되는가?(표 4.3 참조) 셋째, 발작과 ID의 구조적인 원인들 및 뇌전증과 ID의 바탕에 있는 유전질환의 가능성이 있는가?

특정 뇌전증증후군으로 분류하는 것은 수반하는 예후 및 치료결과를 알 수 있도록 해준다. 뇌의 구조적인 병변은 잠재적인 뇌전증유발 병소를 나타낼 뿐 아니라 ID 및 뇌전증과 관련된 질병(예 : 운동, 시각 등)의 원인에 대한 정보를 제공한다. 어떤 증후군이나 유전성뇌발달이상 또는 신경피부증후군으로 진단받는 것은 가족유전상담의 기초가 된다(표 4.4, 4.5 참조).

뇌전증 평가의 일부에는 임상진찰에 의한 다른 관련 질환들의 확인이 포함된다. 이것은 ID 환자들의 뇌전증 발생과 경과에 영향을 미칠 수 있다(제3장 참조). 예를 들어 뇌전증은 뇌성마비(CP)에서 가장 흔히 동반되는 질환 중의 하나이다. 인구기반연구들과 임상적 연구들은 CP가 있는 아동들의 30~40%에서 뇌전증이 동반된다는 사실을 밝혀냈다. 뇌전증은 심한 CP와 ID가 있는 환자들에서 훨씬 더 자주 나타난다.[42] 편마비성 CP 환자에서 많은 경우 뇌전증 치료가 어려울 수 있다.[43] 자폐증이 있는 환자에서 비유발성 발작을 겪을 가능성은 일반인구에 비하여 상당히 높다(자폐증 환자의 최

표 4.3 ID와 관련된 뇌전증증후군들[26]

뇌전증증후군	
Suppression-burst를 동반한 조기영아기 뇌전증성뇌병증	Ohtahara 증후군
조기(신생아기) 근간대뇌병증	
영아연축	West 증후군
	Lennox-Gastaut 증후군
영아기중증근간대뇌전증	Dravet 증후군
근간대소발작을 동반한 뇌전증	
근간대무정위발작을 동반한 뇌전증	Doose 증후군

표 4.4 뇌발달성장애들과 현재까지 알려진 해당 유전원인들[27~30]

장애	유전자(위치)
1형 평평뇌증, 피질하띠이소증	LIS 1(17p13.3), DCX(X q22.3-q23)
생식기이상을 동반한 X염색체 평평뇌증(XLAG)	ARX(Xp22.12)
소뇌저형성을 동반한 평평뇌증	RELN(7q22), VLDLR(9q24)
조약돌평평뇌증(예 : Walker Warburg 증후군, 근육-눈-뇌병, Fukuyama병)	POMT1(9q34.1), POMT2(14q24.3), POMTGnT1 (1p33-p34), FKRP(19q13.3), FCMD(9q31), LARGE(22q12.3)
완전전뇌증	SIX3(2p21), SHH(7q36), TGIF(18pter-q11), ZIC2(13q32), ZIC1-ZIC4?(3p24-pter), forkhead homologue(13q12-14), thyroid transcription factor-1?(14q13), homologue to mouse coloboma(20q13), ?(1q42-qter), ?(5p), ?(6q26-qter), PTCH(9q22.3), DHCR(11q13); trisomy 13, trisomy 18
소뇌증	MCPH1(8p23), CDK5RAP2(9q34), ASPM(1q31), CENPJ(13q12.2)
뇌실주위결절이소증	FLNA(Xq28)
소뇌증을 동반한 상염색체열성 뇌실주위이소증	ARFGEF2(20q13.12)
다소뇌회증(양측 전두두정엽)	GPR56(16q13)

표 4.5 ID와 뇌전증/발작이 동반되는 신경피부증후군들[31~41]

증후군	유병률	ID 발생률	뇌전증/발작 발생률
결절성경화증복합	1 : 30,000	38~53%	78%
신경섬유종증 I	1 : 3,000	30~45%	3~12%
Sturge-Weber 증후군	1 : 10,000	70~75%	80%
선모반피지샘증후군	500사례 보고됨	61%	67%
Ito 멜라닌저하증	불확실함, 1개 소아기관에서 1 : 3,000	57~70%	37~53%
색소실조증	1 : 40,000	7%	9%
Proteus 증후군	$<1 : 10^6$	보고됨	보고됨
신경피부흑색증	$1 : 2 \cdot 10^5 {\sim} 5 \cdot 10^5$	보고됨	보고됨
기저세포모반증후군	1 : 57,000	보고됨	보고됨
Chediak-Higashi 증후군	200사례 보고됨	보고됨	보고됨

대 39%). 자폐증 환자에서는 이른 소아기에, 그리고 사춘기에 다시 한 번 위험성이 높아져서 두 개의 정점을 갖는 발생률을 보인다.[44,45]

드물지만 선천성대사이상질환이 ID와 뇌전증이 있는 환자에서 고려되어야만 하나, 이 장에서는 다루지 않기로 한다.

뇌파검사(EEG)

세세하고도 전반적인 역사적 배경을 언급하지 않더라도, EEG 평가는 뇌전증 진단에 가장 중요한 진단방법이다. ID 환자들에서 EEG 기록을 얻는 것은 많은 경우 어렵고도 시간이 많이 소요되는 일이다. 특히 겁이 많거나 참기 어려운 사람들에게는 더욱 그렇다. 환자가 좋아하는 음악을 들려주거나 친근한 물건을 가져오도록 하여 친근한 환경을 만들어주는 것은 안정시키는 효과를 가져올 수 있다.

뇌파기사가 전극을 머리에 부착하는 데 걸리는 시간을 최대한 짧게 하는 것이 좋다. ID나 행동 문제가 있는 환자들에게는 여러 가지 EEG전극부착기술들 중 특히 뇌파모자(electrocap)를 사용하는 것이 적합하다. 뇌파모자는 탄력섬유소재로 만들어져 있으며 전극이 모자에 단단히 부착 고정되어 있다. 뇌파모자는 다양한 크기를 이용할 수 있으며 다른 부착시스템과 비교하여 부착에 소요되는 시간이 훨씬 더 짧다. 주 단점은 고정된 전극들이 개개인의 머리크기와 모양에 따라 국제10-20전극위치시스템에 단지 대략적으로 부합하도록 위치한다는 것이다. 많은 ID 환자들은 과호흡 효과에 의한 EEG 변화를 일으키기에 충분할 만큼 협조를 하지 못한다. 그러한 환자들에게는 바람개비를 사용하는 것이 실용적이다.

발작이 의심되는 환자들을 평가하기 위하여 뇌파검사를 하는 경우, 첫 기록은 최소 20분 이상 시행되어야 하며, 가능하면 과호흡과 간헐적 광자극을 포함해야 한다.[46] ID가 있는 사람들의 뇌전증 진단에서 EEG 유용성에 대한 논란이 계속되고는 있으나[47], 임상의들은 여전히 일상적 진료 시 EEG 평가를 하는 것을 선호하고 있다.

통상적인 EEG 검사 중에 환자의 습관적 발작이 기록되는 것은 매우 드문 일이므로, 뇌전증이 의심되는 경우 발작사이기간에 간질모양 방전(Interictal Epileptiform Discharges, IEDs)을 기록하는 것이 가장 의미 있는 EEG 변화라고 할 수 있다. 발작사이기간 간질모양 방전들은 뇌전증이 없는 경우에는 특히 성인에서는 드물다. 뇌전증이 없는 지역사회 사람들의 3.3%에서 발견되며, 이들은 추적관찰기간 동안 유발성 또는 비유발성 발작을 보이지 않는다.[47] 건강한 성인들로 제한된 인구집단에서 IEDs 발생률은 훨씬 더 낮게 보고되고 있다.[48]

뇌전증이 있는 환자의 첫 번째 EEG 기록에서 IEDs가 보이는 경우는 단지 20~50%이다.[47, 48] EEG 양성률은 반복기록과 과호흡, 간헐적 광자극, 수면박탈과 같은 활성화 기술들에 의해 상당히 더 증가할 수 있다.[49] 과호흡은 전신성뇌전증에서 더 효과적이며, 3/s 극서파 활동을 유발한다. 또 과호흡은 ID 환자에서 흔히 발생하는 증상관련 전신뇌전증에서의 느린 극서파를 증가시키는 것으로 보인다.[50] 간헐적인 광자극은 서로 다른 EEG 반응을 유발하는데, 이 중 광발작성반응(극-/다발극서파를 동반한 전반적 발작파)이 특히 뇌전증과 관련 있다. 이것은 아마도 유전적 경향일 것으로 생각되며, 특히 전신뇌전증이 있는 소아 환자들에서 잘 나타난다.[49] 수면 EEG는 EEG 민감성을 30~70% 정도로 상당히 증가시키며(추가적인 수면 EEG에 소요되는 기록시간 증가로 인한 표본추출 효과를 포함하여), 수면박탈 후에 기록되는 경우에는 90%까지도 이른다.[49, 51]

ID와 뇌전증이 있는 환자들의 뇌파변화에는 다음과 같은 특징을 보이는 여러 전형적 패턴들이 있다. (1) 특정 뇌전증증후군, (2) 특별한 피질발달장애들, (3) ID 및 뇌전증과 연관된 유전증후군들. 점두경련뇌파(hypsarrhythmia)는 영아연축(West 증후군)과 연관성이 있는 특별한 EEG이다.

Lennox Gastaut 증후군에서 느린 극서파 활동은 흔하나 특이성은 적은 반면, 강직성 발작이 동반되거나 동반되지 않은 수면 관련 전두엽 극파 돌발파(burst, 빠른 극파 반복)들은 더 분명한 이상소견이다.[52, 53] Ohtahara 증후군은 suppression-burst 패턴의 특징적 EEG 모양을 보이는데, 돌발파가 2∼6초간 지속되는 것과 극파가 섞인 고진폭의 서파가 출현한다.[54] Dravet 증후군, 근간대무정위뇌전증, 또는 근간대소발작 증후군은 어떤 특징적인 발작사이기간 EEG 패턴을 보이지는 않는다. 그러나 EEG 광과민성이 Dravet 증후군 소아에서 매우 흔하다.[7, 55, 56]

뇌전증(그리고 ID)의 원인이 되는 몇몇 뚜렷한 뇌의 구조적 병변들은 특징적인 발작사이기간 EEG 변화를 보인다. Sturge-Weber 증후군에서 가장 일관적인 발작사이기간 EEG 소견은 침범된 대뇌반구에 나타나는 전반적 또는 부분적인 진폭의 감소이다. 간질모양 활동은 종종 반대편 대뇌반구에도 나타나며, 소아의 경우에는 양측성 동시발작성 활동으로도 나타난다.[57] 국소피질형성이상에서의 발작간기 EEG 패턴은 많은 환자들에서 지속적이거나 준지속적인 율동성 극파 또는 반복적인 극파로 나타난다.[58, 59]

반쪽거대뇌증에서 배경파는 종종 비대칭을 보이며, 병적인 알파파 활동(반쪽거대뇌증이 있는 대뇌반구에서 더 큰 전압)과 병변이 있는 쪽의 생리적 파형(예: 수면방추파)의 소실, suppression-burst 파형 그리고/또는 반쪽성 점두경련뇌파를 보인다.[60, 61] 양측성 피질하띠이소증(이중피질증후군)에서는 다소 일정한 EEG 소견을 보인다. 대략적으로 느린 배경파, 돌발성 고전압 양측동기성서파에 극파와 예서파가 섞여 있으며 산발적인 국소적 간질모양 활동을 보인다.[62] 1형 평평뇌증의 EEG는 종종 정상적인 국지적 활동 분포가 나타나지 않으며, 전반적이고 율동적인 빠른 알파와 베타 활동, 고전압의 국소성, 다국소성, 또는 양측동시성 극파활동을 보인다.[63]

ID 및 뇌전증과 관련된 여러 유전증후군들은 종종 전형적인 EEG 패턴을 보인다. Angelman 증후군(AS)은 발작의 유무와 상관이 없는 특징적인 EEG 패턴을 보인다. 가장 흔한 모양은 환자의 나이에 관계없이 고진폭의 2∼3Hz 율동성 파형이 전두엽 부분에서 나타나며 간질모양 파형들이 산재되어 있는 것이다. 소아에서 눈을 감을 때에 후두부에서 극파와 함께 나타나는 4∼6Hz의 고진폭 율동성 파형은 AS에서 흔한 패턴

이다.[64]

Wolf-Hirschhorn 증후군에서 저진폭의 예서파, 극파와 연관된 돌발적인 고진폭 양측성 2~3Hz 파형은 특징적인 EEG 패턴으로 생각되며, 졸음이나 수면 시에 증가한다.[65, 66] Kabuki 증후군은 일관적인 유전적 이상이 아직 정의되지 않은 임상 집합체로, 특징적인 EEG 패턴은 수면 시의 측두-후두부 극파들이다.[67] ID와 뇌전증이 동반되는 많은 다른 증후군들의 경우에는 특징적인 EEG 패턴이 발견되지 않는다.

장시간 EEG 또는 비디오-EEG모니터링은 실질적인 정보를 더해주며, 다음의 많은 임상적 질문들과 관련하여 최선의 기준을 제시한다.

1. 뇌전증발작과 비뇌전증성발작 사건들 구별하기
2. 수면 관련 발작 밝혀내기
3. 발작의 모양과 관련된 더 많은 정보 얻기
4. 뇌전증 수술과 연관된 발작의 전기임상적 연관관계에 대한 정보 얻기
5. (경미한)발작을 인지기능저하의 가능성과 연관시키기

위에 언급한 모든 측면들은 ID 환자들에 적용될 수 있다. 심한 ID가 있는 환자들, 특히 Rett 증후군에서 발작성(반복적, 과운동성) 행동들은 종종 뇌전증성 사건으로 오인된다. 많은 환자들에서 정확한 진단은 비디오-EEG모니터링에 의해서만 얻어지지만, 반면 이전에 보호자들이 파악하지 못했던 미세한 발작이 모니터링 중에 발견될 수도 있다.[68] 여러 개의 국소뇌병변과 여러 개의 국소성 발작사이기간 간질모양방전이 있는 TSC 환자들의 경우에도, 발작 시 뇌파와 자기공명영상(MRI) 검사를 같이 실시하면 발작파의 위치를 확인할 수 있다. 뇌전증 수술은 뇌전증유발 결절의 절제 후 발작이 소실되는 많은 TSC 환자들에서 유용하다.[69]

신경영상검사

MRI 검사는 뇌전증유발 병소를 확인하기 위해서뿐만 아니라 ID의 원인과 다른 동반이상들을 밝히기 위하여 첫 번째로 선택하는 방법이다(그림 4.1, 4.2).

컴퓨터단층촬영(Computed Tomography, CT)보다 나은 MRI의 장점은 여러 가지이다. 무엇보다도 뇌전증 환자들에서 연관된 기형 및 가능성 있는 뇌전증유발 병소를 발

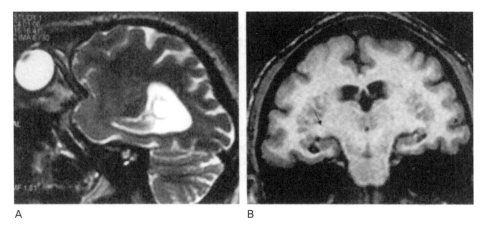

A   B

그림 4.1 극단적인 소뇌증, 학습장애, 뇌전증이 있는 환자의 MRI. (A) 시상면 T2 강조영상(눈의 크기와 뇌의 크기를 비교해보라) (B) 뇌실벽면/기저핵과 피질 사이에 회색질의 집합체(이소증)(화살표)가 있음을 보여주는 T1 강조영상

견하고 그 특성을 아는 것에 있어 CT의 민감도와 특이도는 훨씬 더 낮다. 뿐만 아니라 CT는 이온화방사선을 이용한다. 그러나 CT는 촬영속도가 빠르므로 응급상황에서는 여전히 중요한 역할을 한다. 신경영상검사의 목적은 기저병변을 확인하고 증후군을 알아내며 뇌전증의 원인과 동반질환(ID, CP 등)을 밝히는 데 도움이 되는 것이다. 난치성 뇌전증이 있는 환자에서 국한된 병소를 찾아내는 것은 수술치료의 가능성이 있음을 암시하는 것일 수 있다(그림 4.3~4.5).

평평뇌증, 띠이소증, 다소뇌회증, 반쪽거대뇌증 또는 신경피부증후군들에서의 뇌병변과 같이 한정된 뇌발달장애들은 MRI에 나타나며 종종 특정 유전적 요인으로 귀결된다(그림 4.6~4.8, 표 4.4 참조).

뇌전증 환자에서의 MRI 프로토콜은 T1-강조영상과 T2-강조영상, 또 FLAIR (fluid-attenuated inversion recovery)와 T1-강조반전회복영상(T1-weighted inversion recovery sequences)을 포함하며 2 또는 3 직교평면들(축면, 관상면, 시상면)을 1.5~3.0mm의 단면두께로 얻어야 한다. 각 영상들은 재배열과 3차원 재구성을 할 수 있도록 얇은 분할크기(<1.5~2.0mm)로 부피획득을 하여야 한다. 자기 감수성을 분별하는 데 고도로 민감한 gradient echo 영상은 헤모시데린이나 석회화된 병변을 찾아내기에 적합하다(예 : Sturge-Weber 증후군).[70, 71] 많은 환자들에서 MRI 검사를 받는 동

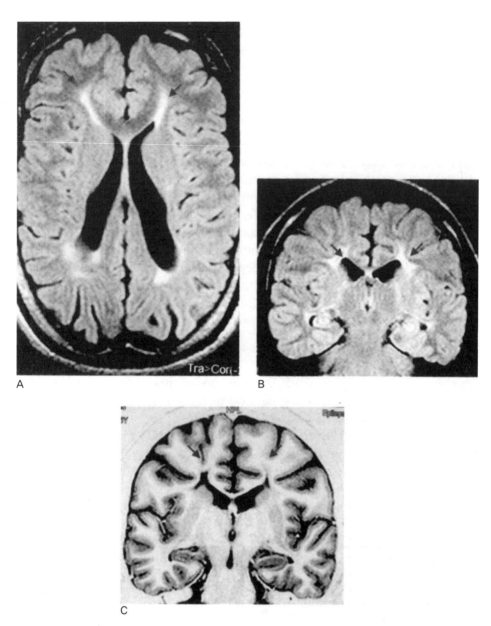

그림 4.2 조기분만의 병력과 학습장애, 뇌성마비, 뇌전증이 있는 환자의 MRI로 양측성 뇌실주위연화증(화살표)을 보이고 있다. (A) 축면 FLAIR 영상에서 양쪽 이마뿔과 삼각 주변부의 뇌실주위연화증이 보인다. (B) 관상면 FLAIR 영상과 (C) 관상면 T1-강조반전회복영상들은 모두 뇌실주위저산소성허혈성 병변들의 잔여 중심동공을 보인다.

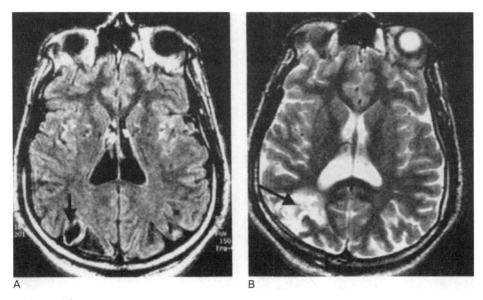

그림 4.3 뇌전증유발 병소로 확인된 우측두정엽의 태생기발육부전신경상피종(화살표)의 MRI. (A) 수술 전의 FLAIR 영상 (B) 수술 후의 T2 강조영상(화살표)

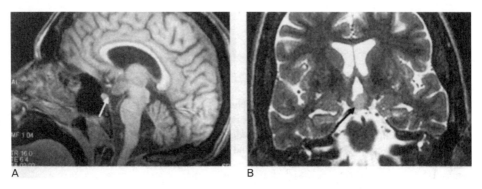

그림 4.4 학습장애, 약제내성 뇌전증, 심한 공격적 행동, 조발성 사춘기가 있는 환자에서 시상하부과오종(화살표)을 보여주는 MRI. 이 환자는 감마나이프 방사선수술을 시행받았으며, 훨씬 나아진 발작조절과 행동호전을 보였다. (A) T1-강조 시상면 (B) T2-강조 관상면 영상

안 움직이지 않고 조용히 있는 것이 불가능할 수 있는데, 그러한 경우 짧은 마취가 필요할 수 있다. 이는 요추천자나 검안경검사와 같은 다른 검사들을 시행하는 것을 편리하게 할 수도 있다.

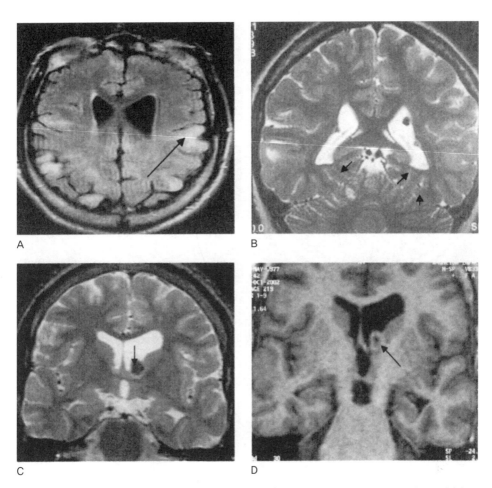

그림 4.5 결절성경화증복합 환자의 MRI 스캔. (A) 다수의 피질결절들을 보이는 FLAIR 영상(화살표) (B) 삼각에서 다수의 뇌실막하결절들을 보이는 관상면 T2-강조 영상(화살표) (C, D) 몬로공 수준에서의 뇌실막하거대성상세포종을 보여주는 관상면 T2-, T1-강조 영상들

단일광자방출컴퓨터단층촬영(Single-Photon Emission CT, SPECT), 양전자방출단층촬영술(Positron Emission Tomography, PET), 핵자기공명분광법(Magnetic Resonance Spectroscopy, MRS), 기능성 MRI(fMRI), 자기뇌파검사법(magnetoencephalography, MEG)은 수술 전 평가를 위하여 시행하는 추가적인 검사법들이나 이 장의 범위를 넘어서는 것들이다.

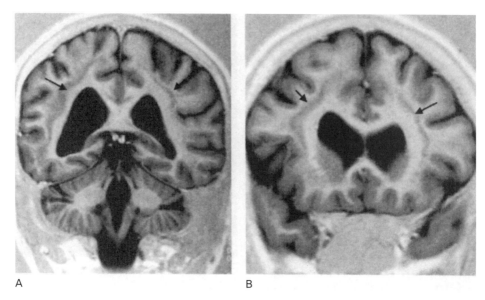

그림 4.6 대뇌반구 백질 내 이소성 신경조직띠-띠이소증-를 보여주는 관상면 T1-강조반전회복영상. 이 환자에서는 오른쪽이 더 넓다. (A) 두정엽 단면 (B) 전두엽 단면

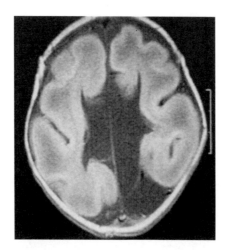

그림 4.7 심한 발달지연, 붕괴성 뇌전증, 미소음경, 요도하열이 있으며, 생식기이상을 동반한 X-연관평평 뇌증(XLAG)으로 진단받았으며, Aristaless-related homeobox gene(ARX) 돌연변이가 있는 9개월 남아의 축면 T1-강조 MRI. 이 영상은 전두부 피질보다 후두부에서 더 심하며, 중등도로 두꺼워진 피질과 완전뇌 량무형성이 있는 전형적이고 심한 큰뇌이랑증을 보여주고 있다.

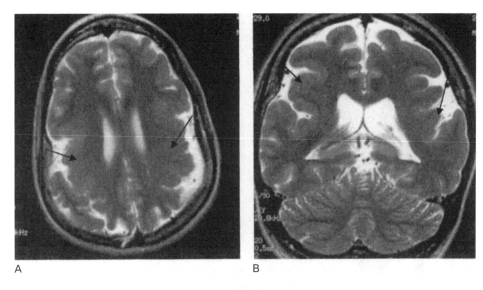

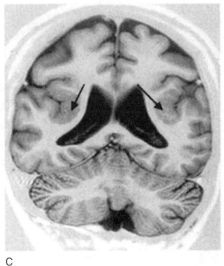

그림 4.8 실비안열 주변부 과소뇌회증의 MRI. (A) 축면 (B) 관상면 T2-강조영상으로 실비안열을 둘러싸는 광범위한 양측성 전두두정부의 과소뇌회증을 보여주고 있다(화살표). (C) 양쪽 외측구 깊이 위치하는 작은 국한성의 과소뇌회증(화살표)

요약 및 결론

병력, 임상진찰, EEG, MRI는 ID와 뇌전증이 있는 환자들의 진단에 가장 중요한 요소들이다. ID가 있는 사람들의 뇌전증 유병률이 일반인구집단에 비하여 상당히 높음에도 불구하고, 뇌전증발작으로부터 비뇌전증발작성 운동 및 행동이상들을 구별해내는 것은 더 어려울 수 있다. 진단과정에는 특히 발작의 위해성, 유발요인, 그리고 발작의 주관적 측면의 문제들이 포함되어야 한다. 발작의 모양, EEG 소견, MRI 검사에 나타나는 구조적 변화들은 뇌전증으로 고통받는 각각의 환자들에서 수술적 치료가 가능한지를 결정하는 데 도움을 줄 수 있다.

많은 환자들에서, 특히 생활시설에 거주하는 경우, 발작, 특히 수면 관련 발작은 간과될 수 있으며 장시간 EEG-비디오모니터링 중에 발견될 수도 있다. 대부분의 경우 모든 진단적 과정은 ID가 없는 환자들에서보다 더 시행하기 어렵고 시간이 많이 걸리며 의사와 다른 의료전문가들의 특별훈련을 필요로 한다.

ID 환자들에서 진단적 과정은 철저한 임상적 검사를 포함하는 것은 물론 원인적, 증후군성(유전성) 분류에 그 목적을 두어야 하며, 그렇게 함으로써 추가적인 예후의 추정, 치료의 결정 및 가족유전상담의 기초를 제공하도록 해야 한다.

참고문헌

1. Morgan CL, Baxter H, Kerr MP. (2003) Prevalence of epilepsy and associated health service utilization and mortality among patients with intellectual disability. Am J Ment Retard 108: 293–300.
2. Lhatoo SD, Sander JWAS. (2001) The epidemiology of epilepsy and learning disability. Epilepsia 42 (Suppl. 1):6–9.
3. Matson JL, Bamburg JW, Mayville EA, et al. (1999) Seizure disorders in people with intellectual disability: An analysis of differences in social functioning, adaptive functioning and maladaptive behaviours. J Intellect Disabil Res 43: 531–9.
4. Gómez MR. (1999) Natural history of cerebral tuberous sclerosis. In: Gómez MR, Sampson JR, Whittemore VH (eds.). Tuberous sclerosis complex. New York, Oxford: Oxford University Press, 1999, 29–46.
5. Mendez M. (2005) Down syndrome, Alzheimer's disease and seizures. Brain Dev 27: 246–52.
6. Valente KD, Koiffmann CP, Fridman C, et al. (2006) Epilepsy in patients with Angelman syndrome caused by deletion of the chromosome 15q11–13. Arch Neurol 63: 122–8.
7. Dravet C, Bureau M, Oguni H, et al. (2002) Severe myoclonic epilepsy in infancy (Dravet syndrome). In: Roger J, Breau M, Dravet C et al., (eds.). Epileptic syndromes in infancy childhood and Adolescence. Eastleigh, UK: John Libbey, 81–103.

8. Mullatti N, Selway R, Nashef L, et al. (2003) The clinical spectrum of epilepsy in children and adults with hypothalamic hamartoma. Epilepsia 44: 1310–19.

9. Berkovic SF, Kuzniecky RI, Andermann F. (1997) Human epileptogenesis and hypothalamic hamartomas: New lessons from an experiment of nature. Epilepsia 38: 1–3.

10. Kohler CG, Carran MA, Bilker W, et al. (2001) Association of fear auras with mood and anxiety disorders after temporal lobectomy. Epilepsia 42: 674–81.

11. Kanner AM, Kuzniecky R. (2001) Psychiatric phenomena as an expression of postictal and paraictal events. In: Ettinger AB, Kanner AM (eds). Psychiatric issues in epilepsy: A practical guide to diagnosis and treatment. Philadelphia: Lippincott Williams&Wilkins, 163–79.

12. Schachter SC. (2001) Aggressive behaviour in epilepsy. In: Ettinger AB, Kanner AM (eds). Psychiatric issues in epilepsy: A practical guide to diagnosis and treatment. Philadelphia: Lippincott Williams & Wilkins, 201–14.

13. Blanchet P, Frommer GP. (1986) Mood change preceding epileptic seizures. J Nerv Ment Dis 174: 471–6.

14. Brylewski J, Wiggs L (1999) Sleep problems and daytime challenging behaviour in a community-based sample of adults with intellectual disability. J Intellect Disabil Res 43: 504–12.

15. Lindblom N, Heiskala H, Kaski M, et al. (2001) Neurological impairments and sleep-wake bahaviour among mentally retarded. J Sleep Res 10: 309–18.

16. Nakken KO, Lossius R. (1993) Seizure-related injuries in multihandicapped patients with therapy-resistant epilepsy. Epilepsia 34: 836–40.

17. Tinuper P, Cerullo A, Marini C, et al. (1998) Epileptic drop attacks in partial epilepsy: Clinical features, evolution, and prognosis. J Neurol Neurosurg Psychiatry 64: 231–7.

18. Frucht MM, Quigg M, Schwaner C, et al. (2000) Distribution of seizure precipitants among epilepsy syndromes. Epilepsia 200: 41(12): 1534–39.

19. Galvan-Manso M, Campistol J, Conill J et al. (2005) Analysis of the characteristics of epilepsy in 37 patients with the molecular diagnosis of Angelman syndrome. Epileptic Disord 7: 19–25.

20. Ernst JP. (2004) Fever can suppress epilepsy seizures. Epilepsia 45(Suppl.3): 199.

21. Bebek N, Baykan B, Gurses C, et al. (2006) Self-induction behavior in patients with photosensitive and hot water epilepsy: A comparative study from a tertiary epilepsy center in Turkey. Epilepsy Behav 9: 317–26.

22. Ng BY. (2002) Psychiatric aspects of self-induced epileptic seizures. Aust NZJ Psychiatry 36: 534–43.

23. Binnie CD. (1988) Self-induction of seizures: The ultimate non-compliance. Epilepsy Res (Suppl) 1: 153–8.

24. Bazil CW. (2003) Epilepsy and sleep disturbance. Epilepsy Behav 4(Suppl. 2): S39–45.

25. Schmitz B. (1999) Psychiatric syndromes related to antiepileptic drugs. Epilepsia 40(Suppl. 10): S65–70.

26. Engel J. (2006) ILAE classification of epilepsy syndromes. Epilepsy Res 70(Suppl. 1): S5–10.

27. Uyanik G, Hehr U, Martin P, et al. (2005) Genetics of cerebral malformations: Neuronal migration disorders. Med M Geist M Behind 2: 9–21.

28. Cohen MM. (2006) Holoprosencephaly: Clinical, anatomic,and molecular dimensions. 76: 658–73.

29. Ten Donkelaar HJ, Lammens M, Cruysberg JRM, et al. (2006) Development and developmental disorders of the forebrain. In: Ten Donkelaar HJ, Lammens M, Hori A (eds). Clinical neuro-embryology. Berlin, Heidelberg, New York: Springer, 345–411.

30. Barkovich AJ, Kuzniecky RI, Jackson GD, et al. (2005) A developmental and genetic classification for malformations of cortical development. Neurology 65: 1873–87.

31. Warkany J, Lemire RJ, Cohen MM. (1981) Mental retardation and congenital malformations of the central nervous system. Chicago, London: Year Book Medical Publishers.

32. Friedman JM. (2002) Neurofibromatosis 1: Clinical manifestations and diagnostic criteria. J Child Neurol 17: 548–54.

33. Shepherd CW. (1999) The epidemiology of the tuberous sclerosis complex. In: Gómez MR, Sampson JR, Whittemore VH (eds). Tuberous sclerosis complex. New York, Oxford: Oxford University Press, 24–8.

34. Cross JH. (2005) Neurocutaneous syndromes and epilepsy — issues in diagnosis and management. Epilepsia 46(Suppl. 10): 17–23.

35. Barkovich AJ. (2000) Pediatric neuroimaging. 3rd ed. Philadelphia: Lippincott Williams & Wilkins.

36. Cohen MM. (2005) Proteus syndrome: An update. Am J Med Genet C Semin Med Genet 137: 38–52.

37. De Freitas GR, De Oliveira CP, Reis RS, et al. (1999) Seizures in Chediak-Higashi syndrome. Case report. Arq Neuropsiquiatr. 57(2B): 495–7.

38. Murphy MJ, Tenser RB. (1982) Nevoid basal cell carcinoma syndrome and epilepsy. Ann Neurol 11: 372–6.

39. Incontinentia pigmenti international foundation; http://imgen.bcm.tmc.edu/IPIF

40. Baker RS, Ross PA, Baumann RJ. (1987) Neurologic complications of epidermal nevus syndrome. Arch Neurol 44: 227–32.

41. Vujevich JJ, Mancini AJ. (2004) The epidermal nevus syndromes: Multisystem disorders. J Am Acad Dermatol 50: 957–61.

42. D`Amelio M, Shinnar S, Hauser WA. (2002) Epilepsy in children with mental retardation and cerebral palsy. In: Devinsky O, Westbrook LE (eds).Epilepsy and developmental disabilities. Boston, Oxford, Auckland: Butterworth Heinemann, 3–15.

43. Uvebrant P. (1988) Hemiplegic cerebral palsy, aetiology and outcome. Acta Paediatr Scand (Suppl): 345.

44. Tuchman RF, Rapin I. (2002) Epilepsy in autism. Lancet Neurol. 1: 352–8.

45. Danielsson S, Gillberg C, Billstedt E, et al. (2005) Epilepsy in young adults with autism: A prospective population-based follow-up study of 120 individuals diagnosed in childhood. Epilepsia 46: 918–23.

46. American Electroencephalographic Society Guidelines in EEG, 1–7 (revised 1985) (1986) J Clin Neurophysiol 3: 131–68.

47. Sam MC, So EL. (2001) Significance of epileptiform discharges in patients without epilepsy in the community. Epilepsia 42: 1273–8.

48. Verma A, Radtke R. (2006) EEG of partial seizures. J Clin Neurophysiol 23: 333–9.

49. Mendez OE, Brenner RP. (2006) Increasing the yield of EEG. J Clin Neurophysiol 23: 282–93.

50. Blume WT, David RB, Gómez MR. (1973) Generalized sharp and slow wave complexes. Associated clinical features and long-term follow-up. Brain 96: 353–63.

51. Leach JP, Stephen LJ, Salveta C, et al. (2006) Which electroencephalography (EEG) for epilepsy? The relative usefulness of different EEG protocols in patients with possible epilepsy. J Neurol Neurosurg Psychiatry 77: 1040–2.

52. Hirt HR. (1996) Nosology of Lennox-Gastaut Syndrome. Nervenarzt. 67: 109–22.

53. Beaumanoir A. (1981) Les limites nosologiques du syndrome de Lennox-Gastaut. Revue EEG Neurophysiol 11(3–4): 468–73.

54. Aicardi J, Ohtahara S. (2002) Severe neonatal epilepsies with suppression-burst pattern. In: Roger J, Breau M, Dravet C, et al. (eds). Epileptic syndromes in infancy childhood and adolescence. Eastleigh, UK: John Libbey, 33–44.

55. Guerrini R, Parmeggiani L, Kaminska A, et al. (2002) Myoclonic astatic epilepsy. In: Roger J, Breau M, Dravet C, et al. (eds). Epileptic syndromes in infancy, childhood and adolescence. Eastleigh, UK: John Libbey, 105–12.

56. Bureau M, Tassinari CA. (2002) The syndrome of myoclonic absences. In: Roger J, Breau M, Dravet C, et al. (eds). Epileptic syndromes in infancy, childhood and adolescence. Eastleigh, UK: John Libbey, 305–12.

57. Arzimanoglou A. (1997) The surgical treatment of Sturge-Weber syndrome with respect to its clinical spectrum. In: Tuxhorn I, Holthausen H, Boenigk H (eds). Paediatric epilepsy syndromes and their surgical treatment. London: John Libbey, 353–63.

58. Palmini A, Gambardella A, Andermann F, et al. (1995) Intrinsic epileptogenicity of human dysplastic cortex as suggested by corticography and surgical results. Ann Neurol 37: 476–87.

59. Fauser S, Schulze-Bonhage A. (2006) Epileptogenicity of cortical dysplasia in temporal lobe dual pathology: An electrophysiological study with invasive recordings. Brain 129: 82–95.

60. Vigevano F, Fusco L, Holthausen H, et al. (1997) The morphological spectrum and variable clinical picture in children with hemimegalencephaly. In: Tuxhorn I, Holthausen H, Boenigk H (eds). Paediatric epilepsy syndromes and their surgical treatment. London: John Libbey, 377–91.

61. Di Rocco C, Battaglia D, Pietrini D, et al. (2006) Childs Nerv Syst 22: 852–66.

62. Martin P, Spreer J, Uyanik G, et al. (2002) Band heterotopia: Clinic, EEG, functional MRI (fMRI) and genetics. In: Korinthenberg R (ed). Aktuelle Neuropaediatrie. Nuernberg: Novartis Verlag, 469–76.

63. Sarnat HB. (1992) Cerebral dysgenesis, embryology and clinical expression. New York, Oxford: Oxford University Press.

64. Laan LA, Vein AA. (2005) Angelman syndrome: Is there a characteristic EEG? Brain Dev 27: 80–7.

65. Valente KD, Freitas A, Fiore LA, et al. (2003) A study of EEG and epilepsy profile in Wolf-Hirschhorn syndrome and considerations regarding its correlation with other chromosomal disorders. Brain Dev 25: 283–7.

66. Zankl A, Addor MC, Maeder-Ingvar MM, et al. (2001) A characteristic EEG pattern in 4p-syndrome: Case report and review of the literature. Eur J Pediatr 160: 123–7.

67. Oksanen VE, Arvio MA, Peippo MM, et al. (2004) Temporo-occipital spikes: A typical EEG finding in Kabuki syndrome. Pediatr Neurol 30: 67–70.

68. Glaze D, Schultz RJ, Frost JD. (1998) Rett syndrome: Characterization of seizures versus non-seizures. Electroencephalogr Clin Neurophysiol 106: 79–83.

69. Koh S. Jayakar P, Dunoyer C, et al. (2000) Epilepsy surgery in children with tuberous sclerosis complex: Presurgical evaluation ond outcome. Epilepsia 41: 1206–13.

70. Kuzniecky RI. (2005) Neuroimaging of epilepsy: Therapeutic implications. NeuroRx. 2: 384–93.

71. ILAE Neuroimaging Comission. (1997) ILAE Neuroimaging commission recommendations for neuroimaging of patients with epilepsy. Epilepsia 38(Suppl. 10): 1–2.

Chapter 5

뇌전증의 감별질환

S. M. Zuberi

서론

첫발작클리닉 또는 발작장애클리닉에 내원하는 대부분의 소아나 성인들은 뇌전증이 아닌 경우가 많다. 뇌전증발작 유형이 다양한 것과 마찬가지로 많은(혹은 더 많을 수도 있는) 발작유사상황들이 존재한다. 성인과 소아집단을 대상으로 한 몇몇 연구들에서는 뇌전증의 오진이 25~50% 정도로 높은 것을 일관되게 보여주고 있다.[1,2] 불행하게도 많은 환자들이 잘못 진단되는 주된 이유는 병력을 수집하는 고난도의 기술에 쓰이는 시간과 노력이 부족하기 때문이다. 첫발작클리닉에서는 병력청취가 (이 시점에서는 종종 제한된 가치만을 갖는) 신경학적 검사보다 분명히 우선순위가 되어야 한다. 의사는 뇌전증발작의 무수히 많은 임상증상들에 대한 지식을 아는 것과 마찬가지로 뇌전증 유사상황들에 대한 지식의 전문가가 되어 병력청취과정을 더 세련되게 정제하고 이끌어야 한다.

병력청취가 가장 중요하다는 사실은 뇌전증으로 오진되는 것이 부유함이나 이용가능한 보건의료시스템과 상관없이 전 세계적으로 높다는 사실에 의해서도 확인된다. 뇌전증발작이 없는 사람이 뇌전증으로 진단되는 것이 주요 오류이지만, 특히 야간에

V. P. Prasher, M. P. Kerr(eds.) *Epilepsy and Intellectual Disabilities*,
DOI : 10.1007/978-1-84800-259-3_5. ⓒ Springer Science+Business Media, LLC 2008

발생하는 전두엽발작처럼 비뇌전증발작과 유사한 뇌전증발작도 존재한다.[3]

뇌전증과 감별해야 할 진단에는 지적장애(ID)가 동반되거나 동반되지 않는 사람들의 질환 및 정상행동의 스펙트럼이 넓게 포함된다. ID가 있는 사람들이 어떤 발작성 행동을 보이는 경우 (다른 것으로 판명되기 전까지) 뇌전증에 기인하는 것으로 잘못 간주되는 경우가 종종 있다. 임상의는 ID 집단에서 상동행동이나 다른 행동이상들이 더 흔하며, 더 비전형적이라는 것을 알고 있어야 한다. 물론 뇌손상이 있는 소아나 성인은 일반인구집단에 비하여 뇌전증발작의 위험성이 더 높을 수 있으나, 이들은 또한 비뇌전증근간대, 수면장애, 운동장애의 위험성도 더 크다. 비뇌전증발작의 드물고 특별한 상황으로는 자폐아에서 무산소성발작을 일으키는 강박적 발살바(compulsive Valsalva)와 같은 것이 있는데 이는 비ID 집단에서는 드물다. 또한 뇌전증성과 비뇌전증성 질환이 공존할 수 있는 상황들도 많이 존재한다.

뇌전증의 진단은 다른 가능성들을 배제시키는 것에 의존하면 안 되며, 결정적 근거가 있어야 한다. 자세한 병력으로부터 얻어진 뇌전증발작의 근거는 추가적인 검사들의 도움을 받는 것이 이상적이다. 만일 의사가 환자와 보호자에게 높은 오진율에 대한 염려를 정직하게 설명하려 한다면 확실한 진단에 이르기까지 시간이 소요되는 것을 못마땅하게 여기는 일은 적을 것이다. 종종 뇌전증 진단을 늦추는 것이 위험하며, 의심이나 불확실해 보이는 것이 의사의 기술이 부족한 것으로 생각되는 경향이 있다. 그러나 합리적으로 진단을 늦추는 것이 해롭다는 증거는 거의 없다. 이것은 뇌전증으로 잘못 진단하는 것이 부적절한 의학적 치료와 교육 및 취업의 제한을 가져온다는 많은 증거들과도 비교된다. 만일 뇌전증이라면 지속적인 평가, 열린 마음, 뇌파(EEG)를 동반하거나 하지 않는 비디오 테이프 기록, 통원형 EEG가 조기 진단을 가능하게 할 수도 있다. 임시간호위탁이나 그 외의 지역사회 도움이 필요한 ID 환자들은 추가적인 의학적 질환의 진단이 지원의 철회나 제한, 또는 지원에 대한 경제적 비용을 증가시킬 수도 있다. 여성이 임신기간 중에 부적절한 약물치료를 받는다면, 항뇌전증약의 효과로 자녀의 기형발생위험이 높아질 수도 있으며 의사는 소송사건의 위험이 있을 수도 있다.

이 장에서 **발작**(seizure)이라는 용어는 뇌전증성 사건과 동일어는 아니다. **발작**(seizure, fit), **경련**(convulsion)과 같은 많은 용어들은 혼용되어 사용되고 있으며, 특정인을 가리키는 경우 때때로 혼동을 일으킬 수 있다. 그러므로 명확히 하기 위하여 '뇌전증발작(epileptic seizure)'이라는 용어는 피질신경세포들의 과잉동시성 방전으로 인하여 일어나는 행동의 변화를 가리켜 사용하고, '가성-(pseudo-)', '정신성(심인성, psychogenic)', '비뇌전증(nonepileptic)', '무산소성(anoxic)'이라는 접두사들은 뇌전증성 기원이 아닌 발작을 표현할 때 사용하기로 한다.

비뇌전증 사건은 매우 다양하다. 이 중 어떤 비뇌전증 사건들은 '비뇌전증성발작(nonepileptic seizure)'이라는 용어를 완전히 만족시킨다.[4] 실제 임상에서 진단에 혼동을 일으키는 가장 흔한 비뇌전증성발작은 무산소성발작 또는 실신성경련이다.[5,6]

뇌전증이 의심되는 아동의 진단을 위하여 3차 의료기관에서 모니터링감시를 하는 경우 비뇌전증 사건들이 많이 발견된다.[7,8] Bye 등[7]은 ID가 있는 아동들을 포함시킨 연구를 시행하여 심리적인 것과 수면 관련 현상들이 가장 흔하였고, EEG는 종종 오해의 소지가 있는 '간질모양(epileptiform)' 방전을 보였다고 보고하였다. Kotagal 등[8]은 클리브랜드클리닉의 소아뇌전증모니터링실에 의뢰된 134명의 소아와 청소년들을 6년여에 걸쳐 조사하고, 그 결과를 세 연령집단에 따라 나누어 다음과 같이 보고하였다. 즉 2개월에서 5세 사이의 학령전기에 가장 흔한 진단은 상동행동, 수면근간대, 사건수면, 그리고 Sandifer 증후군이었으며, 5~12세 사이의 학령기에는 전환장애(정신성거짓뇌전증발작), 집중부족, 백일몽, 상동행동, 수면근간대, 그리고 발작성운동장애였다. 12~18세 사이의 청소년 집단에서는 80% 이상이 전환장애(히스테리아, 정신성거짓뇌전증발작)로 진단되었다. 연구에 참여한 아동의 19~46%에 이르는 상당한 비율에서는 실제로 뇌전증이 동반되어 있었다.

비뇌전증발작 및 사건의 분류

비뇌전증발작과 사건은 다음 6가지의 넓고 때로 중복되는 임상적 범주로 나눌 수 있다.

1. 실신과 무산소성발작
2. 정신질환
3. 수면과정장애
4. 발작성운동장애

5. 편두통 및 편두통 관련 가능성이 있는 질환

6. 기타 신경학적 사건

실신과 무산소성발작

'무산소성발작(anoxic seizures)'이라는 용어는 대사가 가장 활발한 신경세포들로의 영양공급이 중단되어 발생하는 임상적 또는 전기임상적 사건을 약칭하는 것이다. 무산소성발작은 실신(syncope)−산소화된 혈액의 뇌 관류가 갑자기 감소하는 것에 의해 뇌피질로의 에너지기질 공급이 갑자기 중단되는 사건에 의함−의 결과이다. 덜 완전하거나 덜 급속하게 발생하는 실신은 극적인 결과가 덜하다. 발작은 감각증상, 움찔거림, 뻣뻣함, 의식의 변화가 혼합되어 나타나기도 한다.

실신은 다양한 범주로 나뉘지만 중첩되는 면도 많다. 특히 혈관미주신경성실신, 신경심장성실신, 반사성무산소성발작 또는 반사성무맥성실신, 호흡중지발작 또는 지속적호기성무호흡은 모두 신경매개성실신(neurally mediated syncope)의 다양한 항목들이다. 더 자세한 정보를 원하는 성인, 보호자, 부모, 또는 아동이나, 그것이 단지 호흡정지 또는 단순실신이었다는 말을 듣고 언짢아하는 경우에는 추가적 문헌과 보조자료를 제공하는 단체와 연결하는 것이 많은 도움이 될 수 있다(http://www.stars.org.uk).

반사성무산소성발작 또는 반사성무맥성실신(Reflex Anoxic Seizure or Reflex Asystolic Syncope, RAS)

Gastaut는 '반사성무산소성뇌성발작'이라는 용어를 어린 소아들에서 해로운 자극에 뒤이어 나타나는 여러 가지 실신, 흐느낌연축(sobbing spasm), 호흡중지발작 등을 일컬어 사용하였다.[9] 1978년 이후 '반사성무산소성발작'은 어린 소아에서 예기치 않게 머리를 부딪힌 것에 의해 가장 흔히 유발되는 비뇌전증성경련 사건의 특별한 유형을 가리키는 것으로 더 특징적으로 사용되어왔다.[10] 비록 '창백/백색호흡중지발작'과 '창백영아실신'이라는 다른 용어들도 이와 같은 사건들을 일컬어 사용되어왔지만, 반사성무산소성발작이라는 용어가 현재는 가장 널리 알려져 있으며, 더 최근에는 '반사성무맥성실신'이라는 용어도 사용되고 있다. 심장루프기록기(cardiac loop recorder)가 나오기 전까지는 자연적 발생에 대한 병태생리기전의 증거는 매우 제한적이었으나, 지속심장기록

이 소아에서 가능하게 되면서 지속성반사성무맥이 기록되었으며, 몇몇 사례들이 발표되었다.[11,12]

전형적인 병력으로는 머리를 부딪히거나 다친 아동이 '백지장처럼' 되면서 의식을 잃고 바닥에 쓰러지는 것이며, 때로는 축 늘어졌다가 회복되지만 종종 사지의 근긴장이상성의 신전을 보이며 약간의 불규칙한 연축이나 움찔거림으로 진행한다. 의식소실, 쓰러짐, 뻣뻣함, 움찔거림 운동은 무산소성발작이다. 비정상적인 운동은 뇌간방출 현상으로 뇌전증성 원인이 아니며, 실신으로 인해 대뇌피질 상위중추로의 영양공급이 끊어져서 발생한다.

보호자는 공포를 느끼며 종종 아이가 죽어가고 있다고 생각한다. 아이의 의식은 몇 초 이내에 빨리 회복될 수도 있으나, 아프고 지쳐 보일 수 있으며 어떤 경우에는 몇 시간 이상 잠이 들기도 한다. '발작'이 몇 초간 있었더라도 보호자는 그것이 몇 분간 지속되었다고 느낄 수 있다. 이차적인 목격자가 본 것에 대한 묘사를 참고하는 것은 몇 초와 몇 분을 구분하는 것에 종종 도움이 된다.

아동이 자라면서 반사성무산소성발작이 중지되거나, 더 뚜렷한 소아청소년기의 경련성 또는 비경련성 혈관미주신경성실신으로 바뀌는 경우도 있다. 적절한 장기적 연구가 수행된 바는 없으나 실신이 노년기에 다시 나타날 수도 있다.

걸음마기 이후에는 실신과 함께 감각이상을 호소하기도 한다. 가장 극적인 것으로는 꿈꾸는 것과 같은 신체이탈경험으로 발작 중에 천장으로 떠올라 자신의 신체를 바라보는 느낌 등이다.[13] 실신 사건들 이후 나타나는 야경증(뒤의 '야경증' 부분 참조)도 부모에 의해 보고되고 있다.

어린 아동의 경련성실신의 원인이 심장성인지 호흡성인지를 정확히 진단하는 것은 매우 중요하다. 만일 심장성이라면 주요 감별진단들은 반사성무산소성발작(반사성무맥성실신) 대 QT 연장증후군이나 다른 심장성 원인으로 인한 경련성실신이다. 호흡성실신(예 : 무호흡)에 의한 것으로 보인다면 감별진단은 호흡중지발작(지속적호기말무호흡), 질식(특히 상기도폐쇄로 인한 경우)이 될 것이다.

혈관미주신경성실신(Vasovagal Syncope)

혈관미주신경성실신은 신경매개성실신의 가장 흔하며 주요한 형태이다. 전형적인 반사성무산소발작이 (반사성무맥성실신과 함께) 매우 순수한 미주신경성 사건을 대표한다면, 혈관미주신경성실신은 다양한 미주신경 현상들을 수반하는 혈관운동신경억제와 관련된다. 때로는 반사성무산소성발작과 함께 영아기부터 시작될 수도 있으며, 이후로는 모든 연령에서 나타나고, 노년기에 아마도 가장 극적으로 나타난다.[14]

의학교과서의 표나 뇌전증학 저작물들은 혈관미주신경성실신과 뇌전증발작 간의 구분과 관련하여 전반적인 오류를 고착화시키는 경향이 있다. 이는 어떤 면에서 많은 저자들이 실신을 (빅토리아 시대의 방식으로) 축 늘어져서 창백하게 의식을 잃는 유형과 동일하게 여기기 때문이다. 실신과 뇌전증발작을 구별하는 데 잘못 사용되고 있는 특징으로는 대소변실금, 발작후수면, 손상, 경련성 움찔거림이 있는데, 실제 상황은 다를 수 있다. 혈관미주신경성실신은 누워서도 발생할 수 있는데 특히 주삿바늘발작인 경우에 그러하다.(어떤 이들은 이것의 발생기전이 심장억제성을 강하게 시사하기 때문에 이를 반사성무산소성발작이라고도 한다.) 땀을 흘리는 것은 분명히 항상 있는 것은 아니고, 또 반드시 서서히 시작하는 것도 아니다. 경련성실신과 이에 반하는 경련성뇌전증발작에서 다치기 쉬운 경향의 차이는 없다. 경련성 움찔거림은 분명히 드물지 않으며, 아마도 혈관미주신경성실신의 50%에서, 그리고 실험적 실신에서는 더 자주 발생한다.[15] 요실금은 흔하며, 한 실험적 연구에서는 10%의 환자들에서 발생하였다.[16] 의식소실은 몇 초보다 더 길 수도 있으며, 경한 실신에서는 회복이 빠르지만 늘 빠르게 회복되는 것은 아니다. 발작후착란은 드물지만 일어날 수도 있다. 혈관미주신경성실신은 하루에 한 번 이상 일어날 수도 있다. 유발자극은 매우 경미할 수도 있으나, 어떤 개별적인 환자에서라도 최소한 몇 번의 발작에서는 어떤 종류의 유발자극이 발견되어야 한다.

발생상황과 유발자극, 그리고 흔히 있는 경고증상이나 전조는 혈관미주성신경성실신의 진단추정에 가장 중요한 요소이다. 머리카락을 드라이하거나 빗질할 때 발생하는 발작은 거의 항상 혈관미주신경 비뇌전증경련성실신이다. 전구증상은 비록 지속시간이 1~2초에 지나지 않더라도 대개 존재하지만, 때로는 잊혀져 있다가 머리상방기울임검사에서 실신이 재현될 때에만 회상되기도 한다. 임상의들은 어지러움, 시야 어두워짐, 이명과 같은 뇌허혈의 일반적인 증상들을 잘 알고 있으나, 추가적으로 중요한 증상은 복통이다. 복통이 하나의 증상인지, 혈관미주신경성실신을 유발하는 요인인지, 또는 장 증상이 강한 미주성방출을 가져오는 것인지는 말하기 어렵다. 복통은 매우 흔하며 때때로 측두엽 뇌전증의 복합부분발작에 선행하는 상복부 전조증상과 혼동을 일으킨다. 거의 모든 혈관미주신경성실신 환자들은 1차친족 중에(흔히 부모에서) 환자가 있다.[17] 이것은 때때로 한 세대 이상에서 뇌전증으로 잘못 진단받는 경우가 되기도 한다.

진단을 도울 뿐 아니라 진단을 보강하기 위하여 머리상방기울임검사가 유용할 수 있다. 만일 경련성실신이 있는 환자가 '대발작'뇌전증이 있다는 것을 확신한다면 기울임테이블에서 같은 사건을 재현하는 것이 잘못된 진단을 내리지 않는 데 도움이 될 수 있을 것이다. 검사는 전형적인 사건을 재현해야 한다. 또 뇌전증이 있는 환자도 기울임검사 중에 기절하거나 혈압이 떨어질 수도 있다는 것을 반드시 기억해야 한다.

과호흡실신(Hyperventilation Syncope)

과호흡은 어떤 사람에게든지 여러 가지 기질적인 증상을 유발하며, 어떤 이들에게는 과호흡을 더 많이 하도록 자극하거나 원래의 증상을 악화시킬 수 있다. 어느 정도의 공황상태가 일어나게 할 수도 있다. 진료 시에 과호흡을 시키는 것은 관련된 증상을 다시 일으킬 수도 있다.

과호흡은 뇌전증성과 비뇌전증성 소발작을 모두 일으킬 수 있다.[18]

Rett 증후군이 있는 환자들은 과호흡, 무호흡, 복잡한 상동행동, 뇌전증발작을 보일 수 있어 진단과 치료가 어려울 수 있다.

기립불내증(Orthostasis)

자율신경부전에 의해 이차적으로 발생하는 기립성저혈압에 의한 실신은 흔하지 않으며, 가능한 임상적 상황으로는 Dopamine β-decarboxylase 결핍증 등이 있다.[19] 기립불내증을 발견하는 가장 간단한 방법은 (넘어질 때 다치지 않도록) 폼매트 위에 10분간 세워놓고 지속적으로 혈압을 측정하는 것이다. 이 방법은 또한 기울임검사를 하기에는 너무 어린 소아들에서 혈관미주신경성실신을 유발하기 위해서도 사용된다.[20]

만성기립불내증은 현기증, 어지러움, 시야흐림과 같은 전실신(presyncope) 증상을 포함하는 다른 증상들을 일으킬 수 있다. 또한 이 질환에서 운동불내증, 만성피로, 편두통, 구역, 복부 불편감, 흉부 불편감, 두근거림, 호흡곤란, 과호흡, 말단청색증, 땀흘림, 기립 시 홍조 등이 기술되어 있다.[21]

만성기립불내증은 만성피로증후군의 임상양상의 일부를 보일 수 있는데, 특발성 만성피로증후군의 감별진단으로 치료가 가능한 이 질환을 고려해보는 것이 도움이 될 수도 있다.

10대와 젊은 성인에서 만성기립불내증에 해당하는 한 가지 임상양상으로 체위성기립빈맥증후군(Postural Orthostatic Tachycardia Syndrome, POTS)이 있다.[22] 환자는 심한 일상생활장애가 동반된 만성기립불내증을 보이며 서 있는 자세에서 뚜렷한 빈맥이 있다(머리상방기울임 10분 이내 심박수가 기저선보다 분당 30회 이상 더 증가하거나, 분당 120회 이상을 보임).[21]

QT 연장장애(Long QT Disorders)

QT 연장증후군은 실제 생명을 위협하는 실신과 연관성이 있으며, 근긴장도의 저하나 경련성으로 나타날 수 있다. 실신의 발생기전은 심실성부정빈맥, 일반적으로 torsades de pointes이다. 대체로 Jervell 증후군이나 Lange-Nielsen 증후군을 진단하는 것은 크게 어렵지 않은데, 이 질환에서는 선천성난청이 상염색체열성유전과 관련된다.[23] Romano-Ward 증후군을 진단하는 것은 훨씬 더 어려우며 상염색체우성으로 유전되나 불완전 투과도를 보인다. 신경매개성실신을 유발하는 자극과 QT 연장증후군에서의 심실성부정맥을 촉발하는 자극 사이에는 어느 정도의 중복이 있다. 다음과 같은 두 상황에서 경련이 발생하는 경우에는 심장부정맥이 적극적으로 고려되어야 한다.

1. 운동 중, 특히 감정을 고조시키는 운동 중 발생
2. 공포나 놀람에 의하여 촉발된 사건

QT 연장장애는 반사성무산소성발작/반사성무맥성실신과 같은 신경매개성실신보다 훨씬 덜 흔하지만, 심장성실신의 촉발요인들이 전형적인 양성 반사성무산소성발작 유형의 촉발요인(예기치 않게 머리를 부딪히는 것 등)이 아닐 때는 이 진단을 확인해보아야 한다. 이것은 병력에 의하여 심장성과 호흡성실신으로 구분하기 위해 애쓰는 또 다른 이유이기도 하다.

최근 저자들의 병원에 '할로윈파티에서 가면을 보는 것' 같은 공포에 의해 유발되는 경련의 병력을 가진 한 아동이 의뢰되었다. 전원의뢰서에는 이 아동이 과거에 와우이 식을 받았다는 내용이 적혀 있었는데, 이는 진료일정을 앞당기기에 충분한 것으로 뇌 파검사(EEG)보다 심전도(ECG)를 먼저 시행한 뒤 심장분과로 의뢰하였다. 뇌전증이 있는 소아에서 발작사이기간의 EEG가 정상일 수 있는 것처럼, 심장부정맥이 있는 아 동에서 짧은 12-전극 ECG는 정상일 수도 있다는 것을 반드시 명심해야 한다. 만일 진 단이 강하게 의심되는 경우라면 ECG가 정상이라고 하더라도 심장분과로 의뢰하는 것 이 적합할 것이다.

QT 연장증후군 및 QT 단축증후군 같은 다른 심장성부정맥들은 돌연사를 일으킬 수도 있다. 치료는 심장분과의 전문영역이지만, 베타차단제와 삽입세동제거기 등을 포함한다.

QT 연장증후군은 다른 대부분의 특발성뇌전중처럼 주로 이온채널유전자의 돌연변 이가 원인이다. 심장부정맥이 심장의 뇌전증이고, 뇌전증이 뇌의 재발성부정맥이라고 생각하는 것이 적당한 비유가 될 것이다.[24]

호흡중지발작(Breath-Holding Attacks)

호흡중지발작은 수 세기 동안 기술되어왔으나, 그것이 무엇인가에 대해서는 아직 논 란이 남아 있다.[25,26] **호흡중지**라는 용어는 별로 만족스럽지 못하며,[27] 환자 부모의 기분 을 상하게 할 수 있다. 그것은 분노발작(temper tantrum)과 나쁜 행실을 암시하는 것처 럼 들린다. 어떤 소아과학교과서에는 호흡중지발작을 정신과적 또는 심리적 장애 부 문에서 찾아볼 수 있다. 그러나 연구 결과들은 호흡중지발작이 있는 아동에서의 행동 장애가 정상대조군과 다르지 않다는 것을 보여준다.[28]

호흡중지라는 것이 어떤 종류의 의식적인 "내가 원하는 것을 얻을 때까지 숨을 안 쉬겠다"라는 행동을 암시하는 것처럼 보이지만 이는 옳지 않다. 오늘날 (앞서 반사성 무산소성발작/반사성무맥성실신 부분에서 논의한 것처럼) 과거 백색 또는 창백호흡중 지발작이라고 불리던 것이 호흡성이라기보다는 심장성이라는 것을 깨닫는 것은 어렵 지 않다. 그러므로 세세한 병태생리학적 논란이 있을 수는 있으나, 호흡성 발생기전이 유력한 사건들을 논의할 때에는 **지속적호기성무호흡**이라는 용어를 사용하는 것이 분명

히 도움이 된다.[29]

소아에서 다원검사기록은 매우 드물게 이루어져 왔다. 이 검사들은 심박수나 리듬의 어떠한 변화도 없는 (심박출량에 대한 정보는 이용할 수 없었지만) 순수한 호흡성 '호흡중지'발작 또는 지속성호기성무호흡을 보여주었는데, 이 같은 발작은 분명히 청색성 또는 '청색'호흡중지이다. 호기성무호흡은 종종 조용하나, 때로는 일련의 작은 호기들과 관련된 작은 그르렁거림이 동반된다. 아동은 청색증을 보이고 의식을 잃으며 이어서 뻣뻣함, 종종 제뇌자세, 수 회의 불규칙한 사지 움찔거림을 보이는 이차적 무산소성발작이 따라온다. RAS에서와 마찬가지로 재빨리 회복되거나 또는 더 지속되는 졸림이 있을 수 있다. 호기성무호흡뿐만 아니라 어느 정도의 서맥 또는 심장 무수축이 함께 있는 경우에 '혼합성'호흡중지로 표현될 수도 있는 사건들 또한 존재한다.[4]

치료에서 가장 중요한 점은 보호자를 안심시키고 뇌전증 진단을 방지하는 것이다. 철결핍성빈혈이 있는 아동에서는 철분치료가 추천된다.[30]

강박적 발살바(Compulsive Valsalva)

자폐를 포함하여 ID가 있는 아동들은 무긴장이나 경련성무산소성발작을 가져오는 실신을 스스로 유도할 수도 있다. 이것은 이들 환자들에게 뇌전증이 같이 발생하는 경우도 있으므로 진단을 하는 데 중요한 어려움이 될 수 있다. Rett 증후군에서의 많은 발작은 자가유도실신의 결과일 수 있다.[31] 그 발생기전은 Lempert 등[15]에 의하여 기술된 실험에 의한 실신과 매우 비슷하다. 진단은 사건이 기록된 비디오 테이프 또는 자세한 다원검사기록을 세심히 살펴봐야만 가능할 수도 있다. 이러한 환자들은 과호흡을 하던 중 흡기 시에 숨을 멈춘다. 만일 이어서 성대문을 닫고 발살바를 일으키면 뇌순환이 실질적으로 막히게 된다. 만일 5~10초 이상 이 상황이 지속된다면 무산소성발작이 일어날 수 있다. 이와 같은 사건은 강박적 발살바라고 하며 매우 자주 발생할 수도 있다. 환자들은 전실신이나 실신경험으로부터 쾌감을 얻을 수도 있으며, 이는 이 행동을 더 강화시키게 된다.[32] 이와 같은 사건들은 매우 심각할 수도 있으며, 실제로 치명적인 결과를 가져올 수도 있다.[33] 강박적 발살바에 의해 발생하는 실신은 대뇌혈류감소와 저산소증으로 이차적인 뇌전증발작―무산소성뇌전증발작―을 유발하는 상황을 초래할 수도 있다. 이러한 무산소성뇌전증성발작은 종종 지속되어 간질중첩증을 일으키며 구급약물이 필요할 수 있다.[34] 뇌전증성 요인은 그 특성과 지속시간의 차이로 실신과 무산소성발작과는 구별할 수 있다. 비디오 테이프 기록들은 이 복잡한 상황들을 풀어내는 데 매우 도움이 된다. 만일 이차적 뇌전증발작이 매우 자주 일어난다면 항뇌전증약의 사용이 정당화될 수도 있다. 이것은 뇌전증성 요인은 방지할 수 있으나 실신 또는 무산소성발작은 방지하지 못한다. 무산소성뇌전증발작은 RAS와 호흡중지를 포함하여 어떠한 실신에 이어서도 발생할 수 있다.[34]

심리적 질환

이 절에서 열거될 질환들은 여기에 기술된 다른 질환들, 특히 앞서 언급한 혈관미주신경성실신과 과호흡실신과 근본적으로는 다르지 않을 수 있으나, 종종 심리적인 발생기전이 분명히 더 중요하다고 여겨지는 것들이다.

백일몽(Daydreams)

뇌전증 또는 무산소성(실신성)소발작으로 오인될 수 있는, 백일몽으로 불리는 사건들이 있음은 널리 알려진 사실이다. 이는 다음 하위 절에서 만족행동(gratification)이라고 기술되는 것과는 근본적인 차이가 없을 수도 있으나 아래의 상황에서는 비정상적 움직임이 더 뚜렷하기 때문에 진단이 더 쉽지 않을 수 있다. 타임아웃기 또는 백일몽은 특정학습장애 또는 전반적 학습장애가 있는 환자들에서 더 흔히 보여진다. 관찰자들은 종종 그와 같은 사건이 있을 때 그 사람을 방해할 수가 없었다고 말한다. 그러나 이것은 뇌전증성소발작의 특징과 구별하기에 유용한 특징은 아니며, 눈을 깜박거리는 것이나 근긴장도가 경미하게 감소하는 것도 마찬가지이다. 뇌전증성소발작은 대개 짧으며, 몇 초간 지속되고, 백일몽보다 더 자주 발생한다. 학습장애가 있는 환자들, 특히 이미 뇌전증 진단을 받은 환자들에서 백일몽을 구별해내는 것은 항상 손쉬운 일은 아니다. 멍하게 응시하는 사건들이 뇌전증성이 아니라는 것을 증명하기 위하여 통원형 EEG 모니터링이 필요할 수도 있다.

만족행동과 상동행동(Gratification and Stereotypies)

자위(masturbation)와 비슷하게 보이는, 다소간 즐거움을 얻기 위한 행동이 영아기 이후로 지속될 수 있는데, 학령전기의 여아에서 잘 나타난다. 규칙적으로 골반을 굴곡, 내전하면서 생각이 멀리 있는 듯한 표정을 보일 수 있고, 이어서 졸음이 올 수 있다. 손으로 생식기를 자극하는 것이 반드시 나타나야 하는 것은 아니다. 때로는 하지의 근긴장이상성신전이 두드러진 특징으로 나타난다.[35] 영아자위의 진단은 영유아가 규칙적인 행동을 보이는 중에 불쾌하게 보일 때 더 어려울 수 있다. 비교적 잦은 횟수를 보이고, 심심할 때나 카시트나 유아용 의자에서와 같은 특정 상황에서 발생한다면 가정용 비디오 테이프로 기록하는 것이 좋다. 부모들은 영아자위보다는 만족행동이라는 용어를 당연히 선호한다.

손 펄럭거림(hand flapping), 손가락 빨기, 머리 흔들기, 몸 흔들기와 같은 상동행동들은 (전반적 학습장애가 동반되거나 동반되지 않은) 전반적 발달장애 환자들에서 ID 집단에서보다 더 흔히 나타난다.[36] 이러한 행동들은 흥분에 대한 반응으로 일어날 수도 있으나 일종의 자기 자극의 한 형태로 생각된다. 반복적인 손가락 움직임, 손이나 손목 회전, 머리 내밀기, 몸 구부리기와 같은 더 복잡한 상동행동들은 복합틱과 구별하는 것이 어려울 수 있다. 비디오 테이프 분석이 진단에 있어서 필수적이다. 본 저자도 몇몇 비디오 테이프 분석을 통하여 복잡한 상동행동과 만족행동들이 그전에 발작이상운동증(paroxysmal dyskinesia)으로 오진되어 carbamazepine으로 부적절한 치료를 받아왔었던 것을 발견했던 경험이 있다.

때로는 좀 더 큰 아동들에서 진단이 더 어려운 '허공 속 텔레비전(television in the sky)' 또는 직관적 심상(eidetic imagery)이라고 하는 현상을 볼 수 있다. 아동은 공간을 멍하게 응시하는 것처럼 보이거나 상상 속의 인물과 소리 내지 않고 대화를 하는 것처럼 보일 수 있으며, 어떤 경우에는 몇 분 동안 하나 이상의 팔다리를 비틀거나 움직이기도 한다. 반복적인 움찔거림이나 연축이 있는 경우에는 뇌전증성 영아연축 또는 의식저하가 있는 국소뇌전증발작과 혼동될 수도 있다.

신체이탈체험(Out-of-Body Experiences)

자신의 신체와의 즉각적인 접촉을 잃어버리고 마치 위에서 자기를 내려다보는 것 같은 경험을 보고하는 어떤 상황들이 있다. 이와 같은 환각과 해리상태는 뇌전증발작, 무산소성발작, 편두통, 그리고 '정상적' 현상들에서 기술되어왔다.[37, 38] 이러한 지각장애들

중 일부는 '이상한 나라의 앨리스 현상(Alice in Wonderland phenomenon)'이라고 기술되기도 한다.

공황/불안(Panic/Anxiety)

공황발작은 성인과 소아에서 잘 알려져 있으며 이미 충분히 검토되어왔다.[39] 그러나 공황발작이 실제 뇌전증발작의 표현으로 나타날 수도 있다는 것을 아는 것이 중요하다.[40,41] 장기비디오-EEG모니터링은 정확한 진단을 확립하고 부적절한 정신과적 개입을 방지하기 위해 필요할 수 있다.

전환장애(Conversion Disorder)

'히스테리아'라는 용어를 사용할 것인가에 대해서는 논란의 여지가 있으나, 자가유도비뇌전증성, 비실신성발작은 드물지 않다.[8] 이와 같은 사건들은 '거짓발작', '거짓뇌전증발작', '정신성비뇌전증발작', '비뇌전증발작질환', 또는 '감정발작' 등의 여러 가지 이름으로 불린다. 이들 용어 가운데 모든 환자에게 다 적합한 것은 없다. 이러한 사건들은 조잡하나마 뇌전증발작과 유사하며 특정 전두엽뇌전증발작과도 일부 닮은 측면이 있으나, 종종 두드러진 성적·공격적 요소를 갖는다. 이들은 대부분 관찰, 특히 비디오 테이프 관찰로 쉽게 알 수 있으며 배경 뇌파의 변화를 나타내지 않는다. 어떤 것들은 졸도를 특징으로 한다. 종종 다치지 않고 회복자세로 다소 우아하게 쓰러지거나, 때로는 머리, 하나 이상의 사지, 몸통을 주기적으로 움찔거리거나, 골반을 들썩이는 행동이 뚜렷하다. 눈을 감고 좌우로 구르는 행동도 자주 관찰되는데, 이는 뇌전증발작에서는 특징적이지 않은 행동이다. 빠른 대칭적 움찔거림은 갑작스레 멈추기도 하는데, 이는 전신성 간대성뇌전증발작에서 횟수가 서서히 감소하는 것과는 대조적인 것이다. 어떤 환자들에서는 근친상간, 성적 학대, 또는 다른 외상후스트레스 증후군이 원인일 수도 있다.[42,43] 실제 뇌전증이 있는 환자들에서도 발작 유형이나 빈도가 예상치 못하게 변했을 때는 비뇌전증발작의 가능성을 고려해야 한다.

'정신신체성'실신은 머리상방기울임검사에서 정상 활력징후를 보이면서 의식을 잃는 성인환자들에서 기술되어왔다.[44] 쓰러질 때 맥박, 혈압 또는 EEG의 변화는 관찰되지 않는다. 감별진단에는 과호흡실신이 포함된다(위의 내용 참조).

정신의학문헌들은 히스테리아에서 전환히스테리아로, 전환장애로, 해리장애로 수년에 걸쳐 그 용어를 바꾸어왔으나, 정밀성이나 명확성이 더해진 것은 없었다. 전문가들에게는 사회의학적 모델이 유용한데, 즉 이 질환이 특정한 '곤경'에 대한 불가피한 반응이라는 것을 깨닫고 '실재하는 것'으로 간주하며 환자가 창피를 면하면서 회복되는 것을 허용하는 것이다.[45, 46] 히스테리아에 대한 명쾌한 최신지견을 더 읽어볼 것을 적극적으로 추천하는 바이다.[47]

안심과 격려는 단순한 행동요법을 하든지 안 하든지 간에 종종 효과가 있다. 그러나 어려운 환자의 경우에는 정신과적 치료가 필요할 것이다.

수면과정장애

주간에 발생하는 모든 쓰러질 듯한 느낌들에 대하여 아직까지 문헌상 적절하게 기술되어 있지는 않은데, 수면과정장애(derangement of sleep process)에 대해서는 이보다도 더 기술이 되어 있지 않다. 수면 중에 무슨 일이 일어나는지를 쉽게 결정하는 것은 본질상 매우 어려운 일이다. 통상적인 시각적 관찰은 어려울 수 있으며, 비디오기록이나 다원검사기록으로도 매우 자주 발생하는 예외적인 사건의 경우에서나 겨우 관찰할 수 있다. 비록 과거에 사건수면으로 생각되었던 어떤 질환들은 현재는 뇌전증성으로 발견되기도 하였으나, 모든 사건수면들이 현재까지 다 기술되어 있지는 않다는 것을 알고 있어야 한다. 어떤 사건이라도 수면 중에만 발생한다면 그 원인에 대하여 조심스러운 의문을 가져보는 것이 중요하다.[3]

사건수면과 기면증과 같은 신경학적 수면장애는 그 발작적인 특성으로 인해 뇌전증으로 오인될 수도 있다. 뇌전증성과 비뇌전증성 사건을 구분하는 것은 발작성비뇌전증성 수면사건들이 일반아동에 비하여 뇌전증이나 ID가 있는 아동들에서 더 흔하다는 사실로 인해 더 어려워진다. 수면장애는 대개 무시되는 경우가 많으며 소아과에서 잘 알려져 있지 않은 영역이다. 그러나 사건 발생시간과 양상에 세심한 주의를 기울이면서 비디오 EEG와 야간수면다원검사를 시행하면 수면관련 문제들을 분류할 수 있고, 뇌전증발작과도 구별할 수 있다.

사건수면(Parasomnias)

자세한 병력청취로도 대부분의 사건수면을 뇌전증발작과 구분할 수 있다. 사건수면은 전형적으로 하루에 1~2회 정도만 발생한다. 만일 밤새 3회 이상의 빈도로 발생한다면, 내측/안와전두엽 구조물로부터 기인하는 뇌전증성일 가능성이 높다. 뇌전증발작은 수면 2단계에 가장 흔하게 발생하지만 수면단계 전체에 걸쳐 발생할 수도 있다. 이와 같은 사건들의 구별에는 수면다원검사가 가장 유용한 검사도구이다. 최근에는 야간전두엽뇌전증과의 구별을 시도하는 것에 도움을 주기 위하여 임상점수체계가 개발되는 중이다.[48]

비-REM 부분각성장애/각성사건수면/야경증(Non-REM Partial Arousal Disorders/Arousal Parasomnias/Night Terrors)

짧은 야간각성들은 아동이나 성인에서 정상적이나. 이 징애들은 전형적으로 수면 4단계의 비-REM(NREM) 수면장애로 나타나며, 잠이 든 지 1~2시간 후에 발생한다. 중얼거림, 씹는 행동, 일어나 앉기, 응시하기와 같은 정상 사건들로부터 가족을 방해하고 비정상으로 생각될 수 있는 각성에 이르기까지 다양하다. 가족 중에도 사건수면이 있는 경우가 많다. 비-REM 부분각성/각성사건수면/야경증은 주로 아동기의 문제이지만 성인기에 이르러서도 지속될 수도 있고, 조용하거나 또는 초조해 보이는 몽유병 및 혼란각성에서부터 야경증(night terrors, pavor nocturnes)에 이르는 스펙트럼을 포함한다.[49] 자동증을 보이는 경우도 있으나, 진정한 상동행동은 아니다. 아동은 매우 초조하거나 놀란 것처럼 보이며 부모를 못 알아보는 것처럼 보인다. 이들은 각성과 수면의 중간 단계에 있으므로, 반응을 보일 수도 있으나 정상적인 반응은 아니다. 마치 깨어 있는 것처럼 보이고 부분적으로 반응을 할 수도 있으나 사실상 아직 깊은 서파수면기(4단계)에 있다. 이러한 사건들은 전형적으로 하룻밤에 1회만 발생하고, 특히 잠이 든 후 1~2시간 후, 거의 항상 수면의 전반부에 일어난다. 아동은 사건을 기억하지 못한다. 종종 매우 길며, 아동이 깨거나 다시 안정된 수면에 들기 전까지 10~15분간 지속된다. 대조적으로 야간전두엽뇌전증발작은 전형적으로 2분 이내로 군집성으로 몰아서 발생하는 경향이 있다.

   NREM 각성장애와 정동증상을 동반하는 양성부분뇌전증(Benign Partial Epilepsy

with Affective Symptoms, BPEAS), 양성롤란딕뇌전증과 같은 다양한 특발성 국소뇌전증을 구별하는 것은 더 어려울 수 있다.[50] 아동은 잠에서 깨며 비슷하게 거칠고 싸우려는 듯이 보인다. 그러나 뇌전증발작은 짧고, 잠자는 동안 또는 깨어 있는 동안에도 발생할 수 있다. 특히 수면 4단계에 일어나지는 않으며, 수면의 끝 무렵이나 이른 아침에 발생하는 경향이 있다. NREM 각성장애는 깨어나려는 욕구와 잠이 들려는 욕구의 균형에 문제가 있음을 나타낸다. 매우 깊게 잠드는 걸음마기 아동들과 부족한 수면으로 너무 지쳐버린 아동들, 몸이 아프거나 특정 약물을 복용하는 경우 더 흔하게 발생한다. 아동이 불규칙한 수면스케줄을 갖고 있으면 깨어나려는 욕구가 증가하여 몸이 불편해질 수 있으며, 정상적으로 잠이 들기 위해서는 수면 환경과 관련된 조치가 필요하다. 그러므로 이 장애들은 일차적으로 안심시키기, 설명, 안정된 수면루틴의 확립을 위한 행동요법들, 또 좋은 수면위생을 지키는 것으로부터 치료를 시작한다. 홈비디오 테이프 기록은 매우 가치 있으며, 특히 사건의 시작부터 기록한다면 더욱 그러하다. 뇌전증성 사건들은 상대적으로 자주 발생하며 군집성을 보이기 때문에, 부분각성이라기보다 야간전두엽성에 해당하는 발작이라면 야간비디오 테이프는 더 성공적일 가능성이 많다.

REM 수면장애(REM Sleep Disorders)

악몽과 수면마비는 뇌전증과 혼동되는 주된 REM 수면장애이며, 둘 다 흔하다. 10~20%의 사람들은 수면마비의 경험이 있다. 생리적인 REM 무긴장증을 없애지 않으면서 REM 수면 중에 깨어나는 것은 자신의 수면 중에 '행동화'하는 것을 방지해주지만, 마비라는 공포스러운 경험을 하게 할 수 있다. 악몽은 대개 야경증보다는 뇌전증발작과 구별하기가 쉬운데, 아동은 대개 걸어다닌 것과 꿈에 대한 기억이 모두 있으며 정상 각성상태로 빠르게 이행한다. 야간뇌전증발작이 REM 수면 중에 일어나는 일은 거의 없다.

행동요법과 공존하는 의학적 질환을 치료하는 것이 적절한 치료전략이다. REM 행동장애의 시작은 드물게 뇌간병변의 첫 임상증상인 경우도 있으며, 신경영상검사가 필요할 수도 있다. 성인의 REM 행동장애와 수면 중 행동화, 난폭함을 보이는 것은 파킨슨병, 루이소체치매, 또는 다기관위축과 같은 심각한 신경질환들에서 다른 증상이

나타나기 수년 전에 선행하는 증상일 수도 있다.[51]

수면-각성 이행장애(Sleep-Wake Transition Disorders)

머리 흔들기와 몸 흔들기(Head Banging and Body Rocking)

야간성 머리 흔들기(jactatio capitis nocturna), 몸 흔들기, 머리 굴리기와 같은 주기적 운동성 질환들은 전형적으로 영아나 걸음마기의 유아에서 잠이 들려고 할 때 발생하지만, 깊은 수면 중이나 깨어 있을 때도 발생할 수 있다. ID가 있는 아동에서는 더 흔하게 나타난다. 전형적으로 5세경까지 완화되지만 성인기까지 지속되는 수도 있다. 치료는 수면위생을 유지하도록 하며, 침대머리판에 패드를 장착하여 다른 식구들이 깨어나지 않도록 한다. 주기적인 운동장애들은 수면-각성 이행상태와의 연관성은 불분명하지만, 밤 동안 계속될 수 있고, 행동치료요법에 잘 반응하지 않는다. 드물게 benzodiazepine과 같은 약물이 도움이 될 수도 있다. 때로 성인에서의 머리 흔들기도 보고되고 있다.[52]

수면놀람/수면움찔거림(Sleep Starts/Hypnic Jerks)

Vigevano 등은 뇌전증과 사지마비형뇌성마비가 같이 있는 소아환자들에서 반복적 수면놀람을 보고하기 위하여 비디오 기록을 사용하였다.[53] 이들 움찔거림은 수면의 시작 시에 군집성으로 반복하여 발생하였고 몇 분 동안 지속되었으며, EEG에서는 각성 모양이 나타났지만 움찔거림과 관련된 극파방전은 없었다. 저자들은 특히 뇌전증이 동반된 소아에서 불필요하게 과도한 항뇌전증약 사용을 피하기 위하여 수면놀람과 뇌전증발작을 구분해야 할 필요가 있다고 강조하였다. 본 저자도 West 증후군으로부터 회복되었으나 수면 중 발작에 대한 재평가를 위해 내원하였다가 수면놀람으로 판명되었던 다운 증후군 환자를 경험한 적이 있다.

기면증-허탈발작 증후군(The Narcolepsy-Cataplexy Syndrome)

기면증은 과도한 낮 동안의 졸림, 허탈발작(강한 감정적 자극 – 전형적으로 웃음과 같은 – 에 반응하여 몸의 긴장도가 소실되는 것), 수면마비, 입면기환각, 야간수면교란을 특징으로 하는 질환이다. 이 병이 있는 성인들 1/3이 16세 전에, 16%는 10세 전에,

약 4%는 5세 이하에 시작한다.[54] 허탈발작 중에는 눈을 감고 있더라도 의식은 유지된다. 전형적으로 긴장도의 소실은 머리에서부터 몸의 아래쪽으로 퍼져 나간다. 환자들은 어느 정도는 조정능력이 있어서 갑자기 쓰러지기보다는 일련의 단계를 보인다. 1997~2000년 사이에 본 저자가 진단한 6명의 아동들 중 4명은 이전에 뇌전증으로 진단받았었다. 과도한 졸림 때문에 '소발작'으로, 허탈발작 때문에 근간대성 쓰러짐발작으로, 또는 허탈발작이 비대칭으로 일어나는 경우 부분발작으로 진단받는 것 등. 한 아동은 여러 가지 항뇌전증약으로 치료받기도 하였다.[55] 진단은 이 증후군의 5가지 특징을 파악하는 것과 실용 가능하다면 허탈발작의 비디오 기록, 또 아동의 나이에 가능하다면 다중수면잠복기검사 등에 의존한다.[56]

발작성운동장애(Paroxysmal Movement Disorders)

뇌전증과 운동장애 사이에는 복잡한 연관성이 있으며, 그 경계를 명확히 하는 것은 어려운 일이다.[57] 많은 증상들이 서로 겹치거나 자주 혼동된다. 발작성운동장애는 다양한 지속시간의 운동증상들을 나타내며, 발작사이기간 검사에서 이상이 거의 없는 것이 특징이다. '중간형'운동관련 근긴장이상이 있는 어떤 아동들은 잘 지내는 기간에도 경미한 근긴장이상 또는 발달행동곤란증(developmental dyspraxia)의 징후를 보인다. 이러한 사건들과 뇌전증발작을 구분하는 주된 특징은 종종 유발요인들이 있는 것과 발작이상운동증과 실조증이 있는 동안 의식이 유지되는 것이다. 이 특징들은 소아에서는 더 구별하기가 어려울 수도 있다.

발작이상운동증(Paroxysmal Dyskinesias)

이 그룹의 질환들에 대하여 여러 가지 복잡한 분류기준들이 제안되어왔다.[58] 아래에 이용한 것은 임상적으로 가장 관련성 있고 단순한 것이다. 대부분의 문헌들은 진단이 더 쉬운 가족성 환자들에 대하여 기술하고 있으며(특히 한 명 이상 이환된 가족들이 알려져 있는 경우), 산발적 환자들보다 관심이 더 많은 경향이 있다. 그러나 임상적 경험으로는 대부분의 환자들이 산발적으로 발생하며, 많은 경우 아래에 기술되는 전형적인 경우에 완전히 들어맞지 않는다.

발작운동유발이상운동증(Paroxysmal Kinesigenic Dyskinesia, PKD)

전형적으로, 이른 소아기와 청소년기에 짧은 무도아테토시스, 근긴장이상, 또는 혼합 패턴으로 시작한다. 발작은 성인기에 줄어들거나 완전히 호전된다. 발작은 몇 초에서 부터 몇 분에 이르며, 돌발적인 움직임, 자세변화, 또는 운동속도의 변화에 의하여 유발된다.[59] 의자에서 일어나거나 차 밖으로 나오는 것은 흔한 발작 유발요인이다. 의식은 유지되지만, 어떤 환자들은 짧고 비특이적인 경고증상이나 전조가 있을 수도 있다. 발작사이기간의 검사들은 정상이다. 진단은 병력에 기초하며, 비디오 테이프 기록이 매우 중요하다. carbamazepine은 종종 적은 용량으로도 큰 효과가 있다. 환자들의 1/4 에서 비슷한 증상의 가족력이 있으며, 많은 경우 상염색체우성으로 유전된다.

발작비운동유발이상운동증(Paroxysmal Nonkinesigenic Dyskinesia, PNKD)

PNKD의 발작은 종종 길며, 몇 분에서 몇 시간, 또는 이틀에 걸쳐 지속되는 경우도 있다. 이 유형은 때로 발작근긴장이상무도아테토시스(Paroxysmal Dystonic Choreoathetosis, PDC)라고도 불린다. 발작은 대부분 저절로 발생하는 심한 근긴장이상이지만, 성인에서는 알코올, 카페인, 스트레스가 흔한 유발요인이다. 뇌전증발작과의 감별은 더 쉬우며, 항뇌전증약 치료는 덜 효과적이다. 대개 상염색체우성으로 유전된다.

발작운동유도이상운동증(Paroxysmal Exercise-Induced Dyskinesia, PED)

이상증상은 몇 분간의 운동 후에 발생하며 대개 10~15분, 또는 그 이상이고 PKD와는 달리 운동 시작 시에 발생하지 않는다.[59] 전형적으로 가장 운동을 많이 한 신체부위가 근긴장을 보인다. 비정상 움직임은 운동을 중지하면 5~30분에 걸쳐 서서히 호전된다(PKC와 전형적 PDC의 중간형). 항뇌전증약은 일반적으로 도움이 되지 않으며, acetazolamide가 어떤 가족들에게는 효과적이다.[60]

삽화성실조증(Episodic Ataxias)

삽화성실조증 type1(EA1)은 드문 질환이며 전압작동칼륨통로 Kv1.1의 돌연변이에 의하여 발생한다. 환자들은 몇 초에서 몇 분 동안 지속되는 짧은 삽화성소뇌실조증을 보인다.[61] 각 삽화들은 돌발적인 움직임, 운동, 스트레스, 감정에 의해서 유발된다. 때로 운동장애는 실조증보다 이상운동이나 무도아테토시스에 더 가까운 것처럼 보인다. 임상적으로 관찰되는 미세손가락운동이나 눈꺼풀근육떨림, 또는 EMG 지속운동단위활동으로 나타나는 발작사이기간의 근육잔떨림이 주요 진단적 특징이다. 발작성 실조증은 부분뇌전증발작과 혼동될 뿐 아니라 실제로 EA1 가족들에서 뇌전증이 과다하게 발현된다.[62, 63]

편두통 및 편두통 관련 추정질환

어떤 저자들은 전조가 있는 편두통을 뇌전증의 중요한 감별진단으로 간주한다.[64] 사실 분명하고도 다양한 편두통에서부터, 편두통성 기원을 가지는 것으로 추정되는 편두통 등가질환들(migraine equivalents)과 편두통과 관련성이 더 미미한 상황들에 이르기까지 수많은 상황이 존재한다. 전반적으로 더 전형적인 편두통 양상을 보일수록 진단이 더 쉽다.

가족성편마비편두통(Familial Hemiplegic Migraine, FHM)

가족성편마비편두통의 거의 모든 발작은 두통 및 편마비편두통의 가족력과 관련되므로 감별진단은 일반적으로는 어렵지 않다.[65] 편마비는 편두통의 전조증상 시기에 일어난다.

소아기양성발작현기증(Benign Paroxysmal Vertigo of Childhood)

이것은 편두통 등가질환들 중 가장 흔한 것이다.[66] 이 병이 있는 학령전기 아동들은 종종 뇌전증이 의심되어 의뢰된다. 특징적인 병력으로 불안해하면서 행동을 멈추는 것이며, 의식의 소실은 없고, 주관적인 현기증, 또는 '술 취한' 느낌이 있으면 진단이 쉽다.

교대편마비(Alternating Hemiplegia)

소아기 교대편마비의 돌발적 특징과 신경학적 증상은 눈에 띄게 흥미롭다. Verret과 Steele는 토론토 Hospital for Sick Children에서의 8명의 환자를 처음으로 기술하였다. 그들은 이 질병을 영아기에 발병하는 복합편두통(complicated migraine)이라고 간주하였다.[67] 가장 최근에는 보스톤에서 44명의 환자가 보고되었는데,[68] 이러한 수치는 이 질환이 과거에도 있었으며, 과소진단 및 과소보고되었다는 것을 암시한다.

일측 또는 양측 이완성편마비는 생후 첫 18개월 이내에 발생하며, 자율신경현상과 관련이 있고, 차츰 발달지연, 불안정자세, 어느 정도의 무도아테토시스가 나타난다. 첫 편마비발작은 대개 생후 6개월까지 알아채지 못하는 경우가 많다. 처음 증상은 종종 신생아기부터 시작되며, 강직과 근긴장이상, 눈운동이상으로 시작하며, 특히 돌발적이고 대개 편측성인 안구진탕과 사시를 보인다. 일시적인 핵간안근마비가 있는 경우도 있다.[69] 발작 시에는 창백함, 울음, 소리 지름, 또는 전신적으로 아파 보이는 것이 동반된다.

기타 신경성 사건

신경성 기원이며 뇌전증발작으로 오인될 수 있으나 위에 언급한 분류에는 쉽게 들어맞지 않는 많은 발작성질환들이 있다. 이 중 많은 것들은 특정 유전증후군에 잘 발생한다. 이에 대해 완벽히 기술하는 것은 불가능한데, 여러 유형의 사건들, 경련, 발작, 몸이 돌아가는 것 등에 대하여 아직 더 밝혀져야 한다.

틱(Tics)

짧고, 갑자기, 불규칙하게 일어나는 움직임이나 소리는 흔하다. 움직이고 싶은 주관적인 욕구가 있는 것과 어느 정도는 억제할 수 있는 것이 틱을 진단하는 핵심요소이다. 학습장애가 있는 환자에서 이러한 특징은 쉽게 확인되지 않을 수 있다. 대체진단인 뇌전증성 기원인지 아닌지는 틱 행동 시의 EEG 기록, 특히 동시시행비디오기록으로 결정될 수도 있다.

근간대(Myoclonus)

비뇌전증성근간대는 여러 가지 상황에서 발생할 수 있다. 이는 여러 유형의 뇌성마비나 선천성소두증의 예에서와 같이 뇌간과 척수반사에 대한 대뇌피질의 억제가 감소하는 상황에서 흔하다. 진단에 어려움이 있는 경우, EEG 검사는 근간대가 뇌전증성인지 아닌지를 결정해준다. EEG에서는 (두피 표면 EMG와 비디오기록을 동시에 하는 것이 선호된다) 뇌전증성근간대가 있는 동안에 뚜렷한 극파방전이 나타날 것이다.

신경질환에서의 허탈발작

기면증-허탈발작 증후군에서 일어나는 허탈발작은 '수면과정장애' 부분에서 논의하였다. 허탈발작은 드물게 다발성경화증에서 일어나는 것과 같은 후천적 뇌간병변과 연관성이 있다. 허탈발작은 Niemann-Pick C형, Norrie 질환, Prader-Willi 증후군에서 일어나거나, 단독적인 가족성으로 발생할 수도 있다.[70] 이를 알아차리는 것은 (특히 웃음과 같이) 근육긴장도를 갑자기 소실시키는 감정적 유발요인을 확인하는 것에 기초한다.

Coffin-Lowry 증후군(CLS)

초기의 보고들은 뇌전증이 X-연관이나 여성에서 나타나는 Coffin-Lowry 증후군의 특징이라고 제안했었다. 본 기관의 증례보고를 포함하여 최근의 저술들은 CLS 환자들이 뇌전증이 아니라, 예상치 못한 소리에 의한 놀람 및 웃음에 의해 유발되는 허탈발작유사질환을 갖는 것으로 제시하고 있다.[71] 반사성 뻣뻣함, 감정변화와 함께 일어나는 근긴장소실('허탈발작'), 그리고 뇌전증발작은 한 사람에게서 일어날 수도 있다.[72]

Glut-1-deficiency 증후군에서의 운동장애

Glut-1-deficiency 증후군을 일으키는 혈관-뇌장벽통과당전달체장애를 아는 것은 중요하다. 전형적인 경우에는 영아연축, 발달지연, 후천성대두증, 운동실조, 뇌척수액당감소증을 일으킨다.[73] 예상되는 바와 같이 비교적 최근에 알려진 이 유전질환의 연관 표현형들의 범위는 넓다. 경한 학습장애가 있거나 또는 학습장애가 없을 수도 있고, 정상머리둘레, 운동실조, 근긴장이상, 무도아테토시스와 같은 발작성운동이상이 있는 환자들이 포함된다. 진단은 부적절하게 낮은 공복 CSF당수치(전형적인 CSF : 혈액당 0.4 미만)에 근거한다. 이 질환은 뇌에 대체연료인 케톤식을 제공하는 것으로 효과적으로 치료될 수 있다.

결론

지적장애가 동반되거나 동반되지 않은 환자들에서 뇌전증과 감별해야 하는 발작성장애들을 정확히 알아내기 위해서는, 모든 것을 포함하는 자세하고도 세심한 병력청취가 가장 중요하다. 병력청취를 위해서 충분한 시간을 할애하는 것이 필요하며, 목격자와도 직접 이야기하는 노고를 감수해야 한다. 가정에서의 비디오기록은 매우 유용한 도구이다. 의사는 오진을 방지하는 데 도움이 된다면 비디오-EEG 원격측정의 도입을 늦추지 말아야 한다. 모든 발작장애/뇌전증클리닉은 여러 형태의 비디오기록들을 볼 수 있는 시설을 갖추어야 한다. 뇌전증 및 비뇌전증발작은 공존하는 경우도 있다. 뇌전증으로 확진받은 환자라도 새로운 사건이 발생하거나 약물에 반응하지 않고 발작이 증가한다면 진단은 비평적으로 재검토되어야 한다.

의사는 추가적 의견을 구하는 것을 두려워하지 말아야 한다. 이 과정은 비디오를 CD로 복사하거나 컴퓨터파일로 만드는 기술의 도움을 받을 수 있다. "우리는 종종 이전에 보고 진단했었던 의학적 질환들만 알고 있을 뿐"이라는 말을 반복하는 것은 당연한 말이지만 가치가 있다. 가족과 간병인이 클리닉에 비디오기록을 가지고 오도록 권장하며, (적절한 보호조치들과 함께) 비디오를 다른 가족이나 의료종사자들에게 보여주는 것에 동의하는지 물어보도록 한다. "바로 그거야!"라는 반응은 간병인과 전문가 모두에게 중요한 기술이다.

참고문헌

1. Udall, P, Alving J, Hansen LK, et al. (2006) The misdiagnosis of epilepsy in children admitted to a tertiary epilepsy centre with paroxysmal events. Arch Dis Child 91:219–21.
2. Ferrie CD. (2006) Preventing misdiagnosis of epilepsy. Arch Dis Child 91:206–9.
3. Scheffer IE, Bhatia KP, Lopes Cendes I, et al. (1994) Autosomal dominant nocturnal frontal lobe epilepsy diagnosed as a sleep disorder. Lancet 343:515–17.
4. Stephenson JBP. (1990) Fits and faints. Cambridge and New York: MacKeith Press and Cambridge University Press.
5. Stephenson JBP. (2001) Anoxic seizures: Self-terminating syncopes. Epileptic Disord 3: 3–6.
6. Smith PE, Myson V, Gibbon F. (2002) A teenage epilepsy clinic: Observational study. Eur J Neurol 9: 373–6.
7. Bye AM, Kok DJ, Ferenschild FT, et al. (2000) Paroxysmal non-epileptic events in children: A retrospective study over a period of 10 years. J Pediatr Child Health 36: 244–8.

8. Kotagal P, Costa M, Wyllie E, et al. (2002) Paroxysmal non-epileptic events in children and adolescence. Pediatrics 110: E46.
9. Gastaut H. (1968) Aphysiopathogenic study of reflex anoxic cerebral sizures in children (syncopes, sobbing spasms and breath holding spells). In Kellaway P, Petersen I (eds.). Clinical electroencephalography of children. Stockholm: Almquist and Wiksell.
10. Stephenson JBP. (1978) Two types of febrile seizure-anoxic(syncopal) and epileptic mechanisms differentiated by oculocardiac reflex. Br Med J 2: 726–8.
11. Sreeram N, Whitehouse W. (1996) Permanent cardiac pacing for reflex anoxic seizure. Arch Dis Childhood75: 462.
12. McLeod KA, Wilson N, Hewitt J, et al. (1999) Cardiac pacing for severe childhood neurally mediated syncope with reflex anoxic seizures. Heart 82: 721–5.
13. Stephenson JBP, McLeod KA. (2000) Reflex anoxic seizures. In: David TJ. Recent advances in paediatrics 18. Edinburgh: Churchill Livingstone.
14. Fitzpatrick A, Sutton R. (1989) Tilting towards a diagnosis in recurrent unexplained syncope. Lancet 1:658–60.
15. Lempert T, Bauer M, Schmidt D. (1994) Syncope: A videometric analysis of 56 episodes of transient cerebral hypoxia. Ann Neurol 36: 233–7.
16. Lempert T. (1996) Recognizing syncope: Pitfalls and surprise. J Royal Soc Med 89: 372–5.
17. Camfield PR, Camfield CS. (1990) Syncope in childhood: A case control clinical study of the familial tendency to faint. Can J Neurol Sci 17: 306–8.
18. North KN, Ouvrier RA, Nugent M. (1990) Pseudoseizures caused by hyperventilation resembling absence epilepsy. J Child Neurol 5: 288–94.
19. Mathias CJ, Bannister R, Cortelli P, et al. (1990) Clinical, autonomic and therapeutic observations in two siblings with postural hypotension and sympathetic failure due to an inability to synthesize noradrenaline from dopamine because of a deficiency of dopamine betahydroxylase. Q J Med 75: 617–33.
20. Oslizlok P, Allen M, Griffin M, et al. (1992) Clinical features and management of young patients with cardioinhibitory response during orthostatic testing. Am J Cardiol 69: 1363–5.
21. Stewart JM. (2002) Orthostatic intolerance in pediatrics. J Pediatr 140: 404–11.
22. Stewart JM, Gewittz MH, Weldon A, et al. (1999) Patterns of orthostatic intolerance: The orthostatic tachycardia syndrome and adolescent chronic fatigue. J Pediatr 135: 218–25.
23. Jervell A, Lange-Nielsen F. (1957) Congenital deaf-mutism, functional heart disease with prolongation of the Q-T interval and sudden death. Am Heart J 54: 59–67.
24. Newton-Cheh C, Shah R. (2007) Genetic determinants of QT interval variation and sudden cardiac death. Curr Opin Genet Dev. 17: 1–9.
25. Culpepper N. (1737) A directory for midwives; or a guide for women in their conception, bearing (etc.). London: Bettersworth & Hitch.
26. Gordon N. (1987) Breath-holding spells. Dev Med Child Neurol 29: 810–4.
27. Breningstall GN. (1996) Breath holding spells. Pediatr Neurol 14: 91–7.
28. Dimario FJ, Burleson JA. (1993) Behaviour profile of children with severe breath-holding spells. J Pediatr 122: 488–91.
29. Southall DP, Johnson P, Morley CJ, et al. (1985) Prolonged expiratory apnoea: A disorder resulting in episodes of severe arterial hypoxaemia in infants and young children. Lancet 2:571–7.
30. Daoud S, Batieha A, al-Sheyyab M, et al. (1997) Effectiveness of iron therapy on breath holding spells. J Pediatr 130: 547–50.
31. Glaze DG, Schultz RJ, Frost JD. (1998) Rett syndrome: Characterization of seizures versus non-seizures. Electroencephal Clin Neurophysiol 106: 79–83.
32. Gastaut H, Broughton R, de Leo G. (1982) Syncopal attacks compulsively self-induced by the Valsalva manoeuvre in children with mental retardation. Electroencephal Clin Neurophysiol 35(Suppl.); 323–9.
33. Genton P, Dusserre A. (1993) Pseudo-absences atoniques par syncopes auto-provoquees (manoeuvre de Valsalva). Epilepsies 5: 223–7.

34. Horrocks IA, Nechay A, Stephenson JBP, et al. (2005) Anoxic-epileptic seizures: Observational study of epileptic seizures induced by syncopes. Arch Dis Childhood. 90: 1283–7.

35. Nechay A, Ross LM, Stephenson JBP, et al. (2004) Grastification disorder ("infantile mastur-bation"): A review. Arch Dis Childhood 89: 225–6.

36. Carcani-Rathwell I, Rabe- Hasketh S, Santosh PJ. (2006) Repetitive and stereotyped behav-iours in pervasive developmental disorders. J Child Psych Psychiatr 47: 573–81.

37. Blackmore S. (1998) Experiences of anoxia: Do reflex anoxic seizures resemble NDEs? J Near Death Studies 17: 111–20.

38. Mahowald MW, Schenck CH. (1992) Dissociated states of wakefulness and sleep. Neurology 42(suppl.6): 44–52.

39. Ollendick TH, Mattis, SG, King NJ. (1994) Panic in children and adolescents: A review. J Child Psychol Psychiatr 35: 113–34.

40. Laidlaw JDD, Zaw KM. (1993) Epilepsy mistaken for panic attacks in an adolescent girl. Br Med J 306: 709–10.

41. Scalise A, Placidi F, Diomedi M, et al. (2006) Panic disorder or epilepsy? A case report. J Neurol Sci 246: 173–5.

42. Goodwin DS, Simms M, Bergman R. (1979) Hysterical seizures: A sequel to incest. Am J Orthopsychiatr 49: 698–703.

43. Alper K, Devinski, O, Perrine K, et al. (1993) Non epileptic seizures and childhood sexual and physical abuse. Neurology 43: 1950–3.

44. Linzer M, Varia I, Pontinen M, et al. (1992) Medically unexplained syncope: Relationship to psychiatric illness. Am J Med. 92(suppl. 1A): 18S–25S.

45. Taylor DC. (1979) The components of sickness: Diseases, illnesses, and predicaments. Lancet 2: 1008–10.

46. Gudmundsson O, Prendergast M, Foreman D, et al. (2001) Outcome of pseudoseizures in children and adolescents: A 6-year symptom survival analysis. Dev Med Child Neurol 43: 547–51.

47. Jureidini J, Taylor DC. (2002) Hysteria. Pretending to be sick. Eur Child Adoles Psy 11: 123–8.

48. Derry CP, Davey M, Johns M, et al. (2006) Distinguishing sleep disorders from seizures: Diagnosing bumps in the night. Arch Neurol 63:705–9.

49. Mason TB, Pack AI. (2005) Sleep terrors in childhood. J Pediatr 147:388–92.

50. Dalla Bernardina B, Colamaria V, Chiamenti C, et al. (1992) Benign partial epilepsy with affective symptoms (benign psychomotor epilepsy). In Roger J, Bureau M, Dravet C, Dreifuss FE, Perret A, Wolf P (eds.) Epileptic syndromes in infancy, childhood and adolescence, 2nd ed. London: John Libbey, 219–23.

51. Hickey MG, Demaarschalk BM, Caselli RJ, et al. (2007) "Idiopathic" rapid-eye-movement (REM) sleep behaviour disorder is associated with future development of neurodegenerative diseases. Neurologist 13:98–101.

52. Anderson KN, Smith IE, Schneerson JM. (2006) Rhythmic movement disorder (head bang-ing) in an adult during rapid eye movement sleep. Movement Disord 21:866–7.

53. Fusco L, Pachatz C, Cusmai R, et al. (1999) Repetitive sleep starts in neurologically impaired children: An unusual non-epileptic manifestation in otherwise epileptic subjects. Epileptic Disord 1:63–7.

54. Challamel MJ, Mazzola ME, Nevsmalova S, et al. (1994) Narcolepsy in children. Sleep 17 (8 Suppl): S17–20.

55. Macleod S, Ferrie C, Zuberi SM. (2005) Symptoms of narcolepsy in children misinterpreted as epilepsy. Epileptic Disord 7:13–17.

56. Guilleminault C, Pelayo R. (2000) Narcolepsy in children: A practical guide to its diagnosis, treatment and follow-up. Paediatr Drugs 2:1–9.

57. Guerrini R, Aicardi J, Andermann F, Hallett M (eds.). (2002) Epilepsy and movement disor-ders. Cambridge, UK: Cambridge University Press.

58. Fahn S. (1994) The paroxysmal dyskinesias. In Marsden CD, Fahn S (eds.). Movement disor-

ders 3. Oxford: Butterworth Heineman, 310–45.

59. Houser MK, Soland VL, Bhatia KP, Quinn MP, Marsden CD. (1999) Paroxysmal kinesigenic choreoathetosis: A report of 26 cases. J Neurol 246:120–6.

60. Bhatia KP, Soland VL, Bhatt MH, et al. (1997) Paroxysmal exercise induced dystonia: Eight new sporadic cases and a review of the literature. Movement Dis 12: 1007–12.

61. Browne DL, Gancher ST, Nutt JG, et al. (1994) Episodic ataxia/myokymia syndrome is associated with point mutations in the human potassium channel gene KCNA1. Nature Genet 8: 136–40.

62. Zuberi SM, Eunson LH, Spauschus A, et al. (1999) A novel mutation in the human voltage gated potassium channel gene (Kv1.1) associates with episodic ataxia and sometimes with partial epilepsy. Brain 122: 817–25.

63. Eunson LH, Rea R, Zuberi SM, et al. (2000) Clinical, genetic, and expression studies of mutations in the human voltage-gated potassium channel KCNA1 reveal new phenotypic variability. Ann Neurol 48: 647–56.

64. Gibbs J, Appleton RE. (1992) False diagnosis of epilepsy in children. Seizure 1: 15–18.

65. Thomsen LL, Eriksen MK, Roemer SF et al (2002) A population-based study of familial hemiplegic migraine suggests revised diagnostic criteria. Brain 125: 1389–91.

66. Twaijri WA, Shevell MI. (2002) Pediatric migraine equivalents: Occurrence and clinical features in practice. Pediatr Neurol 26: 365–8.

67. Verret S, Steele JC. (1971) Alternating hemiplegia in childhood: A report of eight patients with complicated migraine beginning in infancy. Pediatrics 47: 675–80.

68. Mikati MA, Kramer U, Zupanc ML, et al. (2000) Alternating hemiplegia of childhood: Xlinical manifestations and long-term outcome. Pediatr Neurol 23: 134–41.

69. Bursztyn J, Mikaeloff Y, Kaminska A, et al. (2000) Hemiplegies alternantes de l'enfant et leurs anomalies oculo-motrices [Alternating hemiplegia of childhood and oculomotor anomalies] J Fran Ophtalmol 23: 161–4.

70. Tobias ES, Tolmie JL, Stephenson JBP. (2002) Cataplexy in the Prader-Willi syndrome. Arch Dis Childhood 87: 170.

71. Crow YJ, Zuberi SM, McWilliam R, et al. (1998) "Cataplexy" and muscle ultrasound abnormalities in Coffin-Lowry syndrome. J Med Genet 35: 94–8.

72. Stephenson JBP, Hoffman MC, Russel AJ, et al. (2005) The movement disorders of Coffin-Lowry Syndrome. Brain Dev 27: 108–13.

73. Wang D, Pascual JM, Yang H, et al. (2005) Glut-1-deficiency syndrome: Clinical, genetic and therapeutic aspects. Ann Neurol 57: 111–8.

2부

치료 문제

Chapter 6

지적장애 환자에서 급성발작의 치료

F. M. C. Besag

서론

지적장애 환자에서 발작에 대한 급성기 관리는, 첫 발작, 뒤이어 나타나는 발작/뇌전증이 있는 상태에서 발작의 악화, 빈번한 주간발작과 관련한 기능상실, 비경련성(nonconvulsive)간질중첩증, 야간발작과 관련한 기능상실, 서파수면 동안의 전기적 간질중첩증(electrical status epilepticus of slow wave sleep), 경련성(convulsive)간질중첩증 치료, 적어도 이 7가지 상황으로 이루어진다. 앞으로 이런 상황들이 순서대로 논의될 것이다. 뇌전증이 지적장애 환자에서 더 흔할 뿐 아니라, 치료하기가 더 어렵기 때문에 뇌전증에 대한 응급처치는 특히 중요하다.[1] 더욱이 지적장애 환자들은 때때로 발작 역치를 낮추는 다른 약물을 이미 복용하고 있기 때문에 발작의 위험성이 증가하고 이에 대한 급성기 관리의 훈련이 필요하다. 뇌전증의 결과로 나타나는 기능상실은 어떤 환자군에서도 중요한 문제이지만 많은 경우에 피하거나 예방할 수 있다. 지적 능력이 떨어지는 환자에서 추가적인 기능상실은 중요한 문제여서 효과적인 뇌전증 치료의 원칙을 잘 이해해야 할 필요가 있다.

V. P. Prasher, M. P. Kerr(eds.) *Epilepsy and Intellectual Disabilities*,
DOI : 10.1007/978-1-84800-259-3_6, ⓒ Springer Science+Business Media, LLC 2008

첫 발작

발작이 지속되어 손상이 유발되거나 의식이 바로 회복되지 않는다면 긴급히 치료가 필요하다. 환자가 아프거나 다른 의학적 질환을 가지고 있지 않다면 보통 긴급히 치료를 할 필요는 없고, 발작이 나타난 날에 의사의 진찰을 받게 하는 것이 좋은 방법이다. 많은 희귀 대사성질환이 발작을 일으키고[2] 어떤 경우에는 발작 자체가 첫 증상으로 나타나기 때문에 소아에서는 특히 중요하다. 환자가 첫 발작 직후에 내원할 때는 다음과 같은 질문에 대답할 수 있어야 한다.

어떤 유발요인이 있는가?

검사가 필요한 상황인가?

환자가 퇴원해도 될 만큼 괜찮은가 아니면 입원해서 경과를 지켜봐야 할 필요가 있는가?

환자가 또 발작을 일으킨다면 어떤 조치를 취해야 하는가?

발작의 원인에 관해서는, 보통 사용되는 체크리스트가 있지만(표 6.1 참조),[2] 지적장애뿐 아니라 운동장애도 가지고 있는 환자들에서 예상치 못한 외상성 두개 손상의 가능성과, 이미 앞서 언급했듯이 드물지만 지적장애 환자에서 특히 더 있을 수 있는 대사성질환에 대해서도 특별한 주의가 필요하다. 뇌수막염과 뇌염은 발작의 중요한 급성 원인으로 특별한 치료가 요구된다. Chin 등[3]은 소아에서 발열과 관련되어 나타나는 지속적인 발작의 원인으로 급성세균성뇌수막염의 중요성을 강조했다. 발작의 위험성을 증가시켜 급성 치료를 필요로 하는 다른 원인들도 있다. 예를 들면, 당뇨병 환자에서 과도한 인슐린 투여로 인하여 발생한 저혈당증은 뇌전증이 있든 없든 환자들에서 급성발작을 일으킬 수 있다.

환자가 충분히 건강해서 퇴원할 수 있을지에 대한 결정은 발작 기간(20분 이상 지속되는 발작은 뒷부분에서 논의될 예정이다), 환자가 얼마나 회복되었는지, 다른 의학적 질환, 손상이 실제 있거나 의심되는 상황인지 등에 달려 있다. 실제로 사회적 요인이 퇴원 시기 결정에 영향을 줄 수 있는데, 예를 들면 환자가 그런 상황에 잘 대처할 수 있는 능력 있고 믿을 만한 간병인에게로 가는지가 이에 해당된다.

환자가 또 발작을 일으킨다면 취해질 조치는 앞서 논의된 몇 가지 요인에 따라 다를

표 6.1 뇌전증의 가능한 원인(Hopkins[2]가 단순화시켜 수정함)
특발성/유전성
선천성이상
출산 전 또는 주산기 손상
지속되는 열성경련
외상
감염
뇌혈관계
뇌종양
신경변성질환
독성물질
대사성질환

수 있지만, 진에 발작이 없었던 환자가 한 번 이상 발작을 24시간 내에 일으켰다면 병원에 입원시키는 것이 일반적이다.

뒤이어 나타나는 발작/뇌전증이 있는 상태에서 발작의 악화

일반인 모두가 발작 환자를 다루는 방법을 아는 것이 이상적일 것이다. 하지만 실제로 그렇지 못하기 때문에, 일단 환자가 뇌전증 진단을 받으면 환자의 부모와 간병인에게 자세한 설명이나 지시를 해줘야 할 필요가 있다. 그 설명과 지시는 간단하지만, 뇌전증에 관한 근거 없는 믿음 때문에 명확하게 해줘야 한다. 무엇보다 상식이 우선이다. 발작 환자가 다칠 위험에 있다면, 예를 들어 딱딱한 면에 머리를 부딪치고 있다면, 머리를 간병인 손에 받치거나 부드러운 것을 깔아줌으로써 다른 방법으로라도 보호해야 한다. 점퍼나 코트를 말아서 사용할 수도 있다. 다른 안전 예방책도 쓰일 수 있다. 예를 들면, 길에서 발작을 한다면 더 안전한 곳으로 환자를 옮겨야 한다. 입에 어떤 것도 넣어서는 안 되는데, 환자 치아가 부러지거나 간병인 손가락이 물릴 수 있기 때문이다. 전해져 내려오는 잘못된 정보와는 반대로, 발작을 하는 동안에 혀를 삼키는 것은 불가능하다. 하지만 발작이 끝나갈 무렵에 혀가 기도 쪽으로 향해서 막힐 수 있고, 이런 이유로 발작 후에는 환자를 회복 자세로 놓는 것이 필요하다. 환자를 회복 자세로 놓아야 하는 지시 때문에 때때로 혼란이 생긴다. 물론 강직간대발작 동안에는 불가능하지만, 발작이 끝난 후에는 기도를 확보하고 분비물이 잘 내려가도록 하는 매우 중요한 방법이다.

첫 발작을 제외하고는 다른 게 다 괜찮은 환자에서는 치료가 필요하지 않다. 발작이 지속되거나 몇 분간의 발작 동안에 적절히 회복되지 않을 때 또는 발작 동안에 다치는 경우에는 치료가 필요하다. 앞서 논의했던 것처럼, 발작이 이미 존재하는 질병에 의해서 유발되었다면, 이 또한 치료가 필요하다. 환자가 발작 후에 바로 회복되고 피곤해 하기는 하지만 의식이 뚜렷하다면 병원에 입원시키기 위해서 구급차를 부를 필요는 없다. 짧은 발작후착란(postictal confusion)이 흔하게 발생한다. 때때로 이 착란은 '저항성 폭력(resistive violence)'을 일으킨다.[4] 환자를 만지지 않은 채로 회복되게 놔두면 발생하지 않지만, 발작 직후 여전히 착란 상태에 있는 동안에 환자를 만진다면 환자는 이를 오해하여 그 간병인을 밀어젖히거나 치게 된다. 발작 후의 착란이 지속되거나 특히 문제가 된다면, 치료가 필요할 수 있다. 어떤 환자는 발작후정신병(postictal psychosis)이 나타나기 쉬운데,[5] 몇 시간이나 며칠의 명료기간(lucid interval) 후에 나타난다.[6] 발작후 정신병은 보통 짧고 약 1~5일 정도 지속되며 저절로 좋아지지만, 심하거나 위험하다고 판단될 때는 신경이완제 처방이 필요할 수도 있다.

환자에게 다른 형태의 발작이 일어날 수 있음을 간병인이 이해하는 것이 중요하다. 그들에게 문서로 된 정보가 제공되고 의사 또는 간호사와 이런 문제를 논의할 수 있는 기회가 주어져야 한다. 이렇게 함으로써 간병인이 발작을 기록하는 데 도움을 줄 수 있고 이는 환자를 전반적으로 장기간 치료하는 데 매우 중요할 수 있다.

기존에 뇌전증으로 진단받은 환자에서 발작이 악화되었다면, 병발증이 있었는지, 약을 잘 복용하지 않았는지, 잠을 잘 못 잤는지와 같은 유발요인이 있는지를 찾아보는 것이 필요하다. 특정 환자에서는 다른 요인이 있을 수 있다. 때때로 뇌전증 패턴이, 몇 번의 발작이 하루나 며칠에 걸쳐 나타나는 것처럼 발작이 군집(cluster)으로 나타날 수 있다. 발작이 군집으로 나타난다고 알고 있다면, 두 번째 발작 후에 clobazam과 같은 경구 benzodiazepine계열의 약물을 복용하는 것이 도움이 된다. 발작이 항상 군집으로 나타난다면, 첫 발작 후에 경구 benzodiazepine계열의 약물을 복용할 수도 있다. 한 번의 용량이 효과가 없다면 발작 군집이 예상되는 기간에 경구 benzodiazepine계열의 약물을 주는 것도 효과가 있을 수 있다. 적어도 일부 환자에서는 발작 횟수를 감소시킬 수 있고, 그 발작 군집을 연기시킬 수도 있다.

일부 여자 환자에서 생리 기간 즈음에 발작이 악화되는 것은 언급할 만하다.[7, 8] 이런 패턴이 확실하다면, 생리 기간 중 정해진 때에 며칠 동안 clobazam과 같은 경구 benzodiazepine계열의 약물을 줌으로써 발작 횟수를 크게 감소시키거나 완전히 없앨 수도 있다.

빈번한 주간발작과 관련한 기능상실

다른 곳에서 이 문제를 상세하게 다루었기 때문에[9, 10] 여기서는 자세하게 언급하지 않겠다. 간단하게 말하자면, 빈번하게 발작이 있는 환자는 또 다른 발작이 일어나기 전에 그 전 발작에서 회복할 시간이 없는 것이다. 일정한 발작 후 상태에서 지적장애가 부가적으로 나타날 수 있는데, 영구적인 것으로 잘못 인식되어 환자의 실제 능력에 대해 잘못 판단하게 한다. 발작이 잘 조절된다면, 발작 후 상태에서 벗어나서 기능을 더 잘하게 된다. 다른 곳에서 내가 논의했듯이, 이것은 '상태의존적 학습장애(state-dependent learning disability)'의 하나이다.[10] 이 상황이 명확하지만, 실제로는 쉽게 놓치게 되고, 환자의 능력과 그들의 장기간 케어에 필요한 여러 시설들에 대하여 매우 부적절한 결정이 내려지게 된다. 환자의 삶의 질이 부가적인 장애에 의해 크게 영향을 받을 수 있기 때문에, 이것은 급성기(acute) 발작 치료에 속한 것이 아니라 긴급한(urgent) 발작 치료 부분에 속한 것으로 주장할 수도 있다.

비경련성간질중첩증

어떤 연령에서도 나타날 수 있고, 노년기에 또는 이전에 뇌전증 병력이 없었던 경우에, 발작이 처음으로 비경련성간질중첩증 형태로 나타날 수 있다는 것이 매우 흥미롭다.[11] 설명되지 않는 기능상실이 첫 증상으로 나타날 수 있는데 이것 또한 다른 곳에서 세부적으로 다루었다.[10, 12] 비경련성간질중첩증은 긴급한 평가와 치료가 요구되는 상황이다. 임상 양상은 매우 다양하며, 특히 부가적인 장애의 정도가 사람에 따라 매우 다양하게 나타날 수 있다. 어떤 환자들은 비경련성간질중첩증 동안 매우 심하게 장애가 나타나지만, 일부에서는 어떤 특정 경우에만 잘 못하는 것처럼 보일 정도로 그 변화가 매우 미미할 수 있다. 비경련성간질중첩증은 몇 시간, 며칠, 또는 그 이상까지도 지속될 수 있다. 임상의사들이 그 진단을 생각하지 못한다면, 의심되지도 않고 진단되지도 않은 채 치료도 못 받게 된다. 전신비경련성간질중첩증에서는 기능상실 기간 동안의 뇌파로 즉시 진단을 할 수 있다. 복합부분발작 비경련성간질중첩증을 진단하기는 더 어렵다. 이에 대한 자세한 논의는 이 장의 범위를 뛰어넘는다. 하지만 비경련성간질중첩증이 빨리 회복되지 않는다면 diazemuls와 같은 benzodiazepine계열의 약물을 정맥 내로 투여함으로써 치료해야 한다. 비경련성간질중첩증이 반복적으로 나타난다면 규칙적으로 복용하는 항뇌전증약 투약을 바꾸는 것도 도움이 될 수 있다. sodium valproate과 lamotrigine과 같은 약물들은 매우 효과가 있다.

야간발작과 관련한 기능상실

내가 치료하고 있는 뇌전증이 있는 소아청소년기 환자들에서의 24시간 비디오 뇌파 기록 시리즈에서, 그들 대부분이 지적장애가 있었는데 그들의 비디오 테이프 분석을 통해 놀라울 정도로 많은 수의 환자들이 야간 직원에 의해 의심되지 않았던 야간발작이 빈번하게 있었다는 것을 알게 되었다. 남자 환자 2명이 하룻밤에 200번 이상의 발작이 있었다. 발작 후 효과뿐 아니라 발작 자체가 수면을 방해하기 때문에 빈번한 야간발작은 주간 행동에 영향을 줄 수 있다. 어떤 경우에는 대부분의 발작 후에 각성이 나타났다. 가장 자주 놓친 발작 형태는 짧은 강직발작이다. 분할스크린 비디오 뇌파 기록에서는 명백하게 나타났지만, 동시에 기록되는 뇌파를 보지 않았다면 비디오 테이프에서는 명백하지 않았을 것이다. 다른 형태의 발작도 밤중에 자주 나타날 수 있고, 주간능력상실과 관련이 높다. 내가 치료하고 있는 9살 소년이 밤중에 비명을 지르는 사건이 몇 번 있었다. 수면 및 뇌전증전문가가 뇌파 없이 비디오 테이프만 살펴보았는데 어떤 진단도 내리지 못했다. 다시 분석한 결과 이것은 전두엽 발작과 일치하였다. carbamazepine에 잘 반응하지 않았지만, levetiracetam에는 잘 조절되었다. 발작이 잘 조절된 후로는 사회적 상호작용과 언어발달이 매우 호전되었다.

서파수면 동안의 전기적 간질중첩증

서파수면 동안의 지속적 극파 방전(Continuous Spike-Wave discharges in Slow wave sleep, CSWS)[13] 또는 서파수면 동안의 전기적 간질중첩증(Electrical Status Epilepticus of Slow wave sleep, ESES)은 훨씬 더 감지하기 힘든 야간의 간질이상 형태이다. ESES는 극파 방출이 서파수면의 85% 이상을 차지할 때 정의된다. 하지만 ESES 기준을 만족하지 못할 정도의 빈번한 간질양파의 방출 또한 기능상실과 관련이 있을 가능성이 높다. ESES와 관련된 인지장애로는 대표적으로 후천성간질성실어증인 Landau-Kleffner 증후군이 있다.[14, 15] 그러나 ESES에서 반드시 언어가 아니더라도 다른 인지능력장애가 나타날 수 있다. 내가 치료하고 있는 한 남자 환자는 언어능력은 좋지만 시공간인지능력이 크게 저하되어 있었다. 그는 우측공뇌성낭종(porencephalic cyst)이 있었다. 신경외과 의사가 자세히 평가했지만 그 능력상실에 대해 뇌압 상승과 같은 신경외과적 원인을 전혀 찾지 못했다. 야간 뇌파 모니터링을 통해 ESES가 진단되었다. 이어서 우측반구절제술을 받았고, ESES는 호전되었으며 시공간인지능력도 놀라울 정도로 회복되었다.

뇌전증 급성기 치료를 필요로 하지 않은 상황으로 볼 수도 있지만, 빨리 치료하지 않으면 영구적 기능상실이 적어도 일부에서는 일어날 수 있기 때문에 신속한 치료를 요구하는 상황이다. Robinson 등[16]은 36개월 이상 ESES가 있었던 Landau-Kleffner 증후군 소아 환자들 모두가 다 정상 언어를 회복하지 못했다고 발표했다.

(경련성)간질중첩증 치료

경련성간질중첩증은 강직간대(또는 간대)발작이 20분 이상 지속되거나 의식 회복 없이 강직간대(또는 간대)발작이 반복적으로 일어날 때 정의된다. 경련성간질중첩증이라는 용어는 현재 널리 받아들여지고 있다. 하지만 나는 이 용어가 지니는 협소한 의미 때문에 심각한 단점을 가지고 있다고 생각한다. 환자가 20분 이상 지속적으로 발작이 있다면 이것은 명백히 응급 상황이지만, 어떤 형태의 발작의 결과로든 20분 이상 무의식 상태가 지속된다면 이것도 응급 상황이다. 드물게 강직성(tonic)간질중첩증은 간대기(clonic phase) 없이 나타날 수도 있다. 내 환자 중 한 명에서 이것을 관찰하였는데,

정맥 내 benzodiazepine에 반응하지 않았지만, 결국 정맥내 clormethiazole 투여에 반응하여 의식이 빠르게 회복되었다. 일부 환자들은 발작과 관련되어 나타나는 무긴장 상태를 지속적으로 보이는 경우가 있다. 병력청취만으로는 발작 상태인지 발작후 상태인지를 감별하기는 어렵다. 이런 환자들은 긴급한 의학적 평가 및 치료가 필요하다.

가장 좋은 접근 방식은 가장 간단한 것이다. 환자가 오랫동안 무의식 상태라면 응급 상황으로 여겨야 한다. 무의식 상태가 뇌전증의 직접적 결과이든 아니든 예를 들어 발작이나 다른 질병 때문에 생긴 두개 손상의 결과라도 응급으로 항뇌전증약 치료를 해야 한다. 복합부분발작 간질중첩증이나 환자가 의식이 있는 단순부분발작 간질중첩증과 같은 다른 형태의 간질중첩증도 치료를 해야 하지만, 그 상황은 덜 긴급한 편이다. 지속적인 국소적 발작 활동이 관련 및 원인이 되어 국소적 뇌손상이 나타난다는 보고가 있지만, 이 발작 활동의 기간은 보통 몇 분 또는 몇 시간이라기보다 오히려 며칠이었다.[17, 18] 이 장의 나머지 부분에서 **간질중첩증**이라는 용어는 오직 발작 활동의 직접적인 결과로서의 무의식 상태일 때만을 가리켜 사용하도록 하겠다.

간질중첩증 치료는 많은 책의 주제가 되어왔다.[19] 지적장애 환자에서 간질중첩증이 생길 가능성이 더 높다.[1] 간질중첩증이 얼마나 빈번하게 영구적인 뇌손상을 일으키는지에 대한 논쟁은 있지만,[20] 일부 경우에서는 확실히 그렇다. 간질중첩증을 빨리 치료할수록 치료가 성공적일 수 있다는 증거도 일부 제시되고 있다.[21, 22] 이것은 환자가 응급 치료를 필요로 할 정도로 오랜 기간 발작을 하고 있을 때 적절한 판단을 내려야 한다는 것을 의미한다. 환자가 5분 이상 동안 발작을 하고 있다면 긴급한 치료가 필요하다는 것이 일반적인 기준이다. 그러나 치료 계획은 개개인의 발작 병력에 맞춰 조정되어야 한다. 예를 들면, 어떤 환자에서 발작이 1~2분 이상 지속되면 항상 간질중첩증으로 이행된다면 응급 처치는 바로 초기에 시작되어야 한다. 반면에 내가 치료하는 환자들 중 한 명도 여기에 해당되는데, 간질중첩증으로 이행한다고 알려져 있는 환자가 6분 정도 지속되는 발작이 자주 있고 그 발작은 치료 없이 보통 저절로 호전된다면, 다른 치료 계획이 필요하다. 이 경우에는, 불필요한 치료를 막기 위해서 응급 조치 전 6분 정도 기다려본 후에 발작이 지속된다면 즉시 치료를 하는 게 적절하다.

병원으로의 이송이 대개 최소 20분 정도 걸리기 때문에 병원 전 치료가 필요하다. 간질중첩증으로 이행한다고 알려져 있는 환자들의 부모와 간병인은 응급 치료에 대한 훈련이 되어 있어야 한다. 비의료진이 할 수 있는 치료로는 직장내 diazepam, 직장내 paraldehyde, 비강내/구강내 midazolam 투여가 있다. 이런 치료들은 차례대로 다룰 것이다.

간질중첩증에 대하여 병원 밖 치료가 필요했었다면 환자를 의사 진료를 받게 하거나 병원 응급실로 데려가는 것이 일반적으로 좋은 방법이다. 그러나 예외는 있다. 간병인이 환자의 이런 상황에 대하여 전에 처치해본 적이 있는 능력 있고, 믿을 만하고, 노련한 사람이라면, 의사 진찰을 보는 것은 그들 재량에 맡길 수 있다. 병원 밖 응급 치료가 직장내 diazepam이건 다른 것이건 그 종류가 어떤 것이든 간에 이런 일반적인 원칙들이 적용된다. 병원 밖 치료는 적절하게 훈련받은 사람만이 해야 하고, 환자, 부모, 환자에 대하여 책임이 있는 사람이나 기관 등으로부터 동의를 받고 그 환자에 대해 개별적으로 명확하게 세운 응급 처치 계획에 따라 그 환자에게 치료가 행해져야 한다. 예를 들면, 소아 환자가 사회복지서비스부서의 돌봄을 받고 있다면 문서로 된 그 부서의 승인이 필요하다. 응급 치료를 하는 사람이 부모가 아니라 그 직원 중 하나라면, 필요한 훈련을 그들이 받아야 할 뿐 아니라, 그들의 고용주에 의해 자격증을 받아서 치료를 할 수 있도록 승인받아야 한다는 주장도 있다. 비의료진이 그 응급 상황과 치료 과정에 대하여 의지가 없고 적절하게 훈련받지 않았으며 능력 있고 믿을 만하지 않다면 어떤 비의료진에게도 응급 치료약을 투약하도록 기대해서는 안 된다.

직장내 diazepam 투여

대부분의 경우에 효과적인 치료법이다.[23] 전 세계적으로 사용되고 있지만, 흥미롭게도 diazepam의 직장내 투여 제형(diazepam 직장내 젤)[24]은 최근 몇 년 동안 미국에서만 사용되고 있다. 상용량은 소아에서 0.5mg/kg, 성인에서 30mg까지다. 실제로 환자가 20kg을 초과한다면 10mg이 처음에 투여된다. 직장내 diazepam 투여 후 약 5분 후에도 발작이 약해지지 않거나 의식이 회복되지 않는다면 최대 0.5mg/kg까지 더 투여해볼 수 있다. 일반적으로 첫 번째 용량이 효과가 없다면 병원으로 긴급히 이송해야 한다.

직장내 paraldehyde 투여

환자가 benzodiazepine에 반응하지 않거나 부작용 병력이 있을 때 투여해볼 수 있다.

benzodiazepine에 반응하지 않을 때 2차 치료법으로 때때로 처방된다. paraldehyde를 동일한 양의 오일과 섞어서 쓰는 것이 보통 사용되는데, 이것은 직장내 궤양 가능성을 줄일 수 있다는 생각에서 그렇다. 하지만 이것이 꼭 필요하다는 명확한 증거가 없고, 오히려 치료를 복잡하게 한다. 오일과 혼합하는 것이 치료를 지연시키고 또한 paraldehyde의 흡수를 지연시킬 수 있다. 나는 항상 오일 없이 paraldehyde를 투여해왔고, 이것은 수돗물로 씻어낼 수 있다. paraldehyde가 플라스틱 시린지를 녹일 수 있다는 염려 때문에 과거에는 유리 시린지가 사용되었었다. 현재 플라스틱 시린지가 사용되고 있는데, 전혀 문제가 없어 보인다. 하지만 paraldehyde를 빨리 투여하고 시린지에 장시간 놔두지 않는 것이 일반적이다. paraldehyde는 분해되면 독성을 띠기 때문에 분해되지만 않으면 안전하다. 그 약병을 항상 잘 살펴봐야 한다. 그 용액은 맑은 물처럼 보이는데 색깔이 변하면 버려야 한다. paraldehyde는 냄새가 강해서 불쾌하다고 생각하는 사람도 있다. 폐를 통해 분비되기 때문에 환자에게 이 약물이 투여된 후에 일정 기간 동안 환자는 paraldehyde 냄새가 나는 숨을 쉬게 된다.

적어도 이론적으로는 근육내 paraldehyde 투여가 병원 전 치료로 가능하다. 하지만 부작용이 있을 수 있기 때문에 추천되지 않는다. 특히 주사 부위에 무균농양이 보고된 적이 있었고, 적절하지 못한 곳에 주사를 놓으면 좌골신경손상도 있을 수 있다.

비강내 midazolam 투여

(다음 부분에서 다뤄질) 구강내 midazolam 투여와 거의 동시에, 비강내 midazolam 투여로 간질중첩증이 성공적으로 치료되었다는 보고가 있었다.[25~28] 코와 뇌가 가깝기 때문에 비강내 투여는 빠른 뇌 투과에 특히 이롭다. 코로 투여된 액체 midazolam이 이런 식으로 뇌 혈류에 얼마나 도달하는지는 분명하지 않다. 실제로 비강내 midazolam은 간질중첩증의 병원 전 치료법으로 효과적이다. 직장내 diazepam보다는 확실히 더 이점이 있다. 비강내 경로가 불리한 점도 있다고 주장되기도 하는데, 환자가 숨을 쉬면서 약물의 일부가 코 밖으로 나올 수 있고, 코 분비물이 엄청 많다면 약물 투여가 어려울 수도 있다. 격렬하게 발작하는 환자에게 midazolam을 투여하려고 코 안에 뭔가를 넣는다는 것은 어렵고 심지어 위험할 수도 있다. 이 경로와 구강내 경로 중 어떤 것이 더 좋은지는 여전히 논쟁 중에 있다.[29,30]

구강내 midazolam 투여

정맥내 접근이 어렵다면 입으로 clonazepam을 투여해서 구강점막을 통해 흡수되도록 함으로써 간질중첩증을 치료하는 것에 대해 동료들이 말한 것을 들은 적이 있다. 그러나 간질중첩증이나 다른 상황에서 benzodiazepine의 구강점막내 투여에 대한 공개된 연구가 없다. 이 때문에 나는 제약회사에 있는 동료에게 간질중첩증에 대한 병원 밖 치료로 직장내 diazepam 대신 구강점막내/혀밑 diazepam이 사용될 수 있는지에 대한 연구를 해보도록 제안했다. Brian Neville 교수가 있을 때 이 논의가 이루어졌고, 그는 그 생각을 지지하고 처음부터 그 연구에 관여하였다. 제약회사는 구강점막내 diazepam보다는 구강점막내 midazolam을 추천해주었다. Rod Scott 박사가 그 연구를 성공적으로 해주었고, 공식적으로 그 결과도 발표하였다.[31,32] 그 이후로 이 치료법은 널리 사용되었다. 최근에 내가 관여하지 않은 무직위 연구에서 응급실에서 구강점막내 midazolam을 처치받은 소아 환자와 직장내 diazepam을 투여받은 소아 환자를 비교하였다.[33] 저자들은 동일한 용량에서 구강점막내 midazolam이 직장내 diazepam보다 더 우수하였고, 부작용도 더 크지 않았다고 결론 내렸다. 이 연구는 효능 면에서는 설득력이 있었지만 심각한 호흡부전과 같은 비교적 드문 부작용에서의 차이에 관해서는 확실한 결론을 도출하기가 어렵다고 지적되었다. 구강점막내 midazolam 투여의 안전성에 관해 큰 걱정은 없지만, 안전성에 관한 명확한 결론이 나오기까지 더 많은 연구가 필요하다. 확실한 것은 이 치료법의 효능과 편리함이다. 지적장애, 특히 운동장애가 있는 일부 환자에서 더욱 그렇다. 예를 들면, 휠체어에 타고 있는 큰 사람이 강직간대발작이 있을 때 직장내 diazepam을 투여하기는 매우 어렵지만, 구강점막내 midazolam을 투여하기는 쉽다. 물론 비강내 midazolam 투여도 가능하지만, 입에 약물을 넣는 것이 코에 넣는 것보다 훨씬 더 쉽다. 환자가 그 약물을 일부 삼키는 것은 문제가 되는 것 같지 않으며 작용은 매우 빠르다. 많은 경우에 구강점막내 midazolam 투여가 직장내 diazepam 투여보다 더 편리하고 덜 난처하다. 예를 들면, 사람이 많은 지하철 객차에서 직장내 diazepam 투여는 문제가 될 수 있다. 게다가 환자의 개인적 사생활에 관한 관심이 늘어나고 있고, 직장내 diazepam 투여를 위해 바지를 벗겨야 할 때 간병인 등이 그 부적절한 행동에 대해 고발당할 수 있는 가능성에 대해서도 문제가 제기되고 있다.

　구강점막내 midazolam은 어떤 상황에 대해서도 허가를 받지 못한 상태이다. 영국에서는 midazolam이 효과가 있을지라도 어떤 경로로든 간질중첩증 치료에 대해서 허가를 받지 못했다.[32, 34] 안전성에 대한 광범위한 자료가 부족하더라도 이 치료법의 편리함과 효능은 상당히 영향력이 있어서 널리 사용되고 있다.

간질중첩증에 대한 병원 내 응급 치료

간질중첩증에 대한 병원 내 응급 치료의 원칙은 지적장애 환자이건 아니건 간에 다르지 않다. 하지만 앞서 논의되었듯이, 간질중첩증은 지적장애 환자에서 더 흔하고 치료가 어렵다. 치료를 바로 하는 것이 뇌손상의 가능성을 줄이고, 또한 간질중첩증이 치료에 더 잘 반응하게 하기 때문에 신속한 치료의 중요성에 대해 앞서 언급한 내용을 다시 강조할 필요가 있다. 신속한 치료로 난치성간질중첩증을 예방할 수도 있다. 병원 밖 치료가 부모나 간병인에 의해 신속하게 이루어진다면 병원 치료까지는 피할 수 있다. 그러나 응급실, 병실, 중환자실 치료가 필요한 경우라면 잘 정리된 프로토콜이 있다.[19, 35-37] 일반적으로 diazepam, lorazepam, clonazepam, midazolam과 같은 benzodiazepine계열의 약물을 정상용량으로 직장내/구강점막내 또는 비경구로 투여한 후 발작이 조절되지 않았다면, phenytoin/fosphenytoin을 18mg/kg(phenytoin 기준) 주입해야 한다. 이것이 실패하면, barbiturate와 마취제가 사용될 수 있다. 그러나 응급실은 있지만 중환자실 시설이 없는 뇌전증센터에 있는 동안 나는 다른 치료법이 유용할 수 있다는 것을 발견했다. 앞서 언급했듯이, benzodiazepine이 효과가 없을 때 직장내 paraldehyde가 효과가 있을 수 있다. 또 다른 방법으로는 정맥내 chlormethiazole 투여가 있는데, 다른 약물들이 간질중첩증을 조절하지 못했을 때 매우 유용할 수 있다. 이 약물이 생명을 위협할 정도의 호흡부전을 일으킬 수 있는 것에 대한 염려가 있지만, 내 경험으로 볼 때는 과도한 용량이 들어갈 수 있는 정맥내 점적 주입이 아니라 의사가 천천히 주입하기만 한다면 안전하고 효과가 있다.

결론

지적장애 환자들은 뇌전증이 있을 가능성이 높고 발작이 치료에 잘 반응하지 않고 간질중첩증의 위험성도 더 높아서 더 심한 장애를 초래하고 이와 관련된 치사율이 높을 수 있다. 뇌전증이 지적장애를 악화시키는 상황은 경련성간질중첩증 외에도 몇몇 경우가 더 있다. 신속하게 인지하고 효과적으로 치료한다면 많은 경우에 부가적인 이환율과 치사율을 예방할 수 있다. 간병인(부모)과 전문가가 자세히 알고 있어야 하는 것이 이 문제들을 예방하는 데 필요한 첫 번째 단계이다. 지적장애와 뇌전증이 있는 환자들을 치료하는 데 책임이 있는 그들에게 고등교육과 훈련이 꼭 필요한 것이다.

참고문헌

1. Pellock JM, Morton LD. (2000) Treatment of epilepsy in the multiply handicapped. Ment Retard Dev D R 6:309-323.
2. Hopkins A. (1995) The causes of epilepsy, the risk factors for epilepsy and the precipitation of seizures. In: Hopkins A, Shorvon S, Cascino GD (eds). Epilepsy. London: Chapman & Hall Medical. 59–85.
3. Chin RF, Neville BG, Scott RC, et al. (2005) Meningitis is a common cause of convulsive status epilepticus with fever. Arch Dis Childhood 90:66–69.
4. Treiman DM. (1991) Psychobiology of ictal aggression. Advan Neurol 55:341–356.
5. Logsdail SJ, Toone BK. (1988) Post-ictal psychoses. A clinical and phenomenological description. Br J Psychiatr 152:246–252.
6. Kanner AM. (2000) Psychosis of epilepsy: A neurologist's perspective. Epilepsy Behav 1:219–227.
7. Crawford P. (2005) Best practice guidelines for the management of women with epilepsy. Epilepsia 46: (Suppl 9):117–124.
8. O'Brien MD, Gilmour-White SK. (2005) Management of epilepsy in women. Postgrad Med J 81:278–285.
9. Besag FMC. (2003) The EEG and learning disability. In: Trimble M (ed.). Learning disability and epilepsy — An integrative approach. Guildford: Clarius Press, 111–131.
10. Besag FMC. (2001) Treatment of state-dependent learning disability. Epilepsia 42 (Suppl. 1):52–54.
11. Sheth RD, Drazkowski JF, Sirven JI, et al. (2006) Protracted ictal confusion in elderly patients. Arch Neurol 63:529–532.
12. Besag FMC. (2002) Subtle cognitive and behavioural effects of epilepsy. In: Trimble M, Schmitz B (eds.). The neuropsychiatry of epilepsy. Cambridge University Press, Cambridge:70–80.
13. Patry G, Lyagoubi S, Tassinari CA. (1971) Subclinical "electrical status epilepticus" induced by sleep in children. A clinical and electroencephalographic study of six cases. Arch Neurol 24: 242–252.
14. Landau WM, Kleffner FR. (1957) Syndrome of acquired aphasia with convulsive disorder in children. Neurology (Minneap) 7: 523–530.
15. Tassinari CA, Rubboli G, Volpi L, . et al. (2000) Encephalopathy with electrical status epilepticus during slow sleep or ESES syndrome including the acquired aphasia. Clin Neurophysiol 111(Suppl 2): S94–S102.
16. Robinson RO, Baird G, Robinson G, et al. (2001) Landau-Kleffner syndrome: Course and correlates with outcome. Dev Med Child Neurol 43:243–247.
17. Donaire A, Carreno M, Gomez B, et al. (2006) Cortical laminar necrosis related to prolonged focal status epilepticus. J Neurol, Neurosurg Psychiatr 77:104–106.

18. Hilkens PH, de Weerd AW. (1995) Non-convulsive status epilepticus as cause for focal neurological deficit. Acta Neurol Scand 92:193–197.

19. Shorvon S. (1994) Status epilepticus its clinical features and treatment in children and adults. Cambridge:Cambridge University Press.

20. Shinnar S, Pellock JM, Berg AT, et al. (2001). Short-term outcomes of children with febrile status epilepticus. Epilepsia 42:47–53.

21. Pellock JM, Marmarou A, DeLorenzo R. (2004)Time to treatment in prolonged seizure episodes. Epilepsy Behav 5:192–196.

22. Kutlu NO, Dogrul M, Yakinci C, et al. (2003) Buccal midazolam for treatment of prolonged seizures in children. Brain Dev 25:275–278.

23. Franzoni E, Carboni C, Lambertini A. (1983) Rectal diazepam: A clinical and EEG study after a single dose in children. Epilepsia 24:35–41.

24. O'Del IC, Shinnar S, Ballaban-Gil KR, et al. (2005) Rectal diazepam gel in the home management of seizures in children. Pediatr Neurol 33:166–172.

25. O'Regan ME, Brown JK, Clarke M. (1996) Nasal rather than rectal benzodiazepines in the management of acute childhood seizures? Dev Med Child Neurol 38:1037–1045.

26. Scheepers M, Scheepers B, Clough P. (1998) Midazolam via the intranasal route: an effective rescue medication for severe epilepsy in adults with learning disability. Seizure 7:509–512.

27. Harbord MG, Kyrkou NE, Kyrkou MR, et al. (2004) Use of intranasal midazolam to treat acute seizures in paediatric community settings. J Paedr Child Health 40:556–558.

28. Wolfe TR, Macfarlane TC. (2006) Intranasal midazolam therapy for pediatric status epilepticus. Am J Emerg Med 24:343–346.

29. Scheepers M, Comish S, Cordes L, et al. (1999) Buccal midazolam and rectal diazepam for epilepsy. Lancet 353:1797–1798.

30. Ellis SJ, Baddely L, Scott RC, et al. (1999). Buccal midazolam and rectal diazepam for epilepsy (multiple letters) [2]. Lancet 353:1796–1798.

31. Scott RC, Besag FM, Boyd SG et al. (1998) Buccal absorption of midazolam: pharmacokinetics and EEG pharmacodynamics. Epilepsia 39:290–294.

32. Scott RC, Besag FMC, Neville BGR. (1999) Buccal midazolam and rectal diazepam for treatment of prolonged seizures in childhood and adolescence: A randomised trial. Lancet 353: 623–626.

33. McIntyre J, Robertson S, Norris E et al. (2005) Safety and efficacy of buccal midazolam versus rectal diazepam for emergency treatment of seizures in children: A randomised controlled trial. Lancet 366:205–210.

34. Pellock JM. (1998) Use of midazolam for refractory status epilepticus in pediatric patients. J Child Neurol 13:581–587.

35. Chen JW, Wasterlain CG. (2006) Status epilepticus: Pathophysiology and management in adults. Lancet Neurol 5:246–256.

36. Eriksson K, Kalviainen R. (2005) Pharmacologic management of convulsive status epilepticus in childhood. Expert Rev Neurother 5:777–783.

37. Treiman DM, Walker MC. (2006) Treatment of seizure emergencies: Convulsive and non-convulsive status epilepticus. Epilepsy Res 68(Suppl 1): S77–S82.

Chapter 7

지적장애가 있는 성인에서의 항뇌전증약 사용

J. Wilcox & M. P. Kerr

서론

뇌전증을 치료할 것인가는 발작이 미치는 영향과 항뇌전증약이 일으킬 수 있는 장단점을 둘 다 고려한 후에 결정된다. 발작은 신체건강, 인지상태, 심리적 건강뿐 아니라 사회생활 및 가정생활에도 큰 영향을 미칠 수 있다. 발작질환은 지적장애와 결합될 때 종종 복잡하다. 즉 그런 환자는 다양한 형태의 발작을 경험할 수 있으며, 보통 사람들보다 치료에 더 반응하지 않는 경향이 있다. 거기다가 의사소통장애와 수많은 간병인 (보호자) 문제와 더불어 신체적, 정신적, 행동학적으로 동반될 수 있는 흔한 합병증이 항뇌전증약을 처방하고 평가하는 과정을 더 어렵게 할 수 있다.

치료는 그리 간단하지만은 않다. 부작용, 독성, 다른 약물과의 상호작용 가능성이 있다. 매일 먹는 약은 그 자체로 사회적 낙인을 가지고 있을 뿐 아니라, 환자와 가족에게 끊임없이 발작에 대해 상기시켜주는 역할을 하게 된다. 지적장애 환자를 특정 대상으로 하는 무작위시험이 상대적으로 적게 연구되었기 때문에, 약물 선택은 대개 일반인들을 대상으로 한 결과와 경험을 통해 하게 된다.

V. P. Prasher, M. P. Kerr(eds.) *Epilepsy and Intellectual Disabilities,*
DOI : 10.1007/978-1-84800-259-3_7, ⓒ Springer Science+Business Media, LLC 2008

발작이 미치는 영향에 대한 평가

발작이 건강과 사회생활에 미치는 영향은 개인마다 큰 차이를 보일 수 있다. 그러므로 치료를 시작하기 전이나 현재 치료를 변경하기 전에 이러한 영향을 평가하는 것이 중요하다. 지적장애와 뇌전증이 있는 환자들은 골절, 사고, 발작으로 인한 입원 등의 위험이 크다.[1] 뇌전증 환자와 학습장애 환자에서 모두 표준 치사율은 증가한다. 지적장애와 뇌전증이 둘 다 있는 환자에서는 일반인보다 5배나 높을 수 있다.[2] 만성발작 질환은 지적 기능에 영향을 줄 수 있는데, 반복되는 두부외상이 영구적인 신경학적 손상을 일으키거나 오래 지속되는 간질중첩증 후에 인지력 감퇴가 나타날 수 있다.

또한 발작으로 인해 한 개인이 사회에 통합될 수 있는 기회가 줄어들게 되고, 독립된 생활을 영위하는 데도 장애를 받는다. 이는 발작의 직접적인 결과일 수도 있고, 가족, 간병인, 또는 사회가 가진 뇌전증에 대한 통념 때문일 수도 있다. 지적장애 환자를 돌볼 때 뇌전증이 스트레스 요인으로 정확히 어떻게 작용하는가에 대한 것은 문헌에서 거의 관심을 받지 못했다. 그러나 상당히 높은 정도의 불안 및 우울과 관련되어 있다고 생각된다. 지적장애가 없는 환자들을 대상으로 한 조사들은 간질중첩증의 기간, 무긴장발작과 강직발작의 중증도에 특히 중점을 두었고, 간병인들에게 우울증을 일으키는 데 가장 큰 영향을 미치는 요인으로 지지가 부족한 점을 지목했다. 다른 중요한 것들로는 발작의 빈도, 예측 불가능, 발작 치료에 있어서 여러 어려운 점들, 손상의 위험, 항뇌전증약, 개인 생활스타일의 제한 등에 관한 것이 있다.

치료 시작 시기

발작질환은 치료 시작 전에 확실하게 진단해야 한다. 보통 믿을 만한 증인과 가능하다면 환자로부터 듣는 포괄적인 병력, 뇌파기록, 그리고 일부에서는 신경영상술과 같은 적절한 검사를 통해서 진단을 하게 된다(제4장 참조). 올바른 진단인가에 대한 의심이 있을 때는 항경련제 시도가 도움이 되지 않을 수 있고[3] 더 많은 임상 정보를 찾고 기다려보는 것이 나을 수 있다. 발작 형태와 증후군, 관련 지적장애의 기저 원인을 찾는 데 진단 과정이 중요하다.

발작질환을 진단한다고 해서 자동적으로 약물치료로 연결되는 것은 아니다. 치료의 잠재적 영향과 재발의 결과 및 가능성에 대해 개개인별로 평가한 후에야 치료를 시작하는 가장 적절한 시점을 찾을 수 있다. 영국에서는 두 번 이상의 비유발성발작이 있을 때까지는 치료를 미루는 것이 현재 관행인데, 이는 일부에서만이 이후에 발작이 더 나타나기 때문이다. 1991년 Berg와 Shinnar의 메타분석[4]에서는 17개 연구에서 평균 51%(23~71% 범위)에서 첫 발작 후에 발작이 다시 발생했음을 발표했다. 발작이 더 나타날 위험성이 있는 요인으로는 뇌파이상이나 구조적 뇌병변이 있는 환자에서였다. 치료를 통해 첫 발작 이후의 발작 위험성을 반으로 줄일 수 있었다. 두 번째 발작이 나타날 때까지 치료를 미루는 것이 예후나 약물 반응에 영향을 줄지에 대해서는 논란이 있을 수 있다. 발작 조절을 조기에 못하면 구조적 뇌변화를 일으키고 그래서 나중에 발작이 더 쉽게 일어날 수 있게 되어 치료에 더 반응을 안 하게 된다는 의견이 제시된 적이 있었다. 반대 관점으로는, 조기치료 그 자체로는 상기간의 결과에 거의 영향을 미치지 못하고 뇌전증 그 자체가 중증도와 치료에 대한 반응을 본질적으로 가지고 있다는 관점이다. 그 결과, 심한 환자들은 조기부터 발작을 조절하기도 어렵고 더 빈번하게 발작이 나타나게 된다는 것이다. 조기 뇌전증과 단일 발작에 대한 다기관 연구(1993~2002)에서는 치료 시작 시기에 관하여 분명하지 않은 환자(첫 발작, 소발작, 드물게 보인 발작)들을 무작위로 즉각적 치료를 받는 그룹과 확실히 명백해질 때까지 치료를 미루는 그룹으로 나눴다. 그들은 단기간(첫 발작 때까지의 시간) 및 장기간 결과(2년간의 발작 소실까지의 시간)를 모두 살펴보았다. 첫 발작 때까지의 시간은 즉각적 치료를 받는 그룹에서 감소했지만, 6년쯤에는 두 그룹에서 약물치료를 받는 수가 똑같았다(40%). 즉각적 치료가 첫 몇 년간은 이로울 수는 있지만, 장기간으로 볼 때 치료를 지연시키는 것보다 더 큰 이득은 가져오지 못할 것 같다고 결론 내렸다. 그러나 지적장애 환자만을 대상으로 하는 연구는 없다.

약물 선택

뇌전증 환자의 50~70%가 한 가지 약물로 발작이 소실될 수 있다고 평가된다. 그러나 많은 이유로 학습장애 환자에서는 훨씬 더 낮은 수가 이에 해당된다. 상대적으로 높은 난치성발작률로 인해 첫 약물의 적절한 선택이 보다 중요하다.

　치료를 결정하는 데 있어 환자와 약물에 대한 상세한 지식이 필수적이다. 이론적으로 항뇌전증약은 효과적이고, 시작하는 동안 내성이 좋고, 장기간 부작용도 최소한이면서, 독성 위험도 낮고 위험한 특발성 반응도 거의 없는 약물이어야 한다. 특별히 지적장애 환자에서는 혈중 모니터링과 약물 형태에 대한 고려가 필요하다.

　약물 작용 기전을 알면 치료 결과를 예측하는 데 도움이 된다. 최근 몇 년간 항경련제 세포 수준에서의 작용 기전에 대한 이해에 상당한 발전이 있었다. 발작 활동은 간헐적이고 과도한 신경세포의 과흥분 결과로 일어난다. 항경련제는 전압작동 이온통로를 조절하거나 GABA 매개성 억제 전달을 증가시키거나 glutamate 관련 흥분도를 약화시킴으로써 신경세포 흥분과 억제에 대해 균형을 다시 잡으려고 한다.

　일반적으로 발작 형태와 증후군에 대한 인식을 통해 가장 효과적인 치료법을 예측할 수 있다고 생각된다. 그러나 지적장애 환자에서는 항상 그렇게 단순한 것은 아니다. 조기에 병력청취가 불완전할 수 있고, 환자가 병력청취나 검사 과정에 협조를 안 할 수 있고, 한 가지 이상의 발작 형태가 있을 가능성이 상대적으로 높다. 영국에서는 carbamazepine, lamotrigine, levetiracetam, sodium valproate, topiramate가 부분 발작의 단일 치료법으로 허가를 받았다. 청소년 근간대뇌전증에서의 levetiracetam에 대한 최근 연구가 전신발작에서의 그 효과를 시사하기도 하지만, 일반적으로는 전신발작의 경우 sodium valproate와 lamotrigine이 첫 단계 치료법으로 여겨진다. 발작 형태에 대해 의심스럽다면, 광범위한 약물로 치료하는 것이 더 낫다. 치료 결과는 효능과 내성을 같이 고려하기 때문에 부작용 가능성에 대한 개별적 평가가 중요하긴 하지만, 치료 약물에서 효능의 차이는 적은 편이다. 정신질환 및 향정신약물 처방이 흔한 환자군에서는 기존에 처방된 약물과 사용될 항경련제 사이의 상호작용에 대한 고려 또한 필요하다. 예를 들어, carbamazepine과 lithium을 같이 사용할 때는 신경독성 위험성은 증가하고, carbamazepine과 clozapine이 함께 쓰일 때는 혈액학적 합병증이 증가하게 된다. 〈그림 7.1〉과 〈그림 7.2〉는 단일요법과 부가요법에 대한 치료 알고리즘을 강조한 것이다.

　가임기 여성을 치료할 때는 항뇌전증약 선택에 특히 주의해야 한다. 항뇌전증약의 기형발생 위험성에 대해서는 여기서 다루진 않지만, 최신 정보는 항상 알고 있어야 한다.

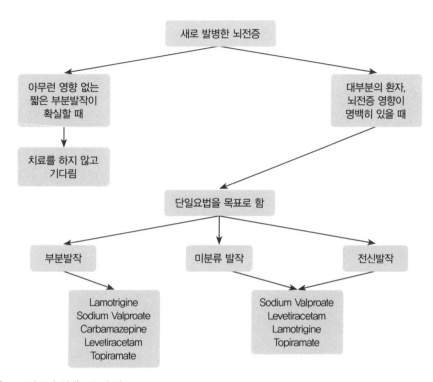

그림 7.1 치료법 선택 – 초기 치료

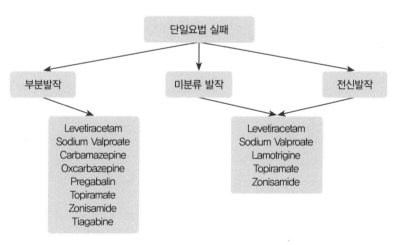

그림 7.2 치료법 선택 – 단일요법 실패 시

약물치료

대부분의 상황에서 시작 용량을 낮게 하고 천천히 증량시켜 적정용량을 찾는 것이 빠른 속도로 약을 쓰는 것보다 이득이 많다. 알레르기 반응이나 용량과 관련된 부작용 및 그로 인해 그 약물을 중단하게 될 확률이 더 적다. 최소한의 유효용량을 찾을 확률이 더 높고, '치료 범위(therapeutic window)'를 놓칠 가능성은 더 적다(치료 범위 이상을 사용할 때는 발작 조절이 더 악화될 수 있다). 이렇게 접근하는 것이 약물을 더 천천히 대사시키는 환자들에게 특히 더 유용할 수 있다. 주요 단점은 발작 조절까지 걸리는 시간이 더 길 수 있다는 것인데, 어떤 경우에는 환자 또는 그 가족들에게 약물에 대한 신뢰도를 떨어뜨릴 수 있다.

약물 청소율, 내성, 발작 조절에 필요한 요구량 등에 있어서는 개인차가 매우 커서 표적용량을 평가하는 데 어려움이 있다. 예를 들면, lamotrigine 청소율은 개인 간에 6배까지도 차이가 날 수 있다. 발작이 자주 일어날 때는 표적용량 개념이 거의 관련이 없다. 즉 발작이 발생하면 증량시켜 적정용량을 찾으면 된다. 표적용량이나 혈중농도가 도움이 될 때는 발작이 매우 드물게 일어날 때이다. 비교적 적은 용량에서 발작이 완전히 조절된다고 공개 연구에서 종종 보고되듯이,[5] 대부분의 환자들이 저용량 또는 평균 용량 정도의 약물에 반응한다. 발작이 완전히 없어질 때까지 최대 용량으로 올리는 것이 일반적이지만, 부작용 가능성에 비해 그 효능의 증가가 그렇게 크지 않을 것이라는 사실을 따져봐야 한다. 약물 복용에도 불구하고 발작이 완전히 조절되지 않은 환자에서는, 비교적 고용량을 쓸 때 그 용량을 나눠서 쓰는 것을 고려해볼 수도 있다.

부작용

다양한 항경련제 부작용에 대해 아는 것은 매우 중요하다. 학습장애 환자들은 부작용에 대해 특히 민감하고 또 그것을 효과적으로 알릴 수도 없기 때문이다. 부작용은 급성으로 보통 용량과 관련되어 나타나거나, 특이약물반응, 또는 만성 투약과 관련되어 나타날 수 있다. 일반인에서는 항경련제가 섬망, 정신병, 인지 변화 등과 관련되었다. primidone, phenytoin, topiramate와 같이 더 흔하게 인지에 영향을 준다고 알려져 있는 약물들은 지적장애 환자에서 주의 깊은 모니터링이 필요하다.

몇몇 항뇌전증약은 체중 변화를 일으킬 수 있는 것으로 밝혀졌다. 비만이 흔한 환자군에서는 치료를 시작하기 전에 이 점을 고려해야 한다. valproate, gabapentin, pregabalin은 체중 증가와 관련이 있다. 반대로, 일부에서는 식욕부진이 문제가 될 수 있는데, topiramate나 zonisamide는 체중 감소와 식욕 감퇴를 가져올 수 있다. 만성 항경련제 투약으로 인하여 골다공증이 발생할 수도 있다. 특히 지적장애 환자군과 관련이 있는데, 골밀도 감소와 골절에 대한 위험요인이 함께 있는 경우가 많기 때문이다. 부동성, 햇빛 노출 부족, 비타민 D 섭취 결핍, 조기 폐경, 항정신병약물 복용 등은 지적장애 환자군에서 훨씬 흔하기 때문에 뼈의 무기질침착이 부족해진다. 아마도 비타민 D의 효소 유도를 통해서겠지만, 항경련제가 골다공증을 일으키는 정확한 기전에 대해서는 불분명하다. 골밀도 감소는 phenytoin, phenobarbitone, primidone, carbamazepine, valproate 투약과 관련해서 보고되었다. 항경련제를 새롭게 시작할 때나 그 용량을 올릴 때 행동장애가 종종 보고된다. 뇌전증과 행동 문제가 함께 있는 환자군에서, 그 원인과 결과를 평가하기가 매우 어렵다. 새로운 약물을 쓰면서 더 객관적 평가를 하기 위해서는, 어떤 항뇌전증약을 변경하기 전에 원래 가지고 있던 행동을 기록하는 것이 종종 도움이 된다. 행동 형태 또는 빈도의 변화가 일어난다면, 약물을 제외한 다른 원인도 몇 가지 있을 수 있다. 환자가 정신이 초롱초롱해지고, 반응을 잘하게 되었다면 그것은 발작 조절이 잘되어서 나타난 결과이다. 새로운 항경련제를 사용하면서 이전에 빠르게 전신화되었던 부분발작이 전조증상만으로 나타나게 되어 환자는 두려움을 느끼는 것으로 나타날 수 있다. 그 대신 실조증, 복시, 위 자극 증상과 같은 신체적 부작용 가능성도 행동 변화에 대한 설명 요인으로 고려해야 한다.

역설적인 발작 악화

일부 환자에서는 치료 중인데도 발작 조절이 더 악화될 수 있다. 많은 이유가 있을 수 있다. 특정 형태로 약물을 섭취하기가 어렵거나 약물 복용을 잊었거나 치료 협조가 잘 안 되는 환자들에서의 불규칙한 약물 복용으로 인하여 약물 중단에 의한 발작(withdrawal seizures)이 촉발될 수 있다. 반대로, 약물을 너무 많이 복용해서 유독성을 보인 환자에서도 발작이 나타날 수 있다. 내성은 많은 항경련제와 관련이 있는데, 특히 benzodiazepine 계통에서 더 그렇다. 내성의 결과로 발작의 빈도와 중증도가 점점 증가할 수 있다. 약물의 부작용이 발작 빈도에 직접적인 영향을 미칠 수 있는데, 예를 들면 수면과 관련된 발작이 있는 환자에게서 과도한 기면으로 인하여 발작 활성도가 증가할 수 있다.

약물에 의해 직접적으로 발작이 악화될 수 있다. 전형적인 소발작은 carbamazepine, vigabatrin, tiagabine, phenytoin 사용으로 더 악화될 수 있다고 흔히 보고된다. Biraben 팀[6]은 일부 환자에서 발작 조절이 악화된다고 보고했지만, 근간대발작에 대한 lamotrigine 효과는 일부에서는 예측할 수 없는 것 같다. 임상의사들이 발작 악화를 일으키는 약물과 관련된 모든 가능한 원인을 인지하고 있어야 하지만, 항뇌전증약과 관련이 없는 것들도 중요하다. 발작 빈도에서의 원래 있는 변이, 발작 기록의 변경 등이 그것에 해당된다. 지적장애 환자들을 대상으로 한 무작위 비교 연구에서는 위약 관련 발작 변화의 범위가 10% 감소에서 10% 증가까지 보여주었다. 임상에서 항뇌전증약과 관련된 효과가 보통보다 10% 이상 차이를 보일 수 있다고 고려하는 것이 중요하다고 본다.

항경련제 대체 및 추가

특이약물반응이 일어나서 첫 번째 약물을 더 이상 사용할 수 없거나 발작 조절이 악화될 때 적절한 두 번째 항경련제로 대체되어야 한다. 효능 부족이 문제라면, 다약물치료법을 고려하기 전에 뇌전증의 원래 진단, 비뇌전증성발작 가능성, 발작 형태 평가의 정확성, 약물 순응도, 첫 항경련제의 적절성 등을 다시 평가함으로써 임상 부분에서의 재평가가 중요하다. 또한 진행성뇌질환의 가능성도 고려해야 한다.

일반적인 방법은 약물을 바꾸는 것인데, 새로운 약물을 추가하면서 기존 약물을 서서히 끊는 것이다. 두 번째 약물의 효능과 내성에 따라서 어떤 약물을 중단할 것인지에 대한 결정을 내릴 수 있다. 병합 요법으로 발작이 완전히 조절된 환자에서 별로 효과가 없다고 판단되는 첫 번째 약물을 중단하자마자 다시 발작이 발생하는 경우도 있을 수 있다. 작용 기전이 다른 약물을 병합하는 것이 시너지 효과가 크고, 단독요법보다 발작을 조절할 가능성이 높다.[7] valproate와 lamotrigine의 병합요법이 시너지 효과가 있을 것으로 생각된다. 첫 번째 약물이 효과가 있지만 발작을 완전히 조절하지 못할 경우, 두 번째 항경련제가 장기간 부가요법으로 선택될 수 있다. 두 번째 항경련제를 선택할 때 약동학적 작용과 첫 번째 약물과의 상호작용 등에 대한 주의가 필요하다. 약물동력학적 작용은 흡수, 분포, 대사, 제거 등에 영향을 줌으로써 약물의 농도에 영향을 미칠 수 있다. 위역류가 흔히 동반되는 지적장애 환자에서 특히 관련이 많은데, 제산제 처방은 phenytoin, carbamazepine, gabapentin 흡수에 영향을 줄 수 있다. 코위영양관을 통한 약물 투여로 phenytoin의 흡수가 방해될 수 있음을 인지해야 한다. carbamazepine, phenytoin, phenobarbitone, primidone 약물들은 간 효소를 자극하는 반면에 sodium valproate는 간 효소를 억제한다. 두 번째 약물의 추가로 인해 원래 약물의 농도가 증가할 때 독성 효과가 나타날 수 있다. 특히 많은 옛날 약들이 치료범위(therapeutic range)가 좁고, 발작을 조절하는 최직의 혈중농도가 부작용과 관련된 농도와 거의 비슷하다. 약물 상호작용으로 인하여 첫 번째 약물의 농도가 감소한다면 발작 조절이 악화될 수 있다. 이 부분에서 lamotrigine이 특히 문제가 되는데, 간 효소 유도 또는 억제 약물들과 병합되어 사용될 때 시작 용량을 달리해야 한다. 분비되기 전 간에서의 대사작용을 거치치 않는 항경련제로는 levetiracetam, gabapentin, pregabalin, vigabatrin 등이 있다.

두 가지 약물이 비슷한 작용 기전을 가질 때 세포 수준에서 약력학적 작용이 일어난다. 예를 들어, 나트륨 통로 차단제인 carbamazepine과 lamotrigine이 병합요법으로 쓰일 때 신경독성 부작용도 훨씬 증가하게 되어 환자는 힘들어진다. valproate와 phenobarbitone의 병합요법은 GABA 억제 작용으로 인하여 지나친 진정효과를 일으키게 되고, lamotrigine과 valproate의 병합요법은 떨림(진전) 위험성을 높인다. 〈그림 7.2〉에는 부가요법 상황에서 약물 선택을 반영하는 알고리즘이 나와 있다.

약물 모니터링

임상적으로 이득이 있다면 약물 농도 모니터링은 필요하다. phenytoin을 처방할 때 용량 조정을 고려한다면 혈중농도가 도움이 된다. 이 약물의 영차반응역학(zero-order kinetics)은 안전마진이 좁고 용량을 조금만 올려도 혈중농도에서 큰 변화가 일어날 수 있음을 의미한다. 독성과 혈중농도 사이의 관련성이 매우 높다. 다른 약물에서는 이 관련성이 더 안 좋을 수 있다. 즉 독성을 의심하지 않고 규칙적으로 혈중농도를 모니터링하다 보면 현재 혈중농도에 잘 견디고 있는 환자에서 불필요하게 약물 용량을 줄이게 되고 그래서 발작 조절이 안 될 위험성이 높아지게 된다. 이와 유사하게 발작이 적절하게 조절되고 있는 환자에서 혈중농도가 낮다고 용량을 높여서는 안 된다. 부작용이 더 잘 생기기 때문이다. 치료를 계속할 것인지 결정해야 할 때, 그리고 약동학적 작용이 일어날 것으로 예상되는 상황을 확인해야 할 때 약물 모니터링이 도움이 된다.

약물 중단

1991년 MRC 약물 중단 연구[8]에서는 지적장애가 반드시 항경련제 약물 중단의 장애 요소가 되어서는 안 된다는 것을 증명하였다. 발작이 완전히 조절된 환자의 40%는 약물을 성공적으로 중단할 수 있었다. 그러나 지적장애 환자군에서는 난치성뇌전증이 비교적 높은 발병률을 보이기 때문에 많은 경우에 평생 동안 치료를 받아야 할 것이다. 항경련제를 복용하지 않는 데서 오는 이득과 발작 재발의 위험성을 함께 비교함으로써 약물을 천천히 중단하기 시작하는 결정을 해야 한다. 약물 중단의 잠정적 이득을 양적화하기는 어렵기 때문에 환자 개개인과 그들의 특별한 상황에 대한 평가가 필요하다. 또한 발작 재발의 잠정적 영향도 환자마다 매우 다양하게 나타날 수 있기 때문에 논의가 필요하다. 치료를 중단하면 중단 후 2년 후에 가장 높은 재발률을 보이면서 추가 발작의 위험성이 2배가 될 가능성이 있다고 추정된다. 추가 발작의 위험성은 매우 다양하지만, 더 나쁜 예후와 관련된 위험인자들이 있다고 생각된다. 심한 지적장애와 신경학적 결손이 있는 환자들은 발작이 재발할 가능성이 매우 높다. 근간대 또는 전신 강직간대발작 병력이 있는 환자들은 재발할 위험이 특히 높아서 약 70~80% 정도로 생각된다. 다약물요법을 받는 환자들은 한 가지 약물로 발작이 조절된 환자들보다 예후가 안 좋은 경향이 있다. 소아에서는 치료 중단 전에 뇌파에서 이상 소견을 보이면 발작이 재발할 가능성이 있다고 생각되지만, 성인 환자군에 적용할 때는 그 타당성은 불확실해진다. 더 오랫동안 발작 없이 지내고, 발작이 완전히 조절되기 전까지

발작 횟수가 더 적었던 환자와 항경련제 감량 전에 그 혈중농도가 더 낮았던 환자에서는 약물 중단이 더 성공적일 수 있다고 예측된다.

개별 약물

지적장애 환자들을 치료하는 임상의사들은 반드시 항뇌전증약에 대해 개별적으로 상세하게 알아야 한다. 이것은 약물의 부작용을 확인하는 데 도움을 주는 환자 가족과 간병인들에게도 똑같이 중요하다.

지적장애 환자에서의 항뇌전증약 사용에 대한 증거

가능하다면 근거중심의 약물치료가 되어야 한다. 뇌전증 약물치료에 있어서는, 발작 조절과 같은 효능, 부작용, 그 환자와 관련된 약물 상호작용 등에 관하여 평가하는 것이 해당된다. 필요한 정보를 제공하기 위해서는 다양한 연구 설계가 필요하다. 무작위 비교시험은 종종 시간제한적이서 단기간 효능과 약물 시작 시에 흔하게 관찰되는 조기 부작용에 대한 정보를 제공하지만, 더 장기간에 걸쳐 공개 연구가 진행되거나 특정 환자군에서 연구가 진행될 때까지는 약물의 만성 또는 드문 부작용은 명확하지 않을 수 있다. 약물의 내성과 효능은 그 약물을 계속해서 복용하고 있는 많은 환자들에 의해 평가되기 때문에 치료 효율성을 측정할 때는 장기간 축적 연구(retention study)가 유용할 수 있다. 최근 수년에 걸쳐 뇌전증에서 무작위 비교시험 연구가 급속하게 증가함에도 불구하고 지적장애 환자에서의 치료에 대한 연구는 거의 없다. 이는 발작 형태를 정의하기 어렵고, 순응도를 보장하기 어렵고, 치료 결과를 측정하기 어렵고, 동의 문제, 동반질병 발생률이 높기 때문이다.

지적장애 환자를 대상으로 하는 몇 안 되는 연구 중 두 가지 연구에서 Lennox-Gastaut 증후군 치료를 다루었다. 첫 번째로, 1997년 Motte[9]에 의해 lamotrigine 효능과 비교적 적은 부작용이 증명되었다. 다른 연구[10]에서는 topiramate 사용으로 발작 빈도가 감소했지만 행동 문제가 증가했고 약 30% 정도의 약물 탈락률(dropout rate)을 보고하였다. 2005년 Kerr[11]에 의해 진행된 성인 지적장애 환자군을 대상으로 한 무작위 비교시험에서는 topiramate 처방으로 발작 조절이 호전되는 경향을 보여주긴 했지만, 의미 있는 행동변화는 찾지 못했다.

　지적장애 환자에서 항경련제 사용에 관한 대부분의 문헌들은 공개 연구, 비대조 연구(noncontrolled studies) 또는 코호트 연구를 다룬다. 지적장애와 난치성뇌전증이 있는 성인 환자에서 gabapentin과 lamotrigine 사용에 대한 무작위 공개 연구에서 Crawford 팀[12]은 약물을 복용하고 있는 환자 절반에서 발작이 약 50% 감소되었다고 보고하였다. 환자들은 두 가지 약물 모두 잘 견뎠고, 도전적 행동에 있어서도 호전을 보였다. 지적장애와 난치성뇌전증이 있는 환자를 다룬 또 하나의 공개 연구에서 64명의 환자들은 levetiracetam을 부가요법으로 처방받았다.[13] 38%에서 발작이 완전히 조절되었고, 그중 상당 부분이 하루에 500mg만 복용하고 있었다. 많은 코호트 연구를 통해 지적장애와 난치성뇌전증이 있는 환자군에서의 약물 감량을 관찰할 수 있었다. 1989년 Collacott 연구[14]에서는 172명의 환자 코호트에서 복용한 항경련제 수가 3년에 걸쳐 1.41에서 1.05로 감소하였다고 보고하였다. 결과는 뒤섞여 있었는데, 약 절반 정도에서 발작 빈도가 감소하였고 1/3에서는 증가하였으며 나머지에서는 크게 변화가 없었다. Alvarez[15]는 최소 2년 동안 발작이 완전히 없는 상태로 유지한 50명의 환자에서 약물을 중단한 것에 대해 보고하였다. 8년 추적기간 동안 26명의 환자에서 발작이 재발하였고, 대부분 약물 감량 후 3년 동안에 재발이 일어났다. 약물을 성공적으로 중단할 수 있는 예측인자는 '약물 중단' 부분에서 상세하게 다룬 것처럼 일반 환자들을 대상으로 한 다른 연구에서 보여진 것과 같다.

결과 평가

치료 결과를 객관적으로 평가하는 것은 임상 분야뿐 아니라 연구 분야에서도 반드시 필요하다. 치료 결과는 발작 조절에 대한 평가뿐 아니라 부작용과 삶의 질에 대한 고려도 포함된다. 효과적인 평가를 방해하는 요소들이 많이 있다. 의사소통능력에 제한이 있는 환자들로부터 정보가 제공되어 '진단의 그림자화(diagnostic overshadowing)'가 되기 쉽다. 많은 환자들이 다양한 환경에서 다양한 간병인이 있고 그들이 모두 정확한 기록을 하도록 지도가 필요한 것처럼, 여러 분야에 걸친 접근이 양질의 데이터를 얻는

데 대부분의 경우에 중요하다. Espie 팀[16]은 지적장애 환자들의 뇌전증 치료에 대한 평가에서 3단계로의 접근을 설명했다. 첫째로 환자 개개인을 정의하는 측정치를 사용하는 것인데, 여기에는 발작 원인과 발작 증후군 그리고 행동과 기초기능능력과 같은 것을 평가하는 데 있어 이상행동 체크리스트(Aberrant Behavior Checklist)[17]와 적응행동 검사(Adaptive Behavior Scale)[18]와 같은 평가도구를 사용하는 것이 포함된다. 치료에 대한 반응을 평가하는 데 있어서 변화에 민감한 측정 도구들이 필요하다. 일기 형식으로 발작을 묘사 기록하고 빈도를 기록하는 것이 잘 알려진 임상 도구이다. 지적장애 환자에서 리버풀 발작강도 검사(Liverpool Seizure Severity Scale)가 수정되어 사용되고 있다. 이상행동 체크리스트와 같은 도구들도 행동 변화를 양적화하는 데 도움을 줄 수 있다. 전반적인 행복에 대해서는 뇌전증 및 학습장애 삶의 질 척도(Epilepsy and Learning Disability Quality of Life Scale)[19]가 유용할 수도 있다. Espie는 환자의 뇌전증이 그들의 간병인에게 미치는 효과에 대한 고려를 중시한다. 부양자부담지수(Caregiver Strain Index), 병원불안-우울척도(Hospital Anxiety and Depression Scale), Beck 우울척도(Beck Depression Inventory)[20]와 같은 다양한 척도들이 사용될 수 있다. 일반적인 삶의 질을 다루는 것에서부터 보다 질병특이적 접근까지 다양할 수 있다. 글라스고뇌전증결과척도(Glasgow Epilepsy Outcome Scale)[21]는 관련된 환자군에 대한 특정 설계라는 점에서의 이점도 있지만 또한 가족과 간병인에서의 다른 척도를 사용한다. 발작, 치료, 간병, 사회적 영향의 네 부분으로 세분화된다. 간병인 또는 가족들과의 질적인 인터뷰를 통해 결과 평가에 있어서 다른 차원으로 도울 수 있고, 양적 분석으로 해결되지 않는 요인들을 강조할 수 있다.

결론

항뇌전증약은 뇌전증이 있는 지적장애 환자에서 주된 치료법이다. 적절한 항뇌전증약 투여로 이런 환자군에서 경험하는 건강 불평등을 줄일 수 있어야 한다. 이 환자들을 치료하는 전문가들은 항뇌전증약 치료에 숙련될 수 있도록 적절한 지식과 능력을 습득해야 할 것이다.

참고문헌

1. Baxter HA. (1999) Falls and fractures in a population with learning disability. 10th International Roundtable in Aging and Intellectual Disabilities. Geneva, Switzerland.
2. Morgan G, Scheepers M, Kerr M. (2001) Mortality in patients with intellectual disability and epilepsy. Curr Opin Psychiatr14: 471–475.
3. Chadwick D, Reynolds EH. (1985) When do epileptic patients need treatment? Starting and stopping medication. Br Med J 290: 1885–1888.
4. Berg AT, Shinnar S. (1991) The risk of seizure recurrence following a first unprovoked seizure—a quantitative review. Neurology 41: 965–972.
5. Kwan P, Brodie MJ. (2001) The effectiveness of first antiepileptic drug. Epilepsia 42: 1255–1260.
6. Biraben A, Allain H, Scarabin JM, et al. et al. (2000) Exacerbations of juvenile myoclonic epilepsy with lamotrigine. Neurology 55: 1758.
7. Deckers CLP. (2002) The place of polytherapy in the early treatment of epilepsy. CNS Drugs 16: 155–163.
8. MRC Antiepileptic Drug Withdrawal Group. (1991) Randomised study of antiepileptic drug withdrawal in patients in remission. Lancet 337: 1175–1180.
9. Motte J, Trevathen E, Barrera MN, et al. et al. (1997) Lamotrigine for generalised seizures associated with the Lennox-Gastaut syndrome. N Engl J Med 337: 1807–1812.
10. Sachdeo R, Kugler S, Wenger E, et al. et al. (1996) Topiramate in Lennox-Gastaut syndrome. Epilepsia 37: 118.
11. Kerr M, Baker G, Brodie MD. (2005) A randomised double-blind, placebo controlled trial of topiramate in adults with epilepsy and intellectual disability: Impact on seizures, severity and quality of life. Epilepsy Behav 7: 472–480.
12. Crawford P, Brown S, Kerr M. (2001) A randomised open-label study of gabapentin and lamotrigine in adults with learning disability and resistant epilepsy. Seizure. 10:107–115.
13. Kelly K, Stephen LJ, Brodie MJ. (2004) Levetiracetam for people with mental retardation and refractory epilepsy. Epilepsy Behav 5: 878–883.
14. Collacott RA, Dignon A, Hauk A, et al. (1989) Clinical and therapeutic monitoring of epilepsy in a mental handicap unit. Br J Psychiatr 155: 522–525.
15. Alvarez N. (1989) Discontinuation of antiepileptic medications in patients with developmental disability and a diagnosis of epilepsy. Am J Ment Retard 93: 593–599.
16. Espie CA, KerrM, Paul A, et al. (1997) Learning disability and epilepsy, 2: A review of available outcome measures and position statement on development priorities. Seizure 6: 337–350.
17. Aman M, Singh N. (1983) Pharmacological intervention. In: Matson J, Mullick, J (eds.). Handbook of mental retardation. Pergamon, New York: 317–337.
18. Nihira K, Leyland H, Lambert N. (1993) Adaptive Behaviour Scales. American Association on Mental Retardation. Austin, Texas:
19. Jacoby A, Baker GA, Steen N, et al. (1996) The clinical course of epilepsy and its psychosocial correlates; findings from a UK community study. Epilepsia 37: 148–161.
20. Beck AT, SteerRA. (1997) The Beck Depression Inventory: Manual. The Psychological Corporation. San Antonio, Texas:
21. Espie CA, Watkins J, Duncan R, et al. (2001) Development and validation of the Glasgow Epilepsy Outcome Scale (GEOS); a new instrument for measuring concerns about epilepsy in people with mental retardation. Epilepsia 42: 1043–1051.

미주신경자극요법 : 지적장애 관점

V. P. Prasher, E. Furlong, & L. Weerasena

서론

많은 연구에 따르면 지적장애가 있는 사람들에서 뇌전증 유병률이 높다는 사실이 확인되었다.[1~3] McDermott 팀[3]은 지적장애가 있는 그룹과 그렇지 않은 그룹에서의 뇌전증 동반율을 비교했다. 후자의 경우는 뇌전증 유병률이 1%였으나, 전자의 경우 뇌성마비에서 13%, 다운 증후군에서 13.6%, 자폐증에서 25.4%, 정신지체에서 25.5%, 그리고 뇌성마비와 지적장애가 함께 있는 경우에는 40%의 뇌전증 유병률을 보였다. 또한 뇌성마비와 지적장애가 동반된 환자들의 경우에는 성인기 동안에 뇌전증 유병률이 점점 감소함을 확인했다. 다운 증후군과 자폐증이 있는 성인들의 경우에는 시간이 지날수록 뇌전증 유병률이 증가했다. 각 10년간 지적장애가 없는 환자들에 비해 지적장애가 있는 환자들에서 뇌전증 유병률이 더 높았다.

지적장애가 있는 환자들 상당 부분이 난치성뇌전증을 갖는 경우가 많다. 항뇌전증약은 난치성뇌전증의 주 치료법이고, 40% 정도는 복합약물요법에 의존하고 있다.[4,5] 그러나 발작은 여전히 잘 조절되지 않고, 다른 대체 치료방법을 고려해야 한다. 정신외과 치료방법이 있긴 하지만 지적장애가 있는 환자들에서는 쉽게 사용될 수 없다. 미

V. P. Prasher, M. P. Kerr(eds.) *Epilepsy and Intellectual Disabilities,*
DOI : 10.1007/978-1-84800-259-3_8, ⓒ Springer Science+Business Media, LLC 2008

주신경자극요법은 난치성뇌전증 환자들에서 항뇌전증약 대체 요법으로 매우 유용하고 효율적으로 사용될 수 있다. 현재까지 지적장애 환자에서의 뇌전증 치료법으로 미주신경자극요법의 역할에 대해 중점적으로 연구된 내용은 매우 적다. 이번 장을 통해서 지적장애 환자들에서의 미주신경자극요법의 역할을 살펴보고자 한다.

배경

1985년에 Jacob Zabara 박사가 미주신경을 전기자극시키면 발작 예방에 효과가 있을 수 있다고 제안했다.[6] 이 가설은 동물실험에서 미주신경자극이 뇌파에 미치는 영향을 연구한 관찰에 근거한다. 동물에서의 미주신경자극은 자극 변수에 따라 뇌파 동시화(synchronization), 뇌파 비동시화(desynchronization), 렘과 서파 수면을 유발하였다.[7, 8] 간질발작이 발작적이고, 뇌파의 비정상 동시화가 특징이기 때문에, 미주신경자극이 뇌의 전기 활동을 비동시화함으로써 발작을 예방할 수 있다고 추정되었다. 이후 동물실험을 통해서 미주신경자극의 항경련 효과를 확인하였고,[9, 10] 약물 난치성뇌전증 환자들 치료로 미국 사이버로닉스사(텍사스 휴스턴)에 의해 개발된 미주신경자극 삽입장치가 사용되었다.

미주신경자극 장치는 1988년 뇌전증 환자에서 처음으로 삽입되었다.[11] 개방 무작위 비교시험(Binnie[12] 참조) 후에, 미주신경자극요법은 1994년 유럽에서, 그리고 1997년 미국에서 항뇌전증약에 반응이 없는 부분발작(이차 전신화 유무에 관계없이) 또는 전신발작이 특징인 뇌전증 환자에서 발작 횟수를 줄이는 데 보조 요법으로 사용되도록 승인받았다.

미주신경자극요법을 통해서 난치성뇌전증 치료는 극적으로 변화했다. 현재 가장 널리 사용되고 있는 비약물적 치료법으로, 미주신경자극요법이 시작되면 발작의 횟수가 줄어들고 발작을 예방하는 데 효과적이며, 장기간 발작 횟수를 감소시키고, 삶의 질을 향상시키는 데도 유용한 것으로 보고되고 있다. 현재까지 2만 명 이상의 환자들이 난치성 발작에 대해 미주신경자극 삽입 장치의 도움을 받고 있다.

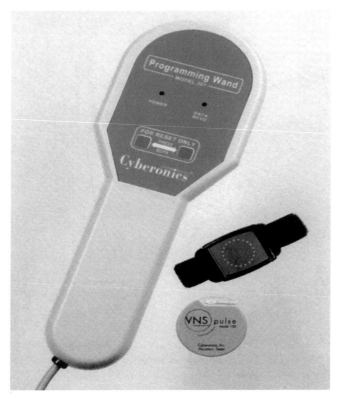

그림 8.1 손에 들 수 있는 막대, 맥발생기, 손목 자석(wrist magnet)

미주신경자극요법 시스템™

미주신경자극요법 시스템™의 주요 부품은 티타늄으로 감싸진 맥발생기(pulse generator)로, 쌍극유도를 통해 좌측 미주신경의 목 부분에 자동적으로 경미한 간헐적인 전기 자극을 전달하게 된다.(심장 조절에 대한 영향이 좌측 미주신경에서 덜하므로 우측 미주신경보다 더 선호된다.) 맥발생기에는 배터리와 프로그래밍할 수 있는 컴퓨터 칩이 내장되어 있다. 자극은 미주신경을 통해 뇌로 전달된다. 자극을 위한 적절한 설정은 원격계측기(그림 8.1)에 의해 결정되고, 이것은 맥발생기 위에서 컴퓨터 소프트웨어에 의해 조절된다. 환자와 간병인은 손에 들고 쓰는 자석(그림 8.1)으로 자극의 정도를 조절할 수 있다.

미주신경자극 디자인과 맥발생기 배터리 수명은 첫 모델 이후로 많이 발전했다. 현

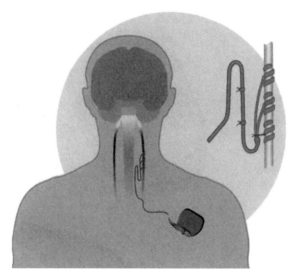

그림 8.2 미주자극신경 삽입. 전극이 좌측 미주신경 주변으로 잘 감겨짐. 전기 충격이 신경을 통해 뇌로 전달됨

재 장치인 모델 102(6.9mm, 25g)는 처음 모델 NCP 100보다 가벼워서 삽입 후 미용적인 면에서도 더 우수하며, 배터리 수명도 더 길다. 맥발생기는 자극 변수와 사용 여부에 따라서 6∼11년까지도 유지가 가능하다. 그러나 배터리 수명이 다하면 맥발생기는 바꿔주어야 한다. 삽입술은 약 1시간 정도 걸리고, 미주신경이나 주변 조직에 문제를 일으킬 수 있는 수술 중 발작의 위험을 줄이기 위해서 보통 전신마취하에 시행된다. 때때로 국소마취로도 각성 상태에 있는 환자에게 삽입되기도 한다.

수술 과정은 목 왼쪽에 가로절개 후, 주의 깊게 박리한 후 경동맥초를 드러낸다. 미주신경은 경동맥과 내경정맥 사이 초(sheath) 안에 있다. 왼쪽 쇄골 약 8cm 아래로 왼쪽 앞쪽 겨드랑이 주름 절개를 통해 가슴근막 위에 맥발생기가 위치할 피하 포켓을 만든다. 도구를 사용하여 두 절개 자리를 연결할 피하 경로를 만든다. 그리고 나서 터널을 통해 미주신경 쪽을 향하여 쌍극 유도를 넣는다. 그 유도는 미주신경 주변으로 제자리에 잘 감겨 있는 나선형 전극 말단을 통해 미주신경과 연결된다. 그 유도의 나머지 한쪽 끝은 맥발생기에 연결된다. 맥발생기는 피하 포켓에 넣고, 두 절개 자리를 봉한다(그림 8.2 참조).

삽입 후 즉시 장치를 켤 수 있지만 2주 정도 연기할 수 있는데, 이는 수술 후 회복 및 미주신경자극요법이 줄 수 있는 불편함을 더하기 전에 수술 후 통증을 줄이기 위함이다. 이후 맥발생기는 컴퓨터에 저장된 소프트웨어에서 정한 여러 변수를 통해 간헐적인 자극을 전달하기 위해 프로그래밍된다. 가슴 위에 올려진 프로그래밍 원격계측기 막대(wand)를 통해 컴퓨터에서 맥발생기로 그 정보가 전달된다. 그 변수로는 출력 전류, 일련의 자극이 가해지는 on-time, 어떤 자극도 없는 off-time, 주파수와 펄스 폭, 자석 전류 출력, 자석 펄스 폭, 자석 활성 시간이 있다. 변수는 개인의 반응과 내성에 따라 조정할 수 있다. 맥발생기 위에 몇 초 동안 자석을 놓음으로써 추가적인 자극을 시킬 수 있다. 조짐(aura)이나 발작이 있는 동안 멈추게 하거나 시간을 짧게 하기 위해 사용하거나 또는 발작 후 기간을 짧게 하기 위해서 발작이 끝난 후에 사용될 수도 있다. 그 자석은 맥발생기를 비활성화하는 데도 사용할 수 있는데, 환자가 미주신경자극요법 부작용을 경험하거나 기능불량이 의심될 때 필요하다.

작용 기전

좌측 미주신경의 해부학적 및 신경생리학적인 기능을 아는 것이 도움이 되긴 하지만, 미주신경자극요법이 어떻게 발작을 줄이는가에 대한 정확한 기전은 아직 잘 모른다.[13, 14] 좌측 미주신경은 10번 뇌신경으로, 약 80%의 구심신경섬유와 20%의 원심신경섬유로 되어 있다.[15] 원심신경섬유 세포체는 의문핵(nucleus ambiguus)과 등쪽핵(dorsal motor nucleus)에 위치해 있다. 의문핵에서 나와서 후두, 인두 및 식도의 횡문근에 분포하고, 등쪽핵에서 나온 섬유들은 심장, 폐, 소화기계에 부교감신경을 담당하고, 심박수, 소화액 분비 및 연동운동에 영향을 준다. 구심신경섬유들은 심장, 대동맥, 폐, 소화기계로부터 감각정보를 받아 중추신경계에 전달하는데, 신경절에서 시작되어 주로 연수에 있는 고립로핵(nucleus of the solitary tract, NTS)에 주로 투사된다. 이 고립로핵은 뇌전증 발생에 관련이 있는 뇌의 여러 곳에 직간접적으로 연결되어 있다.[16] 이런 경로를 통해 미주신경자극은 뇌 활성도와 발작에 영향을 줄 수 있다.

여러 경로 중에서 어느 것이 미주신경자극요법의 치료 작용에 관여하는지는 확실하지 않다. 청반(locus coelreus, LC)과 솔기핵(raphe nucleus, RN)은 둘 다 고립로핵으로부터 연결되어 있어서 미주신경자극의 항경련작용에 중요한 것 같다. 이곳의 양측 병변이 미주신경자극요법의 발작 억제효과를 개선한다는 내용이 동물실험을 통해 증명되었다.[17] 이는 청반과 솔기핵에서 각각 분비되는 신경전달물질인 노르아드레날린과 세로토닌이 미주신경자극의 항경련효과를 중재함을 시사한다.[18]

미주신경자극요법 후의 뇌척수액 아미노산과 신경전달물질 대사물의 변화를 측정한 연구에서는 세로토닌과 도파민의 대사물질인 5-hydroxyindoleatic acid와 HMA의 농도가 증가하였음을 확인하였다. 뇌척수액 GABA와 글라이신 농도 또한 증가하였다. 이런 변화가 미주신경자극요법의 작용 기전에서 어떤 역할을 하는지는 불분명하다.[19,20]

기능적 뇌영상들을 사용하여 미주신경자극요법에 의하여 급성 및 만성 뇌 혈류량의 변화를 관찰하였다. 혈류량의 변화는 시냅스 활동의 변화를 반영하는 것으로 생각된다. 미주신경자극이 뇌 활성화 정도에 미치는 효과를 이해하는 데 도움이 되는 연구들은 그 작용 기전을 이해하는 데도 중요하다. 사람의 뇌 혈류량 연구는 많은 경우에 시상에서의 변화를 증명하긴 했지만 서로 상충되는 결과를 보여주었다.[21,22]

인간의 뇌파에 미치는 미주신경자극 효과에 대한 연구를 통해서는 일관성 없는 결과가 도출되었다. 어떤 연구에서는 동물실험에서 확인된 미주신경자극에 의한 뇌파 효과를 사람에게서도 확인하였는데, 발작간 간질양파가 감소하였고, 동시화가 일어났고, 극파가 감소하였다.[23,24] 반면 다른 연구에서는 미주신경자극에 의한 발작 간 간질파 억제를 증명하지 못했다.[20,25]

미주신경자극요법의 임상적 효능

지적장애가 있는 환자들과 없는 환자들을 함께 모아서 연구한 논문들에서 미주신경자극요법의 이점을 증명했다.[13,16,26] 초기 예비 연구에서는 난치성뇌전증에서의 미주신경자극요법의 단기간 이점을 보여주었다.[11,23,27,28] Uthman 팀[28]은 IQ 정보가 전혀 없는 14명의 환자에 대한 (EO1 and EO2로 설계된) 두 개의 단일 맹목 연구(single-blind studies) 결과를 발표하였다. 14~35개월 후 발작 빈도 감소가 평균 46.6%였다. 5명(35.7%)은 발작 빈도가 최소한 50% 감소하였다. Vonck 팀[26]은 미주신경자극요법으로 치료한 131명을 전향적으로 평가하였는데, 환자의 평균 나이는 32세, 난치성뇌전증 기간은 평균 22년이었다. 월별 발작 빈도의 감소는 평균 55%였고, 7%가 발작 소실, 50%

에서 50% 이상의 발작 빈도 감소, 그리고 21%에서는 반응이 없었다.

　연구자 편향에 영향을 받기 쉬웠던 초기 연구들의 결과를 확실히 해주는 무작위 비교 연구들의 결과가 많이 발표되었다.[29~31] 미주신경자극 연구 그룹(Vagus Nerve Stimulation Study Group)[29]에서 114명을 대상으로 맹목적 병행 연구(blinded parallel study) 디자인을 사용하여 고자극 또는 저자극을 14주 받게 하는 다기관 무작위 비교 시험을 하였다. 지적장애 여부는 알 수 없었다. 발작 빈도의 감소는 '고자극'에서는 평균 24.5%, '저자극'에서는 6.1%로 두 그룹에서 모두 관찰되었다. 고자극 그룹의 31%는 50% 이상의 발작 빈도 감소를 보였다.

　미주신경자극요법의 장기간 이점도 발표되었다.[32~35] Morris 팀[33]은 다섯 개의 임상 시험으로부터 난치성뇌전증으로 미주신경자극요법을 받은 440명에 대한 장기간 공개 치료 결과를 평가했다. 지적장애 여부는 알 수 없었다. 50% 발작 감소는 1년에 36.8%, 2년에 43.2%, 3년에 42.7%에서 관찰되었다. Alexopoulos 팀[35]은 46명의 환자에 대하여 미주신경자극요법 결과를 리뷰했는데, 삽입 시 중위 연령은 12.1(범위 2.3~17.9)세, 뇌전증 기간에 대한 중앙값 8.0(1.9~16.9)년이었다. 미주신경자극요법 후 1년, 2년, 3년 후에도 60% 정도의 발작 빈도 감소가 관찰되었다. 전반적으로 장기간 연구에 따르면 미주신경자극요법의 효능이 시간이 지날수록 유지되었다.

소아

소아에서만 시행된 미주신경자극요법에 대한 무작위 비교 시험이 없긴 하지만, 많은 연구들에서 소아의 난치성발작에 대하여 미주신경자극요법의 사용을 주장한다.[36~41] Parker 팀[36]은 최소 1년 동안 미주신경자극 장치가 삽입된 15명의 소아들(대부분 지적장애)을 연구했는데, 4명은 50% 이상의 발작 빈도 감소, 2명은 50% 이상의 증가를 보였다. Helmers 팀[42]은 6개 기관 후향적 연구에서 125명(39% 지적장애)에 대한 데이터를 리뷰했는데, 발작 빈도가 3개월에 평균 36.1% 감소, 6개월에 44.7% 감소하였다. Rychlicki 팀[41]은 약물 난치성뇌전증 34명의 소아(평균 연령 11.5세)에서 미주신경자극요법의 임상적 효능, 안정성, 신경심리적 효과 등에 대하여 연구하였다. 평균 추적 기간은 30.8개월이었고, 발작 감소는 3개월에 평균 39%, 6개월에 38%, 12개월에 49%,

24개월에 61%, 36개월에 평균 71%였다. Lennox-Gastaut 증후군보다는 부분발작이 있는 환자(쓰러짐발작 유무 모두 포함)에서 훨씬 더 좋은 결과를 보였고, 3명은 발작이 완전 소실되었다. 수술이환율은 보고된 적이 없고, 가장 흔한 부작용은 자극 동안의 목소리 변화와 기침으로, 부작용은 매우 경미하고 일시적이었다.

더 많은 비교 연구가 앞으로 필요하긴 하지만, 현재까지 연구 결과는 지적장애와 난치성뇌전증이 있는 소아에서 미주신경자극요법이 안전하고 효과적임을 시사한다.

지적장애 환자군

지적장애 환자들만을 대상으로 한 미주신경자극의 효과에 대한 연구는 매우 적다(표 8.1). 위 연구들에서도 알 수 있듯이, 지적장애가 있는 환자들은 전체 연구 집단의 일부분일 때가 많다. Andriola와 Vitale[46]은 미주신경자극요법을 받은 경미-중증 지적장애 21명(연령 범위 3~56세)에 대하여 후향적 연구를 시행하였다. 68%에서 6개월에 발작 빈도 50% 이상의 감소를 보였고, 주요 부작용은 없었다. 지적장애가 있는 성인에서 뇌전증을 치료하는 데 있어서의 미주신경자극요법의 역할에 대한 연구는 더 필요하다.

특정 학습장애 환자에서의 미주신경자극

Landau-Kleffner 증후군과 자폐증

Landau-Kleffner 증후군은 매우 드문 소아신경질환으로 말을 이해하고 표현하는 능력이 점진적으로 또는 갑작스럽게 소실되는 질환이다. 3~9세 사이에 발병하며, 약 80% 환자에서 발작을 경험한다. Park[48]은 미주신경자극요법을 받은 환자 결과 레지스트리(미국 텍사스 휴스턴의 사이버로닉스사)에서 데이터를 후향적으로 분석하였다. 6명(삽입 평균 연령 10.3±4.2세)의 Landau-Kleffner 증후군 환자가 있었고, 이 중에서 3명이 초기와 비교할 때 6개월에 최소한 50% 이상의 발작 빈도 감소를 보였다. 또한 6명 중에서 최소한 3명에서는 모든 평가항목에서 삶의 질의 향상을 보였다. 발작과 언어에 대한 미주신경자극요법의 잠재적인 효과를 증명할 연구가 앞으로 필요하겠다.

표 8.1 지적장애가 있는 환자들을 포함한 집단에서의 미주신경자극요법 연구

연구	환자수	지적장애 중증도	연령 범위	성별(남/여)	결과
Majoie 등[93]	16	중등 또는 경미 정신장애	7~18세	13/3	환자의 25%에서 50% 발작 빈도 감소, 환자 1명당 발작 빈도 감소 평균 26.9%, 정신연령 높을수록 결과가 더 좋음
Aldenkamp 등[44]	16	정신연령이 주어짐	6~19세	13/3	6개월 후 발작 빈도 감소 평균 26.9%, 일부 소아에서 정신연령, 독립적 행동 및 기분의 호전을 보임
Nagarajam 등[45]	16	중증 9명, 중등 4명, 경미 3명	3~17세	9/7	환자의 62.5%에서 발작 빈도 50% 감소, 환자의 25%에서 발작 빈도 90% 감소
Parker 등[36]	15	대부분 지적장애	5~16세	–	환자의 27%에서 발작 빈도 50% 감소를 보였지만, 환자의 14%에서는 발작 빈도 50% 증가를 보임
Andriola & Vitale[46]	20	경미 3명, 중등 또는 중증 17명	3~56세	17/3	환자의 68%에서 6개월 후 발작이 50% 이상 감소함
Hornig 등[47]	19	15명 지적장애	4~19세	12/7	환자의 53%에서 발작 빈도 50% 감소, 환자의 32%에서 발작 빈도 90% 감소

자폐증

자폐증은 의사소통과 사회적 상호작용의 이상, 제한된 반복적인 행동이 특징인 전반적 발달장애이다. Kanner[49]에 의해 처음으로 기술되었고, 영아기 자폐증으로 명명하였다. 자폐증이 있는 소아의 약 25%가 청소년기 즈음에 발작을 경험한다. Park[48]은 미주신경자극요법을 받은 환자 결과 레지스트리(미국 텍사스 휴스턴 사이버로닉스)에서 59명의 자폐증 환자에 대한 후향적 데이터 분석을 하였는데, 자폐증 환자의 58%(평균 삽입 연령 12.4±7.7세)가 12개월에 발작 빈도의 최소한 50%의 감소를 보였다고 보고하였다. 대부분의 환자가 삶의 질에 대한 평가항목 전체에서 호전을 보였고, 특히 각성도에 있어서 그렇다(12개월에 76% 향상). 환자의 절반 이상이 성취도(53%), 기분(61%), 발작후 기간(58%), 군집발작(53%, seizure clustering) 부분에서 더 좋아졌다고 보고하였다. 흥미롭게도, 삶의 질 향상은 미주신경자극요법이 발작에 미치는 영향과는 무관하게 일어났다. 이런 분석은 대개 후향적이고, 검증화된 삶의 질 척도가 사용되지 않는다는 문제점이 있다. 자폐증에서의 미주신경자극요법의 역할에 대한 연구가 계속되고 있다.

Lennox-Gastaut 증후군

Lennox-Gastaut 증후군과 영아연축은 드문 소아기뇌전증증후군으로 난치성뇌전증이 특징이다. 영아연축이 있는 소아의 50% 정도가 Lennox-Gastaut 증후군으로 이행된다. 영아연축은 종종 West 증후군으로 언급되는데, 이 증후군은 연축, 고부정뇌파(점두경련뇌파, hypsarrhythmia), 정신지체 세 가지 특징이 있고, 드물지 않게 다양한 형태로 나타난다. William Lennox가 다양한 발작 형태와 지적장애가 있는 '간질성 뇌병증(epileptic encephalopathy)'의 임상 양상을 처음으로 기술하였고, 후에 Lennox와 Davies가

1. 극서파(뇌파)
2. 정신지체
3. 현재 비전형 소발작으로 일컬어지는 세 가지 타입의 발작으로 다시 기술하였다.

1966년 Gastaut가 Lennox와 Gastaut가 원래 관찰했던 내용들을 입증했고, 그 증후군의 현재 기준은 다음과 같다.

1. 소발작과 긴장형 발작(catatonic seizures)을 포함하는 다양한 발작
2. 극서파(2.5Hz)와 빠른 돌발파를 보이는 뇌파 소견
3. 정적 뇌병증과 학습장애

소아 뇌전증 환자의 약 5%가 Lennox-Gastaut 증후군으로 분류된다. Lennox-Gastaut 증후군의 약 10%는 11세 안에 죽는다.

지적장애 대규모 코호트의 일부분으로 Lennox-Gastaut 증후군 환자에서의 미주신경자극요법에 대한 많은 연구들이 진행되어왔다.[41, 47, 50, 51] Lennox-Gastaut 증후군 환자에서의 미주신경자극요법의 단기간 효과는 논란의 소지가 많다. Hornig 팀[47]은 소아 환자 6명 중 5명에서 90%의 발작 감소를 확인한 반면에 Rychlicki 팀[41]은 이 증후군이 있는 소아가 부분발작이 있는 소아 환자들에 비해 반응이 덜했다고 밝혔다. Hosain 팀[52]은 Lennox-Gastaut 증후군 환자 13명을 연구하였는데, 중위 연령은 13세, 평균 6가지(4~12가지)의 항뇌전증약이 미주신경자극요법이 시작되기 전에 사용되었다. 6개월의 추적 기간 후에 13명 중 3명에서 발작 빈도가 90% 이상 감소했으며, 2명에서는 75% 이상 감소, 1명에서는 50% 이상 감소하였다. 전체적으로 보았을 때, 13명 중 6명(46%)이 미주신경자극요법에 반응하였고, 나머지 7명 중 6명에서 25% 이상의 발작 감소, 1명에서만이 발작 빈도의 변화가 전혀 없었다.

2001년 Aldenkamp 팀[44]은 Lennox-Gastaut 증후군이 있는 소아에서의 미주신경자극요법의 장기간 효과를 보고했다. 발작 빈도의 감소에서 어느 정도의 효과(20.6%)가 있었지만, 독립성, 행동장애, 기분 등과 같은 분야에서의 결과는 아주 미미한 변화만 있었다. 그러나 이런 변화는 통계학적으로 유의하지 않았고, 지적장애 정도가 심할수록 미주신경자극 치료에 대한 예후는 좋지 않았다. Ben-Menachem 팀[53]은 64명의 난치성뇌전증 환자에서의 미주신경자극요법의 장기간 효과를 연구했는데, 이 중 8명이 Lennox-Gastaut 증후군이었다. 8명 중 5명이 이전에 뇌량절제술을 시행받은 환자였다. 미주신경자극요법으로 치료받은 Lennox-Gastaut 증후군 환자 62.5%(5명/8명)에서 모든 발작 형태에 반응을 보였고, 가장 반응이 좋았던 발작은 전신강직간대발작과

소발작이었다. 반응을 보였던 5명 중에서 2명은 무긴장발작이 의미 있게 감소했다.

Lennox-Gastaut 증후군 환자들을 대상으로 하는 대부분의 연구가 매우 제한된 환자 수로 진행되었다. 이런 연구들은 Lennox-Gastaut 증후군 환자에서의 발작 빈도의 감소를 보고하였고, 삽입 후 6개월 이상 동안에 27~58% 정도로 감소하였다. 연구들 간에 환자들의 특징, 추적 기간, 변수 설정 등이 그 차이점을 설명하는 요인이라고 볼 수 있겠다. 향후 Lennox-Gastaut 증후군의 대규모 코호트로 연구가 진행되는 것이 필요하다고 본다.

고리 염색체 20번 증후군

고리 염색체 20번 증후군은 고리 모양의 염색체 20번, 학습장애, 항뇌전증약 난치성 발작, 행동장애, 그리고 이상형태(dysmorphic features) 등을 특징으로 하는 드문 질환이다. 고리 20번 증후군은 Atkins 팀[54]이 처음으로 기술하였고, 지금까지 30개 이상의 증례가 보고되었다. 대부분의 증례에서 심한 난치성 발작을 기술하지만, 발작이 없는 증례도 매우 드물게 보고되고 있는데 이는 아마도 표현형의 다양성 때문으로 생각된다. 고리 염색체는 한 염색체의 두 팔(arm)이 붙어서 생기게 되는데, 말단소체 결손과 관련되어 있다. 염색체 20번의 단완부 결손은 뇌전증을 야기하지 않지만, 장완부 (20q13) 말단 결손은 뇌전증을 초래하게 된다. 상염색체 우성 야간전두엽뇌전증과 양성 신생아발작이 이것과 관련되어 있다. 결손의 크기에 따라 이 뇌전증증후군들의 임상 양상 정도가 관련되어 있다.

Chawla 팀[55]은 고리 염색체 20번 증후군과 난치성발작이 있는 6세 소녀에서 미주신경자극요법으로 성공한 증례를 보고하였다. 그 소녀는 다양한 항뇌전증약과 케톤 식이요법에도 발작이 조절되지 않았다. 9개월 추적 기간 동안에 발작은 소실되었고, 보다 사교적이게 되고 발달단계도 호전되었다. 그러나 Alpman 팀[56]은 항뇌전증약에 반응하지 않은 심한 뇌전증이 있었던 고리 염색체 20번 증후군 환자에서 비슷한 성공을 거두지 못했다. 그 환자는 11세에 미주신경자극요법을 받기 시작하였는데, 처음 6개월 간은 발작 빈도가 약 50% 정도 감소하였으나, 6개월 후부터는 출력 전류와 자석 전류를 2.5mV와 3mV로 올렸음에도 불구하고 강직발작이 수면 중에 일어났고, 이차성 대발작이 하루에 1~3번 정도로 지속되었다. 그래서 13세 때에 뇌량절제술을 받게 되었다. 이 환자는 발작도 조절이 안 되었고, 행동장애도 훨씬 더 심해졌다.

Parr 팀[57]이 보고한 최근 증례는 9세 환자로, 5세 때부터 발작이 시작되었다. 발작은 여러 형태로 나타났는데, 눈동자가 위쪽으로 치우친 채로 1시간 정도까지 혼동 상태가 지속되거나, 눈동자가 위쪽으로 치우친 채로 행동을 멈추거나, 눈꺼풀을 깜박거리거나, 자세 유지를 못하는 발작이 일어난 후에 잠이 드는 등의 다양한 형태를 보였다. sodium valproate, lamotrigine, clobazam, prednisolone, levetiracetam 등 몇 가지 항뇌전증약으로 치료를 받았다. clobazam 치료 중에는 급격한 퇴행이 일어나서 언어능력과 거동능력이 완전히 소실되었다. 8세에 미주신경자극요법을 받게 되었는데, 처음에는 잘 반응하여 발작 빈도가 감소하였고 이전에 소실되었던 거동과 같은 능력이 일부 회복되었고 눈맞춤과 사회적 미소 등에서도 호전 양상을 보였다. 전신강직간대발작과 소발작이 지속되었음에도 불구하고 이런 호전은 관찰되었다. 발작을 더 조절하기 위하여 출력 전류를 2.5mA로 올렸으나 발작이 더 나빠졌다. 다시 2.25mA로 줄인 이후에는 점차 호전되어 이전에 회복된 정도가 되었다. 증례를 발표할 때 즈음에 환자는 levetiracetam 단독요법과 미주신경자극요법을 병합하여 받고 있었고, 걸을 수 있었으며, 발작은 가끔씩 야간에만 일어나는 정도였다.

결절성경화증

결절성경화증은 뇌와 다른 기관(콩팥, 심장)에 양성 종양이 자라는 드문 유전성질환이다. 흔히 중추신경계를 침범한다. 흔히 동반되는 양성 종양뿐 아니라 발작, 정신지체, 행동장애, 피부이상 등의 다른 증상도 보인다. 출생 시 나타날 수도 있지만, 모든 증상이 나타나기까지는 시간이 걸린다. 이 질환은 TSC1 또는 TSC2 유전자 돌연변이에 의해 일어난다. 뇌전증은 가장 흔한 발현 증상으로, 결절성경화증 환자의 80~90%에서 뇌전증이 나타난다.[58]

Parain 팀[59]은 약물 난치성뇌전증이 있는 결절성경화증 소아 환자에서 미주신경자극요법의 결과를 연구했다. 5개 소아뇌전증센터에서 미주신경자극요법으로 치료받은 소아 환자들의 기록을 리뷰하여 시행된 후향적 다기관 공개 연구였다. 모든 환자는 최소 6개월 동안 연구되었는데, 10명이 포함되었다. 9명의 소아에서 발작 빈도가 50% 이상 감소하였고, 절반 이상에서 발작 빈도가 90% 이상 감소하였으며, 각성 또한 증가했다.

결절성경화증 환자에서 미주신경자극요법이 효과적인지에 대해서는 향후 더 많은 연구가 필요하다.

Rett 증후군

Rett 증후군은 산발성질환으로, 전 세계적으로 1만~2만 3,000 여아 중 1명에서 일어난다. 심한 정신장애 및 운동장애와 관련이 있고, 90%에서는 MECP2(methyl-c9G binding protein 2) 유전자 돌연변이에 의해 일어난다.

Wilfong 팀[60]은 미주신경자극요법으로 치료받은 Rett 증후군 여아 7명에 대한 증례를 보고하였다. 삽입 후 최소 12개월간 추적하였고, 연령 중간값은 9세였으며, 평균 6년 동안 발작이 있었던 환자들이었다. 미주신경자극요법을 받기 전에 평균 2번의 항뇌전증약(2~8번) 치료에 반응하지 않았었다.

치료 후 12개월 후에는 7명 중 6명에서 50% 이상의 발작 빈도 감소를 보였고, 4명에서는 90% 이상의 발작 빈도 감소를 보였다. MECP2 돌연변이 양성과 음성 환자에서 차이점은 없었다.

부작용과 안정성

미주신경자극요법의 부작용은 장치의 수술적 삽입과 관련된 부작용, 자극과 관련된 부작용, 그리고 심각한 부작용 등으로 나눌 수 있다(표 8.2).

수술과 관련된 부작용

수술 후 감염은 약 3~6%에서 일어난다. 보통 경구 항생제에 반응하지만 드물게 장치를 제거해야 하는 경우도 있다.[31, 34] 통증은 수술 후 기간에는 흔하지만 시간이 지남에 따라 감소한다.[61] 좌측 성대 마비와 안면근 아래쪽 위약이 보고된 적도 있다.[31, 62, 63] 이런 부작용은 드물고, 수술 기술이 향상됨에 따라 많이 줄었다. 수술 중 시스템을 테스트하는 기간 동안 서맥과 심장무수축도 드물게 일어날 수 있는 것으로 보고된 적이 있지만 사망한 경우는 한 번도 없었다. 심장무수축은 수술장 밖에서는 일어난 적이 없다.[64]

표 8.2 미주신경자극요법의 주요 부작용

수술 전후	자극 관련	심각한 부작용
감염	목소리 변화(쉰소리)	서맥
수술 후 통증	기침	심장무수축
수술 부위 주변 체액 축적	호흡곤란	흡인
	근육통	경동맥손상
성대 약화	감각이상	미주신경마비
	두통	
	과도한 침분비	
	흡인	
	실조증	
	소화불량	
	불면증	
	구역	
	구토	
	졸림	

부작용

가장 흔한 부작용은 후두에 분포한 미주신경의 간헐적 자극 때문에 비롯된다. 이런 부작용은 자극 동안에 일어날 수 있는데, 목소리 변화(30~64%), 기침(43~45%), 인두 불편감(25~35%), 인두 감각이상(18~25%), 호흡곤란(11~25%) 등이 있다. 근육통, 흉통, 두통, 만성 설사, Horner 증후군, 정신병 장애, 구역과 구토 등이 덜 흔하게 보고되었다.[66~68]

미주신경자극을 받은 소아에서 연하곤란과 흡인이 보고된 적이 있으나 상충되는 증례가 보고된 적도 있다. 한 연구 결과에서는 심한 운동 및 정신 장애를 가진 소아들에서 자극 동안에는 음식을 먹는 중 흡인이 일어날 수 있는 위험이 높다고 밝혔다.[69] 미주신경자극요법을 받은 환자에서 뇌전증에서의 원인불명급사(SUDEP)가 보고된 적도 있었지만,[70] 그 발생률은 미주신경자극을 받지 않은 난치성뇌전증 환자에서와 비슷하다.

부작용으로 인하여 치료를 중단하게 되는 환자는 매우 적다. 대부분 자극과 관련된 부작용은 시간이 지남에 따라 줄어들거나 또는 자극 변수의 변화를 통해 줄일 수 있다. 장기간 치료 후에 자극 전극의 제거 또는 교정으로 인하여 수술 중 또는 수술 후 부작용이 일어나지는 않는다.[71]

미주신경자극요법에서는 몇몇 항뇌전증약과 관련되어 보고되는 부작용인 진정, 느린 정신운동, 체중 증가와 같은 부작용은 매우 드물다. 체내 생화학적 변화, 심장 및 폐기능 변화, 항뇌전증약 혈청농도 변화 같은 문제를 일으키지 않아서 여러 약물적 치료와 병행하여 안전하게 사용될 수 있다.[34]

심각한 부작용

Ramsay 팀[72]이 승인 전 E-03 연구에서 미주신경자극요법의 안정성을 분석하였다. 정상적인 미주신경자극요법과 관련되어 어떤 심각한 부작용도 보고되지 않았다. 한 환자는 맥발생기의 짧은 회로 때문에 극심한 통증, 쉰소리, 좌측 성대 마비를 경험했고, 몇몇 증상은 이후 1년까지도 지속되었다.

미주신경자극요법을 받은 환자들에서의 치사율은 통상적인 항뇌전증약으로 치료받은 난치성뇌전증 환자 그룹과 비슷했다.[70] SUDEP 발생률은 미주신경자극요법과 관련되어 유의하게 증가하지 않았다. 삽입 동안에 일시적인 심장무수축이 몇몇 환자에서 보고된 적은 있지만 심각하거나 영구적인 후유증을 야기하지는 않았다.

미주신경자극요법과 신경학적 연구

뇌파 변화와 미주신경자극

미주신경자극을 받은 사람과 동물에서의 뇌파를 관찰한 많은 연구들이 보고되었다.[50, 73, 74] 대부분의 동물 연구에서 자극 동안에 발작기 및 발작간기 간질양파들이 억제되었다고 밝혀졌다. Kuba 팀[73]은 최소 6개월 동안 미주신경자극요법으로 치료한 15명을 연구하였다. 각 환자에서 발작간기 간질양파는 기준선 기간(baseline period, BP), 자극 기간(stimulation period, SP), 6번의 자극 사이 기간(interstimulation period, IP), 자극 전 기간(prestimulation period, PP)에서 체크되었다. BP와 PP에서 간질양파는 SP와 IP에서의 간질양파 개수와 비교되었다. 체코에 있는 Bruno 뇌전증센터에서 연구가 진행되었는데, 15명 중 4명이 여자, 11명이 남자였다. 평균 24.2±9.5년 동안 뇌전증을 앓고 있었고, 연령은 36.0±7.1세였다.

삽입 후 만성 미주신경자극요법 변수가 적용되었고, 측두엽 뇌전증 환자 8명과 측두엽외 뇌전증 환자 7명을 대상으로 한 연구가 진행되었다. 뇌전증으로 수술받은 병력이 있었던 환자는 7명이었다. 흥미롭게도 이 연구에서, SP 동안에 발작간기 간질양파가 BP에 비해 감소하였고(14명/15명, 93%), PP에 비해 감소하였는데(12명/15명, 80%), 이는 가장 높은 감소율이었다. 이 연구 결과는 사람을 대상으로 한 비슷한 연구들의 결과와 대조된다.

미주신경자극요법으로 긍정적인 임상 효과를 경험한 환자들에서 SP 동안의 발작간기 간질양파의 수는 의미 있게 많이 감소하였다. 급성 자극에 의해 발작간기 간질양파가 억제되는 효과는 아마도 미주신경자극요법을 받게 될 때 그 효능이 클 환자들을 예측하는 데 도움이 된다고 저자들은 덧붙였다. 또한 미주신경자극요법에 의한 간질양파의 비동시화 기전이 아마도 발병 기전일 수 있다고 추정했다.

기능성자기공명영상(fMRI)과 미주신경자극

미주신경자극요법을 받은 환자에서 기능성 뇌 변화를 관찰한 연구는 매우 적다.[75-77] Narayanan 팀[75]은 fMRI를 이용하여 뇌 활성화 상태와 혈류량에 대한 미주신경자극요법의 단기간 효과를 연구하였다. fMRI를 시행받은 평균 연령 35.4세인 5명(3명 여자, 2명 남자)의 환자를 연구하였다.

후중앙연수(dorsocentral medulla), 우측 중앙뒤이랑(right post central gyrus), 우측 시상(right thalamus), 양측 섬 피질(bilateral insular cortices), 시상하부(hypothalami), 양측 소뇌 아래 부위(bilateral inferior cerebellar regions) 등에서 혈류량이 증가하였다. 편도(amygdala), 해마(hippocampi), 뒤쪽 띠이랑(posterior cingulated gyri)에서는 혈류량이 의미 있게 감소하였다. 연구자들은 뇌의 시상과 섬 피질이 발작 동안 뇌 활동을 조정하는 데 어떤 역할을 한다고 제안하였다.

그와는 반대로, Sucholeiki 팀[76]은 4명의 환자를 대상으로 연구하였는데, 좌측 위관자이랑(left superior temporal gyrus), 아래이마이랑(inferior frontal gyrus), 위이마이랑의 내측 부분(medial portions of the superior frontal gyrus), 보조운동피질 구역(region of the supplementary motor cortex), 중간이마이랑의 뒤쪽(posterior aspect of the middle frontal gyrus)에서 fMRI의 활성화 상태가 관찰되었다고 밝혔다. 뇌간, 시상, 기저핵에서는 거의 관찰되지 않았다. Liu 팀[77]은 전두엽과 후두엽에서의 뇌 활성화 상태를 관찰하였다. 앞으로 더 많은 환자들을 대상으로 하는 연구가 필요하다.

SPECT 뇌영상과 미주신경자극요법

양전자방출단층촬영술(PET)과 단일광자방출단층촬영술(SPECT)로 미주신경자극요법에 대한 연구를 진행할 수 있다. 미주신경자극 동안에 동측 뇌간(brainstem), 띠(cingulate), 편도(amygdala), 해마(hippocampus), 반대측 시상(thalamus)에서 관류가 감소한다고 보고된 적이 있다.[78] 초기에 Ring 팀[79]은 7명의 환자를 대상으로 연구하였는데, 좌측과 우측 시상내측 부분에서 활성도가 상대적으로 감소하였다고 보고하였다. 그런 결과들을 바탕으로 볼 때, 간질파의 중계국으로 작용하는 변연계와 피질하 부분에서의 활동을 조정함으로써 미주신경자극이 그 작용을 한다고 볼 수 있다.

미주신경자극요법의 다른 이점

발작 조절을 유지하면서도 항뇌전증약 개수와 용량을 줄이고,[80] 경제적 효과가 있다는 점[81~83]이 미주신경자극요법의 가장 중요한 이차적인 이점에 속한다. Boon 팀[82]은 환자당 평균 병원 입원 기간이 줄고(연평균 16일에서 4일로 감소), 직접적인 의학적 비용이 감소했다는 점을 보고했다.

발작 빈도의 변화 외에도 중요한 임상적 효과가 관찰되었다. Malow 팀[84]은 저자극으로 치료받은 16명의 환자에서 주간 졸림과 각성도 부분에서 호전을 보였다고 보고했다. 미주신경자극요법은 비만을 줄이고,[85,86] 기억력을 향상시키며,[87] 치료에 잘 반응하지 않는 우울증을 호전시키고,[88] 기분을 좋게 하는 데[89~91]도 사용된 적이 있다고 보고했다. 알츠하이머, 강박장애, 편두통, 불안장애에서의 미주신경자극요법 사용에 대한 예비연구가 진행 중에 있다.

결론

이 장에서는 지적장애가 있는 환자에서 부분 난치성뇌전증을 치료하는 방법으로 미주신경자극요법에 대한 효과를 살펴보았다. 거의 틀림없이 지적장애 환자는 미주신경자극요법으로 가장 극적인 효과를 볼 수 있는 가장 큰 환자군이다. 2만 명 이상의 환자가 미주신경자극요법으로 치료를 잘 받고 있음에도 불구하고, 지적장애가 있는 환자들만을 대상으로 하는 임상적 연구 자료는 턱없이 부족하다. 지적장애가 있는 많은 환자들이 몇몇 연구 대상의 일부분으로만 연구가 되어왔고, 그들에 대한 결과가 독립적으로 보고되고 있지 않다. 임상 연구 결과를 바탕으로 미주신경자극요법은 새로운 항뇌전증약에 견줄 만한 효능을 가지고 있고, 안전하고, 쉽게 관리할 수 있다. 임상 경험으로 볼 때 미주신경자극요법으로 얻는 최대 이득은 최소한 1년 정도는 확실히 나타나지 않을 수도 있다고 하지만, 미주신경자극요법의 장기간 효과는 일반적인 항경련제 치료보다 큰 것 같다.

발작 형태, 과거의 항뇌전증약에 대한 반응, 건강 상태, 매일 사용할 수 있는 순응도 등에 있어서 적절한가와 삶의 질이나 약물 사용의 감소와 같은 이점이 있느냐에 따라 미주신경자극요법을 받게 될 환자가 결정된다. 부분 또는 전신 뇌전증 환자에서 3~4개 정도의 적절한 항뇌전증약 사용에도 불구하고 치료되지 않을 때 미주신경자극요법이 고려되어야 한다.

(1) 지적장애 환자들만을 대상으로 한 무작위 비교 임상 시험의 필요성, (2) 동반질환이 많은 환자에서의 부작용에 대한 더 많은 연구들, (3) 지적장애 정도, 지적장애 원인, 발작 형태 중에서 어떤 요인들이 그 효과를 결정하는가, (4) 삶의 질에 대한 영향, (5) 장기간 효과 등에 대하여 지적장애가 있는 환자에서의 미주신경자극요법 사용에 대한 많은 의문점들이 남아 있다.

미주신경자극요법은 일반적으로 뇌전증 치료에는 극적인 효과가 있다. 뇌전증 치료에 새로운 시대를 알렸고, 지적장애가 있는 환자에게도 분명 효과적이다.

참고문헌

1. Coulter DL. (1993) Epilepsy and mental retardation: An overview. Am J Ment Retard. 98: 1–11.
2. Bowley C, Kerr M. (2000) Epilepsy and intellectual disability. J Intellect Disabil Res 44: 529–543.
3. McDermott S, Moran R, Platt T, et al. (2005) Prevalence of epilepsy in adults with mental retardation and related disabilities in primary care. Am J Ment Retard 110: 48–56.
4. Espie CA, Gillies JB, Montgomery JM. (1990) Antiepileptic polypharmacy, psychosocial behaviour and locus of control orientation among mentally handicapped adults living in the community. J Ment Defic Res. 34: 351–360.
5. Singh BK, Towle PO. (1993) Antiepileptic drug status in adult outpatients with mental retardation. Am J Ment Retard 98: 41–46.
6. Zabara J. (1985) Peripheral control of hypersynchronous discharge in epilepsy. Electroencephal Clin Neurophysiol. 61: 162.
7. Zanchetti A, Wang SC, Moruzzi G. (1952) Effect of afferent vagal stimulation on the electro-encephalogram of the cat in cerebral isolation. B Soc Ital Biol Sper. 28: 627–628.
8. Chase MH, Sterman MB, Clemente CD. (1966) Cortical and subcortical patterns of response to afferent vagal stimulation. Exper Neurol. 16: 36–49.
9. Woodbury DM, Woodbury JW. (1990) Effects of vagal stimulation on experimentally induced seizures in rats. Epilepsia 31: S7–s19.
10. Lockard JS, Congdon WC, DuCharme LL. (1990) Feasibility and safety of vagal stimulation in monkey model. Epilepsia 31: S20–s26.
11. Penry JK, Dean JC. (1990) Prevention of intractable partial seizures by intermittent vagal stimulation in humans: Preliminary results. Epilepsia 31: S40–s43.
12. Binnie CD. (2000) Vagus nerve stimulation for epilepsy: A review. Seizure 9: 161–169.
13. Vonck K, Laere K, Van Dedeurwaerdere ST, et al. et al. (2001) The mechanism of action of vagus nerve stimulation for refractory epilepsy. J Clin Neurophysiol 18: 394–401.
14. Henry TR. (2002) Therapeutic mechanisms of vagus nerve stimulation. Neurology. 59: S3–S14.
15. Rutecki P. (1990) Anatomical, physiological, and theoretical basis for the antiepileptic effect of vagus nerve stimulation. Epilepsia 31: S1–s6.
16. Boon P, Vonck K, Reuck J, et al. De et al. (2001) Vagus nerve stimulation for refactory epilepsy. Seizure 10: 448–455.
17. Krahl SE, Clark KB, Smith DC, et al. et al. (1998) Locus coeruleus lesions suppress the seizure-attenuating effects of vagus nerve stimulation. Epilepsia 39: 709–714.
18. Amar AP, Heck CN, DeGiorgio, CM, et al. et al. (1999). Experience with vagus nerve stimulation for intractable epilepsy: Some questions and answers. Neurol Med Chir (Tokyo) 39: 489–495.
19. Ben-Menachem E. (1996) Vagus nerve stimulation. Bailliere's Clin Neurol 5: 841–848.
20. Hammond EJ, Uthman BM, Reid SA, et al. et al. (1992) Electrophysiological studies of cervical vagus nerve stimulation in humans: I. EEG effects. Epilepsia 33: 1013–1020.
21. Henry TR. (1998) 10 most commonly asked questions about vagus nerve stimulation for epilepsy. Neurologist 39: 677–686.
22. Vonck K, Boon P, Laere K, et al. Van et al. (2000) Acute single photon emission computed tomographic study of vagus nerve stimulation in refractory epilepsy. Epilepsia 41: 601–609.
23. Olejnieczak PW, Fisch BJ, Carey M, et al. et al. (2001) The effect of vagus nerve stimulation on epileptiform activity recorded from hippocampal depth electrodes. Epilepsia 42: 423–429.
24. Koo B. (2001) EEG changes with vagus nerve stimulation. J Clin Neurophysiol 18: 434–441.
25. Salinsky MC, Burchiel KJ. (1993) Vagus nerve stimulation has no effect on awake EEG rhythms in humans. Epilepsia 34: 299–304.
26. Vonck K, Thadani V, Gilbert K, et al. (2004) Vagus nerve stimulation for refractory epilepsy: A transatlantic experience. J Clin Neurophysiol 21: 283–289.

27. Uthman BM., Wilder BJ, Hammond EJ, et al. (1990) Efficacy and safety of vagus nerve stimulation in patients with complex partial seizures. Epilepsia 31: S44–s50.

28. Uthman BM, Wilder BJ, Penry JK, et al. (1993) Treatment of epilepsy by stimulation of the vagus nerve. Neurology 43: 1338–1345.

29. The Vagus Nerve Stimulation Study Group. (1995) A randomized controlled trial of chronic vagus nerve stimulation for treatment of medically intractable seizures. Neurology 45: 224–230.

30. Amar AP, Heck CN, Levy ML, et al. (1998) An institutional experience with cervical vagus nerve trunk stimulation for medically refactory epilepsy: Rationale, technique, and outcome. Neurosurgery 43: 1265–1280.

31. Handforth A, DeGiorgio CM, Schachter, et al. (1998) Vagus nerve stimulation therapy for partial-onset seizures. Neurology 51: 48–55.

32. Salinsky MC, Uthman BM, Ristanovic RK, et al. (1996) The Vagus Nerve Stimulation Study Group. Vagus Nerve Stimulation for the Treatment of Medically Intractable Seizures. Arch Neurol 53: 1176–1180.

33. Morris GL, Mueller WM. The Vagus Nerve Stimulation Group E01–E05. (1999) Long-term treatment with vagus nerve stimulation in patients with refractory epilepsy. Neurology 53: 1731–1735.

34. DeGiorgio CM, Schachter SC, Handforth A, et al. (2000) Prospective long-term study of vagus nerve stimulation for the treatment of refactory seizures. Epilepsia. 41: 1195–1200.

35. Alexopoulos AV, Kotagal P, Loddenkemper T, et al. (2006) Long-term results with vagus nerve stimulation in children with pharmacoreresistant epilepsy. Seizure. 15: 491–503.

36. Parker APJ, Polkey CE, Binnie CD, et al. (1999) Vagal nerve stimulation in epileptic encephalopathies. Pediatrics 1003: 778–782.

37. Lundgren J, Amark P, Blennow G, et al. (1998) Vagus nerve stimulation in 16 children with refractory epilepsy. Epilepsia 39: 809–813.

38. Murphy JV, Pediatric VNS Study Group. (1999) Left vagal nerve stimulation in children with medically refractory epilepsy. J Pediatr 34: 563–566.

39. Frost M, Gates J, Helmers SL, et al. (2001) Vagus nerve stimulation in children with refactory seizures associated with Lennox-Gastaut syndrome. Epilepsia 42: 1148–1152.

40. Benifla M, Rutka JT, Logan W, et al. (2006). Vagal nerve stimulation for refractory epilepsy in children: Indications and experience at The Hospital for Sick Children. Child Nerv Syst 22: 1018–1026.

41. Rychlicki F, Zamponi N, Trignani R, et al. (2006) Vagus nerve stimulation: Clinical experience in drug-resistant pediatric epileptic patients. Seizure 15: 483–490.

42. Helmers SL, Wheless JW, Frost M, et al. (2001) J Child Neurol 16: 843–848.

43. Majoie HJM, Berfelo MW, Aldenkamp AP, et al. (2001) Vagus nerve stimulation in children with therapy-resistant epilepsy diagnosed as Lennox-Gastaut syndrome. J Clin Neurophysiol 18: 419–428.

44. Aldenkamp AP, Veerdonk SHA, Van de Majoie HJM, et al. et al. (2001) Effects of 6 months of treatment with vagus nerve stimulation on behavior in children with Lennox-Gastaut syndrome in an open clinical and nonrandomized study. Epilepsy Behav 2: 343–350.

45. Nagarajan L, Walsh NL, Gregory P, et al. (2002) VNS Therapy in clinical practice in children with refractory epilepsy. Acta Neurol Scand 105: 13–17.

46. Andriola MR, Vitale A. (2001) Vagus nerve stimulation in the developmentally disabled. Epilepsy Behav 2: 129–134.

47. Hornig GW, Murphy JV, Schallert G, et al. (1997) Left vagus nerve stimulation in children with refractory epilepsy: An update. South Med J 90: 484–488.

48. Park YD. (2003) The effects of vagus nerve stimulation therapy on patients with intractable seizures and either Landau-Kleffner syndrome or autism. Epilepsy Behav 4: 286–290.

49. Kanner L. (1943) Autistic disturbances of affective contact. Nervous Child 2: 217–250.

50. Casazza M, Avanzini G, Ferroli P, et al. (2006) Vagal nerve stimulation: Relationship between outcome and electroclinical seizure pattern. Seizure 15: 198–207.

51. Buoni S, Mariottini A, Pieri S, et al. (2004) Vagus nerve stimulation for drug-resistant epilepsy in children and young adults. Brain Dev 26: 158–163.
52. Hosain S, Nikalov B, Harden, C, et al. (2000). Vagus nerve stimulation treatment for Lennox-Gastaut syndrome. J Child Neurol 15: 509–512.
53. Ben-Menachem E, Hellstrom K, Waldton C. (1999) Evaluation of refractory epilepsy treated with vagus nerve stimulation for up to 5 years. Neurology 52: 1265–1267.
54. Atkins L, Miller, WL, Salam M. (1972) A ring-20 chromosome. J Med Genet 9: 377–380.
55. Chawla J, Sucholeiki R, Jones C, et al. (2002) Intractable epilepsy with ring chromosome 20 syndrome treated with vagal nerve stimulation: Case report and review of the literature. J Child Neurol 17: 778–780.
56. Alpman A, Serdaroglu G, Cogulu, O, et al. (2005) Ring chromosome 20 syndrome with intractable epilepsy. Dev Med Child Neurol 48: 80.
57. Parr JR, Pang K, Mollett A, et al. (2006) Epilepsy responds to vagus nerve stimulation in ring chromosome 20 syndrome. Dev Med Child Neurol 48: 80.
58. Thiele EA. (2004) Managing epilepsy in tuberous sclerosis complex. J Child Neurol 19: 680–686.
59. Parain D, Penniello MJ, Berquen, P. (2001) Vagal nerve stimulation in tuberous sclerosis complex patients. Pediatr Neurol 25: 213–216.
60. Wilfong AA, Schultz RJ. (2006) Vagus nerve stimulation for treatment of epilepsy in Rett syndrome. Dev Med Child Neurol 48: 683–686.
61. Matthews, K, Elijamel MS. (2003) Vagus nerve stimulation and refractory depression: Please can you switch me on doctor? Br J Psychiatr 183: 181–183.
62. Ben-Menachem E. (2001). Vagus nerve stimulation, side effects, and long term safety. (2001). J Clin Neurophysiol. 18: 415–418.
63. Lockard JS, Ojemann GA, Congdon WC, et al. (1979). Cerebellar stimulation in alumina-gel monkey model: inverse relationship between clinical seizures and EEG interictal bursts. Epilepsia 20: 223–234.
64. Tatum, WO, 4th, Moore DB, Stecker MM, et al. (1999) Ventricualr asystole during vagus nerve stimulation for epilepsy in humans. Neurology 52: 1267–1269.
65. Asconape JJ, Moore DD, Zipes DP, et al. (1999) Bradycardia and asystole with the use of vagus nerve stimulation for the treatment of epilepsy: A rare complication of intraoperative device testing. Epilepsia 40: 1452–1454.
66. Zalvan C, Sulica L, Wolf S, et al. (2003) Laryngopharyngeal dysfunction from the implant vagal nerve stimulator. Laryngoscope 113: 221–225.
67. Kersing W, Dejonckere PH, Aa, HE, et al. van deret al. (2002) Laryngeal and vocal changes during vagus nerve stimulation in epileptic patients. J Voice 16: 251–257.
68. Charous SJ, Kempster G, Manders, E, et al. (2001) The effect of vagal nerve stimulation on voice. Laryngoscope. 111: 2028–2031.
69. Lundgren J, Ekberg O, Olsson, R. (1998) Aspiration: A potential complication to vagus nerve stimulation. Epilepsia 39: 998–1000.
70. Annegers JF, Coan SP, Hauser WA, et al. (2000) Epilepsy, vagal nerve stimulation by the NCP system, all-cause mortality, and sudden, unexpected, unexplained death. Epilepsia 41: 549–553.
71. Espinosa J, Aiello MT, Naritoku DK. (1999) Revision and removal of stimulating electrodes following long-term therapy with the vagus nerve stimulator. Surg Neurol 51: 659–664.
72. Ramsay RE, Uthman BM, Augustinsson LE, et al. (1994). Vagus nerve stimulation for treatment of partial seizures: 2. Safety, side effects, and tolerability. First International Vagus Nerve Stimulation Study Group. Epilepsia 1994. 35: 627–636.
73. Kuba R, Guzaninova M, Brazdil M, et al. (2002) Effect of vagal nerve stimulation on interictal epileptiform discharges: A scalp EEG study. Epilepsia 43: 1181–1188.
74. Marrosu F, Santoni F, Puligheddu M, et al. (2005) Increase in 20–50 Hz (gamma frequencies) power spectrum and synchronization after chronic vagal nerve stimulation. Clin

Neurophysiol 116: 2026–2036.

75. Narayanan JT, Watts R, Haddad N, et al. (2002) Cerebral activation during vagus nerve stimulation: A functional MR study. Epilepsia 43: 1509–1514.

76. Sucholeiki R, Alsaadi TM, Morris GL. (2002) fMRI in patients implanted with a vagal nerve stimulator. Seizure 11: 157–162.

77. Liu WC, Mosier K, Kalnin AJ, et al. (2003) BOLD f MRI activation induced by vagus nerve stimulation in seizure patients. J Neurol Neurosurg Psychiatr 74: 811–813.

78. Barnes A, Duncan R, Chisholm JA. (2003) Investigation into the mechanisms of vagus nerve stimulation for the treatment of intractable epilepsy, using 99mTc-HMPAO SPECT brain images. Eur J Nucl Med Mol Imaging 30: 301–305.

79. Ring HA, White S, Costa DC, et al. (2000) A SPECT study of the effect of vagal nerve stimulation on thalamic activity in patients with epilepsy. Seizure 9: 380–384.

80. Tatum WO, Johnson KD, Goff S, et al. (2001) Vagus nerve stimulation and drug reduction. Neurology 56: 561–563.

81. Jacoby A, Buck D, Baker G, et al. (1998) Uptake and costs of care for epilepsy: Findings from a U.K. regional study. Epilepsia 39: 776–786.

82. Boon P, Vonck K, D'Have M, et al. (1999) Cost-benefit of vagus nerve stimulation for refactory epilepsy. Acta Neurol Bel 99: 275–280.

83. Boon P, D'Have MD, Walleghem P, et al. Vanet al. (2002) Direct medical costs of refactory epilepsy incurred by three different treatment modalities: A prospective assessment. Epilepsia 43: 96–102.

84. Malow BA, Edwards J, Marzec M, et al. (2001) Vagus nerve stimulation reduces daytime sleepiness in epilepsy patients. Neurology 57: 879–884.

85. Roslin M, Kurian M. (2001) The use of electrical stimulation of the vagus nerve to treat morbid obesity. Epilepsy Behav. 2: S11–S16.

86. Sobocki J, Krolczyk G, Herman RM, et al. (2005) Influence of vagal nerve stimulation on food intake and body weight — results of experimental studies. J Physiol Pharmacol. 56: 27–33.

87. Clarke KB, Naritoku DK, Smith DC, et al. (1999). Enhanced recognition memory following vagus nerve stimulation in human subjects. Nature Neurosci 2: 94–98.

88. Sackeim HA, Keilp JG, Rush AJ, et al. (2001) The effects of vagus nerve stimulation on cognitive performance in patients with treatment-resistant depression. Neuropsy Neuropsy Be 14: 53–62.

89. Harden CL, Pulver MC, Ravdin LD, et al. (2000) A pilot study of mood in epilepsy patients treated with vagus nerve stimulation. Epilepsy Behav. 1: 93–99.

90. Hoppe C, Helmstaedter C, Scherrmann J, et al. (2001) Self-reported mood changes following 6 months of vagus nerve stimulation in epilepsy patients. Epilepsy Behav 2: 335–342.

91. Elger G, Hoppe C, Falkai, P, et al. (2000) Vagus nerve stimulation is associated with mood improvements in epilepsy patients. Epilepsy Res 42: 203–210.

지적장애와 뇌전증이 있는 환자에서의 간질병소절제술

A. Nicolson

서론

뇌전증은 지적장애 환자에서 흔하며, 종종 약물치료에 반응하지 않는다. 한 장기간 연구에서 보면, 경계선 지능(IQ 71~85) 또는 평균 지능(IQ>85)을 가진 환자에서는 25%만이 연간 1번 이상의 발작이 있는 데 비하여, IQ가 70 미만인 환자군에서는 70% 에서 연간 1번 이상의 발작이 있었다.[1] 이들은 잠재적으로는 뇌전증 수술로 효과를 볼 수 있는 환자들이다.

뇌전증 수술의 가능성을 고려할 때는 진행 중인 난치성뇌전증이 있는 환자에게 있는 위험성에 대해서 고려해야 한다. 발작 동안에 있을 부상의 위험성도 있고, 지적장애와 난치성뇌전증이 있는 환자들은 원인불명급사(SUDEP) 위험성도 가장 높은 그룹에 속한다.[2] 이에 더하여, 난치성뇌전증은 환자 개개인에 심리사회적이고 인지적 영향을 미친다. 그러므로 이 환자 그룹에서 수술적 치료는 심각하게 고려해볼 만하다. 물론 명백하게 다발성발작 병소가 있거나 또는 증상성전신뇌전증이 있을 때는 간질병소절제술을 받을 수 없지만, 지적장애와 뇌전증이 있는 많은 환자들은 수술로 치료할 수 있는 병변이 있을 수 있다.

V. P. Prasher, M. P. Kerr(eds.) *Epilepsy and Intellectual Disabilities*,
DOI : 10.1007/978-1-84800-259-3_9, ⓒ Springer Science+Business Media, LLC 2008

그러나 지적장애가 다발성발작 병소가 있는 전반적인 뇌기능 저하를 나타내는 것일 수 있기 때문에, 지능지수가 낮으면 수술의 상대적 금기라는 관점[3-5]이 예전부터 받아들여져 왔다. 또한 이미 제한된 인지능력을 가지고 있는 지적장애 환자들에서 인지 기능 부분에서의 위험성도 있다. 그러나 최근까지 이런 통념들이 의심 없이 받아들여졌고, 그 결과 수술적 치료로 효과를 볼 수 있는 많은 환자들이 적절한 검사 및 평가도 받지 못하게 되었다. 진행하고 있는 발작에 의해 전반적 발달이 나쁜 영향을 받을 수 있는 지적장애와 뇌전증 소아 환자에서 특히 중요한데, 간질병소절제술에 대한 조기 평가로부터 가장 큰 이득을 얻을 수 있다는 점에서 그러하다.

IQ가 낮으면 뇌전증 수술에 금기가 되는가?

이 물음에 대답하기 위한 첫 번째 대규모 다기관 연구가 있었는데, 미국 8개 센터에서 측두엽 절제술을 받고 수술 전과 수술 후 신경심리평가를 받은 1,000명 이상의 성인을 대상으로 하여 후향적으로 결과를 분석하였다.[6] 2.3%인 24명만이 70 미만의 IQ를 가졌고, 이는 지적장애 환자들이 절제술 치료를 받지 못하는 경향을 나타내주었다. 이 연구에서는 수술 전 IQ와 발작 결과 사이의 관련성이 관찰되었지만, 그 효과는 그리 대단하지 않았다. 사실 IQ가 70 미만일 때 관해율은 54.2%, 경계선 수준일 때는 73.2%였다. IQ가 낮을수록 일부에서는 발작 결과가 약간 더 나쁠 수도 있지만, 상당한 효과를 볼 수 있는 환자 비율도 꽤 높다는 것을 강조했다. 이 연구에서 결과가 가장 좋지 않았던 환자들은 해마경화증을 제외한 다른 병변이 있는 IQ가 낮은 환자군이었다.

몇몇 소규모 연구에서도 수술 전 IQ 정도와 수술 후 결과에 대한 문제를 살펴보았는데, Gleissner 팀[7]은 85 미만의 IQ를 가진 16명의 성인에서 관해율이 64%였고, 신경심리학적 기능에서 전혀 문제가 없었고, 사회경제적인 결과는 어느 정도 좋았다고 밝혔다. 결과가 나쁨을 예측하는 주요한 요인으로서 좌측의 병변이 있었는데, 이것은 아마 우성 대뇌반구에서의 수술이 더 제한을 받기 때문일 것으로 생각된다.

동일한 그룹이 뇌전증 절제술을 받은 285명의 소아 환자를 연구하였고, 그 결과를 IQ 정도와 관련해서 분석하였다.[8] 7.4%인 21명이 IQ가 70 미만이었고, 8.4%인 24명이 평균 지능 이하의 정도(IQ 71~85)를 보였다. 수술 1년 후 발작 결과에 대해 비교할 때, 이 그룹과 평균 IQ를 가진 환자들 사이에 의미 있는 차이점은 없었다(IQ가 낮은 그룹의 67%에서, 경계선 IQ 그룹의 77%에서, 평균 지능 그룹의 78%에서 발작 소실을 보임). IQ가 낮은 환자들에서 실행기능의 향상을 제외하고는 신경심리학적 평가에서는 변화가 없었다. 집중력은 향상됐고, 행동 문제도 모든 그룹에서 수술 후 덜 뚜렷해졌다.

Bjornaes 팀[9]은 절제술을 받은 IQ가 70 미만인 환자 31명에서 48%의 관해율을 관찰했다. 측두엽외 뇌전증(38%)보다는 측두엽 뇌전증 환자에서 관해율(52%)이 더 높았지만, 결과를 예측할 수 있는 주요 요인은 뇌전증을 앓은 기간이었다. 12년 미만의 뇌전증 환자에서는 80%가 발작 소실을 얻었다. 일반적으로 뇌전증 수술 시기를 정하는 게 매우 중요한데, 특히 지적장애 환자들은 더 그렇다. 만성 뇌전증 환자가 신경심리학적 및 심리사회적인 면에 악영향을 미친다는 것은 잘 알려져 있다. 지적장애 환자를 완치적 수술 치료법으로부터 배제하기보다는 더 일찍 더 공격적으로 평가하고 고려해야 한다.

일반인들보다 뇌전증 환자에서, 특히 약물난치성부분뇌전증 환자에서 정신의학적 문제가 매우 높다. 기분장애는 매우 흔하고, 그 정의에 따라 환자의 75%까지 일어날 수 있다.[10] 불안도 난치성뇌전증 환자의 40% 이상에서 보고되었다.[11] 뇌전증이 없는 사람들과 비교해볼 때 측두엽 뇌전증 환자에서 자살률은 25배 높다.[12] 정신의학적 증상은 뇌전증 수술 후 나빠질 수도 있고, 새로 생길 수도 있다. 그래서 이전에 정신의학적 문제가 있었느냐에 따라 주의 깊게 수술이 시행되거나 거부되기도 한다. 이 문제는 행동 문제와 다른 정신의학적 증상이 공존하는 지적장애 뇌전증 환자에서 특히 관련이 높다. 이런 이유로 많은 임상의사들이 지적장애 환자에서 뇌전증 수술에 대해 의심하면서, 특히 정신의학적 증상이 동반되어 있는 경우에는 종종 수술을 거부하기도 한다.

그러나 몇몇 보고에 의하면 뇌전증 환자의 정신의학적 상태는 뇌전증 수술에 의해 영향을 받지 않거나 또는 오히려 호전될 수 있고,[13, 14] 만성 정신병 환자도 성공적으로 치료받을 수 있다고 한다.[15] 지적장애 환자에서의 정신의학적 결과에 대한 증거는 불충분하지만, IQ가 다른 환자군에서의 발작 결과를 조사한 연구 중 하나에서는 지적장애 환자에서의 행동 문제가 전반적으로 호전된다고 보고하였다.[8]

단일기관에서 뇌전증 수술을 받은 226명 환자를 대상으로 한 연구에 따르면, 전반적으로 정신의학적 결과가 좋은 편이지만[16] 지적장애가 있는 환자들만을 특별히 분석하지는 못했다. 수술 전 정신의학적 장애가 34.5%로 높았고, 정신병은 16%에서 동반되었다. 22명(28%) 환자에서 정신의학적 증상이 수술 후에 호전되었다. 그들의 주 증상은 발작 후 정신병으로, 이것은 좋은 수술 효과를 예측할 수 있는 요인으로 생각된다. 39명(50%) 환자가 수술 후 정신의학적 증상이 지속되었고, 17명(22%)에서는 새로 나타났다. 이전에 보고된 적이 있듯이,[17] 새로 발병한 정신의학적 증상을 보인 많은 환자들에서 수술 전에 정신의학적 문제로 이행될 수 있는 성격특성 장애를 발견할 수 있었다. 수술 후 새로 생기는 정신병은 비우성 대뇌반구절제술과 신경절 신경아교종(ganglioglioma) 같은 일부 종양[20]에서 더 흔한 것으로 보고된 적이 있으나,[18,19] 다른 연구에서는 확인되지 않았다.[16] 주요우울 삽화는 뇌전증 수술 후 일어날 수 있지만, 대개 일시적이고, 경미한 기분장애 병력이 있는 환자에서 나타나는 경우가 많다.[17]

지적장애 환자에서의 수술에 대한 걱정에도 불구하고, 적은 연구이긴 하지만 최근 연구 결과는 IQ가 낮은 것 자체만으로 뇌전증병소절제술을 배제할 수는 없다고 본다. 지적장애가 심할수록 약간 더 나쁜 결과를 보이는 경향이 있지만, 여전히 인지 수행이나 행동에서 나빠지지 않고 상당 부분에서 더 큰 이득이 있다. 그러나 이 문제에 관해서는 더 많은 환자에 대한 연구가 필요하며, 또한 IQ 50 미만의 환자들에 대한 데이터는 매우 적기 때문에 더 심한 지적장애 환자들이 절제술로 효과를 보는지에 대해서도 연구하는 것이 필요하다. 만성 약물난치성뇌전증이 수년간 지속되어 특히 소아 발달에 미치는 악영향을 생각할 때, 수술이 고려되면 가능한 한 빨리 시행되어야 한다는 것은 직감적으로도 알 수 있다. 현재 그런 환자들 대다수가 지역사회 또는 지적장애에 관심이 있는 정신과 의사들에 의해 치료되고 있고, 신경전문 뇌전증 서비스를 받기도 힘들기 때문에 전문센터 밖에서 생각의 전환이 필요하다.

학습장애가 있는 환자들의 수술 전 평가에서 특별히 고려해야 할 점

뇌전증 수술의 주요 역할은 인지적 또는 심리학적으로 악영향을 미치지 않고 발작이 소실되거나 또는 발작 빈도가 의미 있게 감소하는 것이다. "발작이 정상적인 삶의 질을 방해하는 주요한 또는 유일한 원인인 환자에서는 어떤 경우라도 뇌전증 수술이 고려되어야 한다"[21]고 주장된 적도 있다. 지적장애 환자는 정상적인 삶의 질 자체가 불가능하기 때문에 그들에게는 이것이 적용되기는 어려울 수 있어도, 뇌전증 수술의 목표는 주의 깊게 고려되어야 한다.

지적장애 환자에서 수술 전 평가 과정은 정상 지능을 가진 경우보다 훨씬 더 복잡할 수 있다. 임상 양상, 영상 결과, 그리고 뇌파 사이의 연관성이 발작 병소를 정확하게 찾는 데 매우 중요하다. 지적장애 환자들은 IQ가 더 높은 환자들만큼 자세하게 그들의 발작 양상에 대해 설명하기가 어렵고, 자기공명영상도 전신마취 없이 찍기가 어려울 수 있고, 신경심리평가에서도 IQ가 낮은 것을 고려해야 한다.

신경심리평가

뇌전증 수술 프로그램에서 모든 환자에 대해 수술 전 신경심리평가를 하는 몇 가지 목적이 있다. 그 결과를 통해 뇌에서의 개인의 언어 및 시각공간수행능력의 조직화에 대해 알 수 있고, 이는 발작 병소와 관련이 있는 뇌의 기능장애 영역에 대한 증거를 제시해준다. 또한 기억력과 언어수행능력에 대한 수술 후 위험성에 대해서도 평가한다. 이런 주요한 기능뿐 아니라 수술이 개인에게 미칠 수 있는 정신사회적인 결과에 대해서도 평가한다. 정신적인 부분에서의 동반질환을 확인하고, 환자(그리고 가족 또는 간병인)가 수술에 대해 기대하고 있는 바를 평가한다. 한 환자가 뇌전증을 대처하는 방식과 수술 전 지지망이 성공적인 수술의 가능한 정신사회적인 결과를 확인하는 데 있어서 관련이 있다. 환자들의 수술 전 목표가 현실적이고 실제적이었다면, 그들은 수술을 성공적인 것으로 간주할 것이다.[22] 사회생활, 고용, 운전, 인간관계 등에 악영향을 미치는 발작이 자주 있다가 수술 후에는 그 발작이 완전히 없어진다는 것은 삶의 큰 변화이다.[23] 지적장애 환자들에서 수술의 목표는 그런 장애가 없는 환자들과는 매우 다를 수 있다. 그러나 쉽게 이것을 확실히 말하기가 어렵고, 환자 및 가족 또는 보호자에게 이 문제에 대한 특별한 상담이 필수적이다.

뇌전증 수술을 고려하는 모든 환자에서 이런 것들이 고려되어야 하지만, 지적장애 환자에서는 특별한 고려가 필요하다. 신경심리평가 도구들이 지적장애 환자에게 맞지 않고, 평균 지능을 가진 사람들에서 전반적인 인지기능을 평가하는 것만큼 정확하게 알려주는지에 대해서는 부정확하다. 실제 사용되는 신경심리평가들은 센터들마다 다양할 수 있고, 접근이 균일하지 않으며,[24] 지적장애 환자에서 사용되는 특수한 프로토콜도 없다. 지적장애가 있는 소아 환자에서 특히 그렇다. 아동기 동안 연령이 다를 때 사용되는 신경심리평가 방법은 가장 유용할 수도 있지만, 한편으로 해석하기가 매우 어려울 수도 있다.

경동맥내 아미탈 검사 또는 Wada 테스트는 언어기능의 편측성을 검사하고, 수술 후 기억상실 위험이 있는 환자들을 예측하는 방법으로 사용된다. 표준 신경심리평가처럼 센터마다 그 과정이 다를 수 있고, 신경심리검사에서의 결과로 편측성에 대한 증거가 확실할 때는 그것이 꼭 필요한 검사가 아니라고 생각되기도 한다.[25] sodium amytal을 한쪽 경동맥에 주입하여 대뇌반구 한쪽이 마취된 상태가 되어 신경심리학자가 반대측 대뇌반구의 기억력과 언어능력을 평가할 수 있도록 한다. 지적장애 환자에서 Wada 테스트를 쓸 수 있는지 또는 약간의 변경이 필요한지는 잘 알려져 있지 않고, IQ가 75 미만일 때는 이 테스트를 사용하지 않는 경우도 있다.[24] 앞으로 다른 방법들, 특히 fMRI (그림 9.1A~D)와 자기뇌파검사(magnetoencephalography) 등이 Wada 테스트의 역할을 대체할 수도 있지만, 어떤 프로토콜도 지적장애 환자에서는 변경되어 사용될 필요가 있다.

발작 기록

수술 전 평가 과정에서 발작 기록은 기본적으로 필요하고, 가장 분명한 증례들에서조차도 발작 양상을 확인하는 데 있어서 매우 중요하다. 발작 기록을 얻는 것이 지적장애 환자들에서는 더 어려울 수 있고, 보호자가 환자와 함께 있게 하는 것이 필요할 수 있다. 입원 당일에는 복용하고 있는 항뇌전증약을 줄이는 것이 입원 기간을 짧게 하는 데 도움을 줄 수 있다. 지적장애가 있는 경우에 종종 두피뇌파기록과 기본 MRI 결과 만으로는 발작 병소를 찾기가 쉽지 않아서, 침습적인 심부 또는 경막하 띠/격자 뇌파 (depth or subdural strips/grids)가 필요하다(그림 9.2). 이런 장치로 인해 지적장애 환자들이 견디기 더 어렵고, 수술 중 지도화(mapping)가 필요한 경우에도 매우 어렵다.

동의

수술 전 평가 과정의 모든 단계에서 사전 동의를 받도록 노력해야 한다. 지적장애 환자에서는 이것이 어려울 수 있고, 법정 후견인이 동의하더라도 환자와 가족을 다루는 데 경험이 많은 전문가가 평가 과정에 대한 목적, 위험성 및 기대치 등에 관해 자세한 토의를 하는 것이 매우 중요하다.

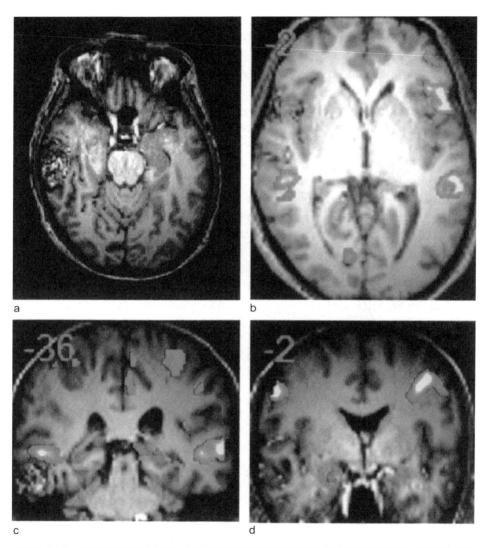

그림 9.1 기능성자기공명영상술(fMRI). 1회 강직간대발작으로 내원한 45세 왼손잡이 남자. MRI에서 우측 측두엽 동정맥 기형이 보임(A). 동정맥 기형에 대해 수술적 절제술을 받기 전 평가 과정에서 언어 국소화를 위해 fMRI를 시행받았다. 3개의 다른 언어 패러다임으로 시행되었고, 동사 발생(verb generation) 패러 다임을 통해 양측 브로카 영역과 베르니케 영역의 활성화가 확인되었고, 베르니케 영역이 우측 동정맥 기형의 핵(nidus) 바로 위쪽에 있는 것이 확인되었다.

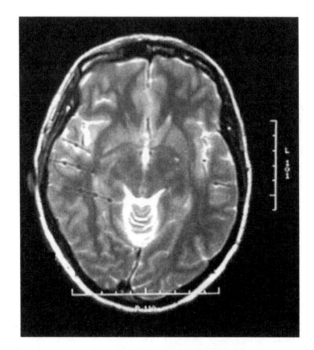

그림 9.2 심부 전극(depth electrodes). 25세 남자가 매번 같은 후각 전조증상 후에 복합부분발작이 나타났다. MRI는 정상이었고, 발작기 두피뇌파기록을 통해 우측 측두엽 부분에서 발작이 시작되는 것이 의심되었다. 이것은 우측 측두엽 3개의 전극과 좌측 측두엽 1개의 전극을 통한 심부 전극 기록을 통해 확인되었다.

절제술로 효과를 볼 수 있는 지적장애관련 병변

국소피질형성이상

30년 전에 처음으로 기술된 국소피질형성이상(Focal Cortical Dysplasia, FCD)은, 영상기술이 발전함에 따라 그것을 발견할 능력도 향상되었지만 여전히 불확실성은 남아있다.

국소피질형성이상은 부분간질지속증 등의 심한 약물난치성뇌전증과 흔히 연관되어있다. 그래서 가능한 한 수술에 대한 평가가 매우 중요하다. 국소피질형성이상은 지적장애 정도와 흔히 관련이 있는데, 과거에 잠재성(cryptogenic)이라고 불리던 많은 증례들이 현재는 고해상 MRI를 통해 국소피질형성이상이 확인될 수 있다. 그러나 가장 정교한 MRI조차도 모든 국소피질형성이상을 다 찾아낼 수는 없어서 실제 유병률은 알려져 있지 않다. 항뇌전증약으로는 종종 완치가 어렵기 때문에 수술을 통해 국소피질형성이상 환자에게 희망을 줄 수 있다.

몇몇 수술적 연구를 통해 국소피질형성이상 환자에 대한 수술 결과가 보고되었고, 약 40~50% 정도 완치율을 보고하지만,[27-34] 일부에서는 70~90% 정도로 높게 보고된 경우도 있었다.[35-40] 결과를 해석할 때는 환자 수, 환자 선택 기준, 특히 추적 기간과 같은 여러 방법 면에서의 차이를 고려해야 한다. 해마경화증 환자의 수술 결과에 대한 연구[41]를 통해 재발이 나중에 나타날 수 있어서 추적 기간이 예후를 예측하는 데 꼭 필요하다는 것을 알고 있다. 피질발달기형(Malformations of Cortical Development, MCD)으로 수술받은 환자들을 10년 동안 추적 관찰한 결과를 보고한 연구가 있는데, 이 중 31명의 환자가 국소피질형성이상이 있었다.[30] 전체적으로는 완치율이 2년과 10년 사이에 안정적이었는데, 수술 후 처음에 잘 지내던 피질발달기형(MCD) 환자들이 장기적인 결과도 좋을 것으로 예측되었다. 그러나 국소피질형성이상 환자 49명에 대한 또 다른 연구에서는 수술 후 발작 결과가 좋았던 환자의 비율이 10년 동안의 추적 기간에 84%에서 70%로 감소하였고, 대부분 처음 3년 안에 변화가 있었다.[34]

몇몇 연구를 통해 수술 후 결과를 예측할 수 있는 요인들이 확인되었는데, 완전 절제술을 받은 경우가 이에 속한다.[30, 33, 42] 또한 다른 병변에서처럼 병변의 위치에 따라 결과가 달라졌는데, 측두외 국소피질형성이상은 결과가 좋지 않았다.[29, 43] 국소피질형성이상의 조직학적 아형에 따라 수술 후 결과가 다른지에 대해서도 연구가 시도되었지만 결과는 다양했다. 피질형성이상은 세포 파괴에 따라 순서대로 '경미한 피질발달기형(mMCD)' 또는 국소피질형성이상 1a형(단독 구조적 이상), 1b형(추가적으로 미성숙 또는 거대 신경세포와 함께), 2a형(추가적으로 이형증의 신경세포와 함께), 2b형(추가적으로 풍선 세포와 함께)으로 분류될 수 있다(그림 9.3).[44]

이것은 병리학적 분류 체계로, 어떻게 임상 양상 및 뇌전증의 정도, 수술 후 결과 등과 연관되는지는 잘 모른다. 그러나 국소피질형성이상 환자가 이질적인 그룹이라는 것은 분명하다. 국소피질형성이상의 조직학적 아형에 따라 수술 결과가 다른지를 조사한 한 연구에서는, 조직학적 아형이 덜 심할수록(mMCD 또는 국소피질형성이상 1a형) 결과가 더 좋은 경향을 관찰하였지만,[32] 이 연구는 추적 기간도 짧고 환자 수도 상대적으로 적었다. 다른 연구들에서는 반대의 결과가 나왔는데, 국소피질형성이상 2형

그림 9.3 국소피질형성이상의 조직학 슬라이드. 불규칙한 모양의 형성이상 신경세포들과 연한 핑크빛 세포질이 있는 크고 핵이 두 개인 성상아교세포들을 보여주는 현미경 사진(A). 신경잔섬유(neurofilament) 단백으로 염색할 때, 무질서한 신경그물에 박혀 있는 신경세포 핵 주위질과 축삭이 보인다(B). GFAP(Glial Fibrillary Acidic Protein)로 염색한 슬라이드에서는 성상아교세포들이 염색되지 않은 신경세포에 가깝게 붙어 있다(C). 신경잔섬유 단백과 GFAP 염색에서 모두 반응을 보이는, 다른 표현형을 가진 형성이상의 세포들을 시사함

에서 결과가 좋았거나[39] 또는 연관성이 전혀 관찰되지 않았다.[34] 추적 기간이 긴 대규모 연구들을 통해 명확하게 평가되어야 하며, 그런 결과를 통해 국소피질형성이상에서의 임상병리학적 연관성을 이해하고 궁극적으로는 가장 좋은 결과가 예상되는 환자들을 수술 전에 확인할 수 있을 것이다. 이는 다기관 협력을 통해서만이 가능할 것으로 보인다.

국소피질형성이상은 해마경화증과 태생기발육부전신경상피종(Dysembryoplastic Neuroepithelial Tumor, DNT)과 같은 뇌전증을 일으키는 병변과 함께 '이중 병리학적 병변(dual pathology)'으로 존재할 수 있다. 해마경화증과 뇌실주위결절이소증 (periventricular nodular heterotopia)과 같은 어떤 이중 병변들은 수술 후 결과가 좋지 않지만,[45] 일부 소규모 연구에서는 두 병변이 모두 쉽게 수술 전에 확인되고 절제가 가능한 것으로 생각된다면 수술 후 결과는 좋다고 제시한 경우도 있었다. 국소피질형성이상과 관련된 측두엽 뇌전증 환자 28명에 대한 연구에서는 국소피질형성이상만 있는 경우와 국소피질형성이상과 해마경화증이 같이 있는 경우 사이에 수술 후 결과의 차이가 없다고 보고하였다.[35] 절제술을 받은 태생기발육부전신경상피종 환자들에 대한 연구에서는, 피질형성이상이 환자의 80% 이상에서 함께 관찰되었다.[46] 이것은 태생기발육부전신경상피종과 같은 종양에서는 국소 절제술로는 완치가 어렵고 많은 경우에 주변 조직이 형상이상을 보이고 간질유발 조직일 수 있다는 것을 시사한다. 측두엽 이중 병변에서는 안쪽 측두엽 구조뿐 아니라 병변들이 함께 절제되어야만 수술 후 결과가 좋다고 보고한 저자들도 있었다.[47,48]

지난 10여 년 사이에 특별히 MRI 기술 발전으로 인하여 국소피질형성이상을 많이 확인하게 되었지만, 여전히 30% 정도에서는 확인하기가 어렵다.[49] MRI에서의 특징적인 소견으로는 비정상적인 이랑(gyral) 형태, 피질 두께 증가, 피질-백질 사이의 불분명한 경계, T2 강조 영상과 FLAIR 영상에서의 피질하 신호 증가 등이 있다.[50] 자세한 수술 전 평가가 간질유발 병소를 찾는 데 매우 중요하며, 특히 정상 MRI를 보이는 환자에서는 더욱 그렇다. 영상기술의 발달로, 더 많은 국소피질형성이상 환자들이 확인되고 수술 대상이 될 수 있는 것 같다. 현재 수술 전 평가 과정의 기본 단계로, 고해상 MRI와 두피 비디오-뇌파 원격측정(video-EEG telemetry)을 받아야 한다. 일부 환자에서는 이것으로 충분히 국소피질형성이상을 확인할 수 있지만, 다른 환자들에서는 두개내 뇌파기록, PET 또는 발작기 SPECT와 같은 방법을 사용해야 한다.[51] 발작기 SPECT는 대뇌 대사 및 관류 커플링을 토대로 과관류 영역을 찾아 간질유발 병소를 확인해주는데,[52] 일찍 주입하는 것이 발작 후 저관류 영역의 위험성을 낮출 수 있다. 감산 SPECT 영상(Subtraction Ictal SPECT Coregistered to MRI, SISCOM; 그림 9.4)을 통해 간질유발 병소에 일치하는 대뇌 관류 국소 영역을 찾을 수 있고,[53] 발작기 SPECT의 국소화 가치를 향상시킬 수 있다. 발작 주변 혈류량의 변화를 보이는 부분까지 같이 절제한 국소 피질 절제술의 경우에는 환자들이 수술 후 발작 결과가 더 좋을 수 있

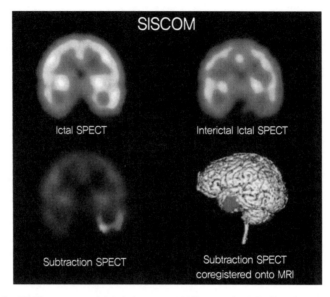

그림 9.4 MRI에 정합된(coregistered) 발작기 SPECT 영상(SISCOM). 우측 측두엽 뇌전증이 있는 환자에서의 SISCOM. 일반 표준 MRI는 정상이었음. 뇌의 우측이 그림에서 우측임

다.[53, 54] 발작기 SPECT와 SISCOM은 표준 MRI에서 확인되지 않는 국소피질형성이상 환자에서 특히 유용할 수 있다.

최근 몇 년간 국소피질형성이상에 대하여 매우 많이 알게 되었지만, 수술 전 국소피질형성이상 환자를 찾아내어 수술 후 결과가 가장 좋을 환자군에 속할지를 미리 아는 것은 여전히 주요 과제로 남아 있다.

다른 피질발달기형

뇌갈림증(schizencephaly)은 피질발달기형 중 하나로, 대뇌피질에서 틈이 선천적으로 연막에서부터 가쪽 뇌실까지 이어져 있고, 피질에 의해 둘러싸여 있다.[55] 증상이 전혀 없는 것에서부터 심한 발달지연, 편마비, 종종 항뇌전증약에 난치성인 뇌전증을 보이는 정도까지 매우 다양한 임상 양상이 나타난다. 한쪽만 나타나거나 양쪽 반구에 모두 나타날 수 있고, 한쪽에만 뇌갈림증이 있는 경우에는 수술이 고려될 수 있다. 그러나 뇌갈림증 환자에서의 수술 후 결과에 대한 정보는 매우 적고,[56~58] 그 평가 과정도 매우 복잡할 수 있다. 한쪽 반구에만 있는 경우에도 여러 뇌엽에 있는 경우도 있고, 구조적 이상이 간질병소와 멀리 떨어져 있을 수도 있고, 형성이상을 보이는 피질이 언어와 운동 기능에 매우 중요할 수 있다.[59] 그런 환자들에서는 침습적 뇌파기록을 해야 할 필요가 있지만, SISCOM이 전극을 놓고 피질절제술을 계획하는 데 유용한 정보를 줄 수 있다.[60] 증례들에서 보고된 수술 방법은 측두엽절제술, 형성이상피질절제술, 그 틈에서 멀리 떨어진 피질절제술 등 다양했다. 다소뇌회증(polymicrogyria)은 크기가 작은 이랑(gyria)의 수가 많은 것이 특징인 피질발달기형이다. 전체적으로 나타날 수 있고, 부분적으로 나타날 수도 있다. 형성이상피질 분포와 다른 이상 여부에 따라서 임상 양상이 매우 다양하게 나타날 수 있다. 난치성뇌전증 환자 일부에서는 국소적으로 절제할 수 있는 병변이 확인될 수 있다.[61]

MRI 덕분에 뇌갈림증과 다소뇌회증과 같은 드문 피질발달기형을 확인할 수 있게 되었다. 대부분의 이런 환자들은 항뇌전증약으로 치료되지만, 일측성 형성이상피질이 있는 환자 일부에서는 수술을 고려할 수 있다.

태생기발육부전신경상피종

태생기발육부전신경상피종(DNT)은 소아와 젊은 성인에서의 난치성뇌전증과 흔히 관련되어 나타나는 양성 교신경세포 종양이다.[62] MRI에서 피질 및 때로는 백질에까지 혼합 신호 강도를 보이는 병변이 특징적이고, 종종 그 위에 만성 병변을 나타내는 두개골이상도 동반된다.[63] 전형적으로 비정형성(cytological atypia)이 없는 신경세포와 교세포가 무질서하게 배열되어 있고, 형성이상피질과 흔히 관련되어 있다. 피질형성이상이 흔히 DNT와 관련되어 있고,[63~71] 'MRI에 보이지 않는' 피질형성이상이 꽤 빈번하게 보고되기 때문에 수술 전에 주의 깊게 평가되어야 한다.[46] 수술 후 최상의 결과를 위해서는, 간질병소 전체를 확실히 절제하도록 두개내 뇌파(intracranial EEG) 기록과 피질뇌파검사(electrocorticography)와 같은 침습적 방법을 통해 수술 전에 확인해야 한다.[72,73] 그러나 일부 환자에서는 SISCOM과 같은 기능적 영상기술을 이용한 비침습적 방법이 이용될 수도 있다.[74]

지적장애는 DNT 환자의 약 40%에서 보고되지만,[75] 학습장애가 있다는 것은 더 광범위한 피질기능이상을 의미한다. DNT는 종종 수술로 절제될 수 있고 발작 조절 면에서는 일반적으로 좋은 결과를 보여주는 연구들이 많지만,[62,63,66,67,76~80] 지적장애 환자에서는 그 결과가 더 불확실한 편이다.

결절성경화증

결절성경화증(tuberous sclerosis)은 다양한 표현 양상과 높은 자연발생적 돌연변이 확률을 지닌 상염색체 우성 신경피부증후군으로, 피부, 망막, 심장, 신장, 그리고 뇌 등에 다발성 과오종이 동반되는 것이 특징이다. 90%에서 뇌전증이 동반되는데, 보통 어린 시기에 나타나며, 30%는 항뇌전증약에 난치성이다.[81] 중추신경계의 다른 증상으로는 국소적 신경학적 결손과 발달 및 지능 지연이 있다. 조기에 발작을 조절해주면 인지발달과 사회 적응에 좋은 영향을 준다.[82] 영상 결과에서 종종 다발성 결절을 나타내어 다발성 간질병소가 있을 가능성이 높다고 판단되기 때문에 전통적으로 뇌전증 수술은 결절성경화증 환자에게 고려되지 않았다. 그러나 어떤 경우에는, 특히 단일 결절에서 기원하는 것으로 생각되는 정형화된 발작을 보이는 환자에서는 수술이 실제적으로 생각할 수 있는 치료 방법이 될 수 있다.

결절성경화증 환자에서의 수술 전 평가는 종종 몇 가지 독특한 어려운 점이 있다. MRI는 종종 다발성 결절을 보여주고, 발작이 시작되는 국소 부위를 찾지 못한다.[83] 또한 발작간기 뇌파도 다발적 이상을 보이거나 국소화하기 어려운 이상을 보이는 경우가 많다.[84~86] MRI에서는 FLAIR 영상 또는 확산 영상(diffusion-weighted imaging)[87]이 결절을 찾는 데 적합하다. CT는 석회화된 곳을 찾는 데 유용할 수 있는데, 한 연구에서는 그런 석회화를 보이는 결절이 간질유발 병소로서의 가능성이 더 높다고 제시하기도 하였다.[88] MRI와 발작간기 및 발작기 뇌파 사이의 일치성을 찾음으로써 간질유발성 결절을 확인하기가 비교적 쉬운 경우도 있다. 그러나 많은 경우에 심부 전극과 경막하 격자(grid)를 이용한 침습적 뇌파기록이 필요하다. 발작기 SPECT와 같은 기능성 영상을 통해 간질유발성 결절 앞쪽의 과관류를 보이는 영역을 찾는 데 도움을 받기도 한다.[89] FDG-PET 영상 스캔은 해부학적으로 결절과 일치하는 다발성 저대사성 구역을 나타낼 수 있지만, 간질유발성과 그렇지 않은 곳을 감별할 수는 없다.[90~92] 세로토닌 합성의 표지자인 C-alpha-methyl-tryptophan(CAMT)과 같은 방사성 리간드는 간질유발성 결절에서 의미 있게 섭취가 높았기 때문에 이런 분야에서의 사용이 향후 기대된다.[93, 94] MRI와 확산텐서영상(diffusion tensor imaging)에 정합된 FDG-PET는 단순

한 PET 결과에 추가적인 정보를 주게 된다. [95]

그런 기능성 영상들과 SISCOM이 병변을 국소화하는 데 도움을 주는 유용한 방법들이지만 실제적으로는 침습적 뇌파기록이 보통 필요하고, 전극을 놓는 위치를 정하는 데 도움을 받을 수는 있다. 침습적 모니터링은 주변의 기능적 피질을 확인할 수 있어서 절제술을 계획하는 데 도움이 된다. MEG는 뇌파로 확인되는 방사(radial) 근원보다는 오히려 접선(tangential) 근원(예를 들면, 고랑에 있는 근원)을 선택적으로 찾아내는 방법이다. MEG와 뇌파를 동시에 종합하여 환자의 뇌 MRI에 등가 전류 쌍극자(equivalent current dipole)를 표시함으로써 볼 수 있다.

결절성경화증에서 MEG로 간질유발 병소를 찾는 경험들은 부족하지만 몇몇 연구에서 그 가능성을 제시했고, [96, 97] PET와 발작기 SPECT와 함께라면 간질 활성도를 주변의 구조적 그리고 기능적 해부학 구조에 연결시키는 3차원 지도를 제공할 수도 있다.

수술로 치료된 결절성경화증에 관한 몇몇 소규모 증례들이 발표되었고, 관해율은 10~78%이다(표 9.1). 가장 좋은 결과는 다음의 환자에서 보여진다.

1. 단일 발작 형태 또는 단일 결절을 보인 환자
2. 다발성 결절과 단일의 큰 석회화된 결절이 있으면서 발작간기 뇌파이상이 이것에 일치하는 결과를 보이는 환자
3. 여러 검사에서 일치하는 결과를 보이는 환자

평가과정이 더 복잡하고 위험하더라도 이런 좋은 예후에 들지 못하는 환자들이 적절한 평가를 못 받게 해서는 안 된다. 다단계적 평가와 수술이 필요한 증례들, 심지어 양측성 발작 병소를 가진 증례에서도 성공적인 결과를 보인 보고들도 있었다. [111, 112]

결절성경화증에서의 다발성 병소는, 절제술을 할 때 간질유발성 결절이 더 있을 가능성에 대한 특별한 고려가 필요하고 환자도 이에 대하여 상담을 받아야 하는 것을 의미한다. 한 연구에서는 관해율이 59%(13/21)에서 5년 후에는 42%로 감소함을 보여주었다. [109] 그러나 이러한 현상이 국소피질형성이상이나 해마경화증과 같은 다른 병변에 비해 결절성경화증 환자에서 더 흔한가를 알아보기 위해서는 더 대규모의 체계적인 장기간의 연구가 필요하다.

표 9.1 결절성경화증 환자에서의 절제술 증례 모음(Romanelli 팀[98]에 의해 수정됨)

저자	환자수	관해율(%)	추적 기간(월)
Bebin[99]	9	67	38
Avellino[100]	8	55	35
Baumgartner[101]	4	0	30
Guerreiro[102]	12	58	120
Acharya[103]	9	78	1개월~14년
Neville[104]	6	67	60
Koh[88]	13	69	48
Thiele[105]	21	33	50
Karenfort[106]	8	38	42
Vigliano[107]	4	75	24
Sinclair[108]	4	78	60
Jarrar[109]	21	42	60
Lachhwani[110]	17	65	25

Lennox-Gastaut 증후군

Lennox-Gastaut 증후군은 2~6세 사이에 가장 많이 발병하고, 다양한 발작 형태, 특징적 뇌파이상, 그리고 중증의 지적장애가 특징인 증후성전신뇌전증의 하나이다. 약 1/3의 환자가 1세 이내에 West 증후군이 있었던 병력이 있다. 증후성 증례들은 선천적 또는 후천적으로 국소적, 다발적, 그리고 광범위한 대뇌이상 등과 같은 원인에 의해 초래된다.

Lennox-Gastaut 증후군이 전신뇌전증증후군이기 때문에 전형적으로는 절제술을 받기가 쉽지 않다. 하지만 비전형 Lennox-Gastaut 증후군은 국소 병변과 연관될 수 있어서 그런 병변이 MRI에서 나타난다면 그 간질유발 병소를 확인해서 수술 후 좋은 결과를 얻을 수 있다.[113,114]

반구절제술

반구절제술(hemispherectomy)은 1938년 토론토에서 난치성뇌전증을 치료하기 위해 처음으로 사용되었다.[115] 많은 증례에서 사용된 이후,[116] 치사율과 이환율이 상당히 높고,

특히 대뇌반구 제거 후 그 부분의 출혈 때문에 표재철침착증(superficial siderosis)이 생길 위험성이 높다는 것이 명백해졌다. 그 수술 기법이 Rasmussen[117, 118]에 의해 변경되었을 때, 광범위한 반구증후군(diffuse hemispheric syndromes)에 의한 난치성뇌전증에 대한 치료로 받아들여지고 있다.

반구절제술은 광범위한 반구이상에 이차적으로 나타나는 난치성부분발작의 치료에 이용된다. 발작이 관련된 반구에서만 시작되고, 반대측 반구는 정상이라는 것을 확실히 하기 위해 수술 전 평가가 필요하다. MRI를 통해 구조적 이상이 있는지를 알고, PET, SPECT(관련된 반구에서 발작간기 저관류와 발작기 과관류를 보임), fMRI, MEG와 같은 기능성 영상기술을 통해 운동, 감각, 언어 기능과 관련하여 반구의 기능을 평가할 수 있다. 좀 더 국소화시키기 위해서는 경막하 띠(strip) 또는 격자(grid)를 이용한 두개내 뇌파기록을 통해 중요기능피질(eloquent cortex)에 대한 수술 중 지도화(mapping)가 필요하다.

반구절제술을 하기에 적절한 시기는 확실하지 않다. 더 일찍 수술을 하게 되면, 수년간 조절되지 않은 발작이 인지에 미치는 악영향과 항뇌전증약의 진정효과를 줄이게 되어 삶의 질을 향상시킬 수 있다. 그러나 반신불완전마비 또는 언어장애와 같은 신경학적 결손이 나타날 때까지 수술적 접근은 미뤄야 하는지 또는 가능한 한 빨리 수술을 해야 할지는 불확실하다. Sturge-Weber 증후군의 경우에 반구절제술을 1세 전에 하면 인지적 효과가 더 좋다는 증거가 있긴 하지만,[119] fMRI 연구 결과에 따르면 감각과 운동 기능이 대뇌 성장의 단계에 따라 반대측 반구로 이동할 수도 있고,[120] 이환된 쪽에서 정상 쪽으로의 기능 이동이 완전해질 때까지 수술을 연기하는 것이 소근육 동작과 운동기능에 더 좋은 결과를 낳는다는 증거도 있다.[121] 환자에서 반구절제술을 고려할 때는 이런 요인들을 모두 고려하는 것이 필요하다.

반구절제술의 주요 적응증 중의 하나인 Sturge-Weber 증후군(그림 9.5)은 신경증후군의 하나로, 삼차 신경의 첫 번째 분지에 주로 분포되어 있는 안면모세혈관종(포도주색 얼룩, port-wine stain)이 특징적이다. 안면모세혈관종은 더 광범위하게 나타날 수 있고, 밑에 있는 연수막혈관종(leptomeningeal angioma)도 때때로 양측성일 수 있다. 연수막혈관종은 두개 X-ray, CT, MRI 등으로 확인할 수 있다. 전형적으로 Sturge-Weber 증후군은 뇌전증 및 중등도에서 중증까지의 지적장애(정상 IQ는 25~30%에서

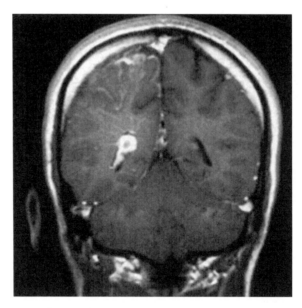

그림 9.5 Sturge-Weber 증후군. 조영증강 후 MRI에서 피질 정맥에서의 석회화를 시사하는 비정상 증강과 우측 반구 위축을 보이는 Sturge-Weber 증후군의 특징적인 소견을 볼 수 있다.

만 보임)[122]와 관련되어 나타난다. 간질중첩증이 흔하고, 인지 및 발달 부분에서의 정체기와 관련되어 있는 일정 기간의 뇌증 및 반신마비가 흔히 나타난다.[123] 연수막혈관종이 표준 영상 결과에서 쉽게 나타나지만, 간질유발 병소는 더 광범위할 수 있어서 뇌파기록이 반드시 필요하며 수술 중 피질뇌파검사가 절제술의 범위를 결정하는 데 이용될 수 있다.[124]

광범위한 일측성반구질환과 뇌전증을 유발하는 다른 질환들에서도 반구절제술을 고려해볼 수 있는데, 특히 편측거대뇌증(hemimegalencephaly), 라스무센 뇌염(Rasmussen's encephalitis), 반경련-반마비-간질 증후군(hemiconvulsion-hemiplegia-epilepsy(HHE) syndrome), 주산기 뇌졸중에 의한 강직성반마비 등이 이에 속한다.

반구절제술 결과에 대한 몇몇 소규모 증례들은 일반적으로 좋은 결과를 보고했다. 장기간의 추적 기간을 둔 가장 큰 규모의 연구 중 하나에서는, 반구절제술을 받은 111명의 소아에서 65%가 발작이 완전히 없어졌고, 89%는 도움 없이 스스로 걸을 수 있었다고 보고했다.[125] 115명에 대한 또 다른 연구에서는 일측성 반구피질형성이상(unilateral hemisphere cortical dysplasia)이 아니라 편측거대뇌증의 경우에 결과가 가장 나빴고 합병증도 가장 컸다고 보고했다.[126] 다른 연구들에서는 관해율이 52~81%로,[127~132] 일반적으로 운동기능 결과가 좋고, 인지기능의 향상 및 많은 경우에 행동학적 향상도 보였다고 발표했다.

과거의 해부학적 반구절제술이 높은 합병증과 관련이 있었기 때문에 차단(discon-nection)을 이용한 좀 더 제한적인 절제술로 수술 방법이 발전하였다. 기능성 반구절제술은 1983년에 처음으로 기술되었고, 두정엽, 측두엽, 롤란딕(Rolandic) 영역을 절제하고, 시상과 뇌간 사이의 연결을 자르고, 전두엽과 후두엽은 그대로 두는 방식이다. 물론 해부학적 반구절제술을 받은 환자들에 대한 일부 연구에서도 철침착증이 보고된 적이 없는 경우도 있긴 했지만,[135] 기능성 반구절제술은 해부학적 반구절제술을 받은 환자에서의 30% 발병률에 비해 철침착증 합병 위험성을 훨씬 더 줄였다[134](20명의 환자에서 한 명도 철침착증이 발병하지 않았음[133]). 수술 후 발작 완치율이 기존의 방법에 비해 우수하긴 하지만, 기능성 반구절제술의 단점은 잠재적으로 간질유발 가능성이 있는 뇌섬엽(insula)이 그대로 남아 있다는 점이다.[136] 좀 더 제한적 수술 방법으로는 피질만 절제하는 대뇌피질절제술(hemicorticectomy)과 피질하 중심부로부터 간질유발 대뇌반구를 절단하여 뇌 절제 부위를 줄이는 반구절개술(hemispherotomy)이 있다(그림 9.6 참조).

여기서 언급된 광범위한 대뇌반구 질환이 있는 환자들은 종종 심한 발달 및 인지 장애와 심한 뇌전증, 그리고 편마비가 있다. 소아기에 성공적인 뇌전증 수술로 이득을 가장 많이 볼 수 있는 환자 그룹이다. 왜냐하면 발작을 조절한다는 면에서뿐 아니라 특히 인지 발달 부분에서 극적인 효과를 볼 수 있기 때문이다. 수술 시기에 대해 적절한 판단을 할 수 있게끔 앞으로 더 많은 연구가 필요하다.

지적장애 환자에서의 뇌전증 절제술에 대한 결과 평가

뇌전증 절제술의 단기적 목표는 발작을 줄이고, 이상적으로는 완전히 멈추는 것이다. 그러나 삶의 질의 전반적인 결과를 평가하는 데 있어서 매우 중요한 다른 부차적 요인들이 많다. 궁극적인 목적은 삶의 질의 향상인데, 이것은 발작이 거의 없더라도 인지 또는 정신적 결과가 좋지 않다면 얻어지지 않는 것이다. 발작이 완전히 없어진 것이 반

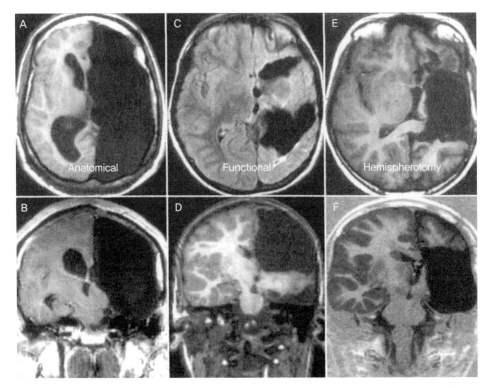

그림 9.6 반구절제술. 해부학적 반구절제술(A, B), 기능성 반구절제술(C, D), 그리고 반구절개술(E, F)을 보여주는 T1 강조 MRI 영상

드시 삶의 질을 향상시키지는 못하고, 그런 많은 환자들이 기능적인 이득 없이 여전히 장애를 가진 삶을 살 수 있다.[34, 137]

수술 전 평가에서 꼭 필요한 부분 중의 하나는, 환자 및 보호자의 수술에 대한 기대를 평가하는 것이고, 이에 대한 주의 깊은 상담을 통해 비현실적으로 높지 않게 하는 것이다. 수술 후 발작 결과가 가장 좋았음에도 불구하고 보호자가 기대하는 것만큼 기능적인 면에 있어서 향상을 보이지 못하는 지적장애 환자에서 특히 그렇다. 그러나 발작 빈도와 중증도의 감소 및 약물에의 부담감 감소가 이런 환자군에서 뇌전증 수술을 고려하는 중요한 이유가 된다. 이런 환자들은 매우 심한 발작이 자주 반복되고 그래서 특히 SUDEP의 고위험군이 될 수 있기 때문이다.

뇌전증 수술이 지적장애 환자 또는 가족들의 삶의 질에 미치는 영향을 평가하는 데 있어 확립된 건강 관련 삶의 질 척도는 없다. 이것은 복잡하고, 여러 영역에 대한 평가를 필요로 하며, 삶의 질을 평가하는 다양한 도구의 사용이 필요하다.

결론

지적장애 환자에서 뇌전증 수술을 고려할 수 없다고 생각해온 과거의 관점이 최근 몇 년간 바뀌고 있다. 뇌량절제술과 같은 고식적 치료 방법만이 더 이상 그런 환자에서 유일한 수술 방법이 아니며, 많은 지적장애 환자에서 발작을 완전히 조절할 수 있는 가능성은 현실화되었다. 부분뇌전증과 지적장애가 있는 환자군들을 인지기능의 결과를 나쁘게 하지 않으면서 성공적으로 치료할 수 있을 것으로 보인다. 그러나 지적장애 환자들에서 뇌전증 절제술을 시행하는 것은 여전히 중요한 도전으로 남아 있다. 적절한 후보군을 찾아내는 것도 어려울 수 있고, 평가 과정 또한 특별한 고려가 필요하다. 고해상도 MRI와 같은 새로운 기술을 통해 절제 가능한 간질유발 병소를 찾아내는 데 도움을 받는다. 앞으로 fMRI, SISCOM, MEG와 같은 기술의 발전을 통해 그 병소를 보다 정확하게 그리고 비침습적 방법으로 찾아내는 데 도움을 받고, 지적장애 환자를 포함한 난치성부분뇌전증이 있는 모든 환자에서 유용하게 사용할 수 있을 것이다.

참고문헌

1. Huttenlocher PR, Hapke RJ. (1990) A follow-up study of intractable seizures in childhood. Ann Neurol 28:699–705.
2. Nashef L, Fish DR, Allen P et al. (1995) Incidence of sudden unexpected death in an adult outpatient cohort with epilepsy at a tertiary referral centre. J Neurol Neurosurg Psychiatr 58: 462–4.
3. Falconer MA.(1973) Reversibility by temporal lobe resection of the behavioural abnormalities of temporal-lobe epilepsy. N Engl J Med 289: 451–5.
4. Rasmussen T. (1975) Surgical treatment of patients with complex partial seizures. Adv Neurol 11:415–49.
5. Engel J, Jr. Surgery for seizures. (1996) N Engl J Med 334:647–52.
6. Chelune GJ, Naugle RI, Hermann BP, et al. (1998) Does presurgical IQ predict seizure outcome after temporal lobectomy? Evidence from the Bozeman epilepsy consortium. Epilepsia 39:314–8.
7. Gleissner U, Johanson K, Helmstaedter C, et al. (1999) Surgical outcome in a group of low-IQ patients with focal epilepsy. Epilepsia. 40: 553–9.
8. Gleissner U, Clusmann H, Sassen R, et al. (2006) Postsurgical outcome in pediatric patients

with epilepsy: A comparison of patients with intellectual disabilities, subaverage intelligence, and average-range intelligence. Epilepsia. 47: 406–14.

9. Bjornaes H, Stabell KE, Heminghyt E, et al. (2004) Resective surgery for intractable focal epilepsy in patients with low IQ: Predictors for seizure control and outcome with respect to seizures and neuropsychological and psychosocial functioning. Epilepsia. 45: 131–9.

10. Indaco A, Carrieri PB, Nappi C, et al. (1992) Interictal depression in epilepsy. Epilepsy Res 12: 45–50.

11. Bladin PF. (1992) Psychosocial difficulties and outcome after temporal lobectomy. Epilepsia 33: 898–907.

12. Barraclough B. (1981) Suicide and epilepsy. In: Reynolds EH, Trimble MR (eds.). Epilepsy and psychiatry. Edinburgh: Churchill Livingstone, 72–6.

13. Fenwick P. (1991) Long-term psychiatric outcome after epilepsy surgery. In: Luders HO (ed.). Epilepsy surgery. New York: Raven Press, 647–52.

14. Savard G, Andermann F, Olivier A, et al. (1991) Postictal psychosis after partial complex seizures: A multiple case study. Epilepsia 32: 225–31.

15. Reutens Dc, Savard G, Andermann F, et al. (1997) Results of surgical treatment in temporal lobe epilepsy with chronic psychosis. Brain 120: 1929–36.

16. Inoue Y, Mihara T. (2001) Psychiatric disorders before and after surgery for epilepsy. Epilepsia 42(Suppl 6): 13–18.

17. Koch-Stoecker S. (2001) Psychiatric outcome. In: Luders HO, Comair YG (eds.). Epilepsy surgery. Philadelphia: Lippincott Williams & Wilkins, 837–44.

18. Mace CJ, Trimble MR. (1991) Psychosis following temporal lobe surgery: A report of six cases. J Neurol Neurosurg Psychiatr 54: 639–44.

19. Trimble MR. (1992) Behaviour changes following temporal lobectomy, with special reference to psychosis. J Neurol Neurosurg Psychiatr 55: 89–91.

20. Bruton CJ. (1988) The neuropathology of temporal lobe epilepsy (Maudsley Monographs 31). Oxford: Oxford University Press.

21. Dreifuss FE. (1987) Goals of surgery for epilepsy. In: Engel J Jr (ed.). Surgical treatment of the epilepsies. New York: Raven Press, 31–49.

22. Wilson SJ, Saling MM, Kincade P, et al. (1998) Patient expectations of temporal lobe surgery. Epilepsia 39: 167–74.

23. Wheelock I, Peterson C, Buchtel HA. (1998) Presurgery expectations, postsurgery satisfaction, and psychosocial adjustment after epilepsy surgery. Epilepsia 639: 487–94.

24. Baker GA. (2001) Psychological and neuropsychological assessment before and after surgery for epilepsy: Implications for the management of learning-disabled people. Epilepsia 42(Suppl. 1): 41–3.

25. Baxendale S, Thompson P, Duncan J, et al. (2003) Is it time to replace the Wada test? Neurology 60: 354–5.

26. Taylor DC, Falconer MA, Bruton CI, et al. (1971) Focal dysplasia of the cerebral cortex in epilepsy. J Neurol Neurosurg Psychiatr 34: 369–87.

27. Sisodiya SM. (2000) Surgery for malformations of cortical development causing epilepsy. Brain 123: 1075–91.

28. Bast T, Ramantani G, Seitz A, et al. (2006) Focal cortical dysplasia: Prevalence, clinical presentation and epilepsy in children and adults. Acta Neurol Scand 113: 72–81.

29. Chung CK, Lee SK, Kim KJ. (2005) Surgical outcome of epilepsy caused by cortical dysplasia. Epilepsia 46(Suppl 1): 25–9.

30. Hamiwka L, Jayakar P, Resnick T, et al. (2005) Surgery for epilepsy due to cortical malformations: Ten-year follow-up. Epilepsia. 46: 556–60.

31. Siegel AM, Cascino GD, Meyer FB, et al. (2006) Surgical outcome and predictive factors in adult patients with intractable epilepsy and focal cortical dysplasia. Acta Neurol Scand 113:65–71.

32. Fauser S, Schulze-Bonhage A, Honegger J, et al. (2004) Focal cortical dysplasias: Surgical outcome in 67 patients in relation to histological subtypes and dual pathology. Brain 127:

2406–18.

33. Hader WJ, MacKay M, Otsubo H, et al. (2004) Cortical dysplastic lesions in children with intractable epilepsy: Role of complete resection. J Neurosurg (Pediatrics 2). 100: 110–7.

34. Srikijvilaikul T, Najm IM, Hovinga CA, et al. (2003) Seizure outcome after temporal lobectomy in temporal lobe cortical dysplasia. Epilepsia 44: 1420–4.

36. Hudgins RJ, Flamini JR, Palasis S, et al. (2005) Surgical treatment of epilepsy in children caused by focal cortical dysplasia. Pediatr Neurosurg 41: 70–6.

37. Cohen-Gadol AA, Ozduman K, Bronen RA, et al. (2004) Long-term outcome after epilepsy surgery for focal cortical dysplasia. J Neurosurg 101: 55–65.

38. Chassoux F, Devaux B, Landre E, et al. (2000) Stereoelectroencephalography in focal cortical dysplasia: A 3D approach to delineating the dysplastic cortex. Brain 123: 1733–51.

39. Tassi L, Colombo N, Garbelli R, et al. (2002) R. Focal cortical dysplasia: Neuropathological subtypes, EEG, neuroimaging and surgical outcome. Brain 125: 1719–32.

40. Kral T, Clusmann H, Blumcke I, et al. (2003) Outcome of epilepsy surgery in focal cortical dysplasia. J Neurol Neurosurg Psychiatr 74: 183–8.

41. McIntosh AM, Kalnins RM, Mitchell LA, et al. (2004) Temporal lobectomy: Long-term seizure outcome, late recurrence and risks for seizure recurrence. Brain 127: 2018–30.

42. Sisodiya SM. (2004) Surgery for focal cortical dysplasia. Brain 127: 2383–4.

43. Hirabayashi S, Binnie CD, Janota I, et al. (1993) Surgical treatment of epilepsy due to cortical dysplasia: Clinical and EEG findings. J Neurol Neurosurg Psychiatr 56: 765–70.

44. Palmini A, Najm I, Avanzini G. (2004) Terminology and classification of the cortical dysplasias. Neurology 62(Suppl 3): S2–8.

45. Li LM, Dubeau F, Andermann F, et al. (1997) Periventricular nodular hetrotopia and intractable temporal lobe epilepsy: Poor outcome after temporal lobe resection. Ann Neurol 41: 662–8.

46. Takahashi A, Hong S-C, Seo DW, et al. (2005) Frequent association of cortical dysplasia in dysembryoplastic neuroepithelial tumor treated by epilepsy surgery. Surg Neurol 64: 419–27.

47. Salanova V, Markand O, Worth R. (2004) Temporal lobe epilepsy: Analysis of patients with dual pathology. Acta Neurol Scand 109: 126–31.

48. Li LM, Cendes F, Andermann F, et al. (1999) Surgical outcome in patients with epilepsy and dual pathology. Brain 122:799–805.

49. Bautista JF, Foldvary-Schaefer N, Bingaman WE, et al. (2003) Focal cortical dysplasia and intractable epilepsy in adults: Clinical, EEG, imaging and surgical features. Epilepsy Res 55: 131–6.

50. Kuzniecky RI, Barkovich AJ. (2001) Malformations of cortical development and epilepsy. Brain Dev 23: 2–11.

51. Gupta A, Raja S, Kotagal P, et al. (2004) Ictal SPECT in children with partial epilepsy due to focal cortical dysplasia. Pediatr Neurol 131: 89–95.

52. Van Paesschen W. (2004) Ictal SPECT. Epilepsia 45(Suppl 4): 35–40.

53. O'Brien TJ, So EL, Mullan BP, et al. (1998) Subtraction ictal SPECT co-registered to MRI improves clinical usefulness of SPECT in localizing the surgical seizure focus. Neurology. 50: 445–54.

54. O'Brien TJ, So EL, Cascino GD, et al. (2004) Subtraction SPECT co-registered with MRI in focal malformations of cortical development: Localization of the epileptic zone in epilepsy surgery candidates. Epilepsia 45: 367–76.

55. Barkovich AJ, Normand D. (1988) MR imaging of schizencephaly. Am J Radiol 150: 1391–6.

56. Leblanc R, Tampieri D, Robitaille Y, et al. (1991) Surgical treatment of intractable epilepsy associated with schizencephaly. Neurosurgery 29: 421–9.

57. Landy HJ, Ramsey RE, Ajmoine-Marsan C, et al. (1992) Temporal lobectomy for seizures associated with unilateral schizencephaly. Surg Neurol 37: 477–81.

58. Silbergeld DL, Miller JW. (1994) Resective surgery for medically intractable epilepsy associ-

ated with schizencephaly. J Neurosurg 80: 820–5.

59. Jansky J, Ebner A, Kruse B, et al. (2003) Functional organization of the brain with malformations of cortical development. Ann Neurol 53: 759–67.

60. Cascino GD, Buchhalter JR, Sirven JI, et al. (2004) Peri-ictal SPECT and surgical treatment for intractable epilepsy related to schizencephaly. Neurology 63: 2426–8.

61. Cross JH, Jayakar P, Nordli D, et al. (2006) Proposed criteria for referral and evaluation of children for epilepsy surgery: recommendations of the subcommission for pediatric epilepsy surgery. Epilepsia 47: 952–9.

62. Daumas-Duport C, Scheithauer BW, Chodkiewicz JP, et al. (1988) Dysembryoplastic neuroepithelial tumor: A surgically curable tumor of young patients with intractable partial seizures: A report of thirty-nine cases. Neurosurgery 23: 545–56.

63. Daumas-Duport C, Varlet P, Bacha S, et al. (1999) Dysembryoplastic neuroepithelial tumors: non-specific histological forms: Study of 40 cases. J Neurooncol 41: 267–80.

64. Daumas-Duport C. (1993) Dysembryoplastic neuroepithelial tumors. Brain Pathol. 3: 283–95.

65. Honovar M, Janota I, Poekey CE. (1999) Histological heterogeneity of dysembryoplastic neuroepithelial tumor: Identification and differential diagnosis in a series of 74 cases. Histopathology 34: 342–56.

66. Lee DY, Chung CK, Hwang YS, et al. (2000) Dysembryoplastic neuroepithelial tumor: Radiological findings (including PET, SPECT, and MRS) and surgical strategy. J Neurooncol 47: 167–74.

67. Raymond AA, Halpin SFS, Alsanjari N, et al. (1994) Dysembryoplastic neuroepithelial tumor: Features in 16 patients. Brain 117: 461–75.

68. Raymond AA, Fish DR, Sisodiya SM, et al. (1995) Abnormalities of gyration, heterotopias, tuberous sclerosis, focal cortical dysplasia, microdysgenesis, dysembryoplastic neuroepithelial tumor and dysgenesis of the archicortex in epilepsy: Clinical, EEG, and neuroimaging features in 100 adult patients. Brain 118: 629–60.

69. Nolan MA, Sakuta R, Chuang N, et al (2004) Dysembryoplastic neuroepithelial tumors in childhood: Long-term outcome and prognostic features. Neurology 62: 2270–6.

70. Sandberg DI, Ragheb J, Dunoyer C, et al. (2005) Surgical outcomes and seizure control rates after resection of dysembryoplastic neuroepithelial tumors. Neurosurg Focus 18: E5.

71. Chan CH, Bittar RG, Davis GA, et al. (2006) Long-term seizure outcome following surgery for dysembryoplastic neuroepithelial tumor. J Neurosurg 104: 62–9.

72. Kameyana S, Fukuda M, Tomikawa M, et al. (2001) Surgical strategy and outcomes for epileptic patients with focal cortical dysplasia or dysembryoplastic neuroepithelial tumor. Epilepsia 42(Suppl 6): 37–41.

73. Sakuta R, Otsubo H, Nolan MA, et al. (2005) Recurrent intractable seizures in children with cortical dysplasia adjacent to dysembryoplastic neuroepithelial tumor. J Child Neurol 20: 377–84.

74. Valenti MP, Froelich S, Armspach JP, et al. (2002) Contribution of SISCOM imaging in the pre-surgical evaluation of temporal lobe epilepsy related to dysembryoplastic neuroepithelial tumors. Epilepsia 43: 270–6.

75. Degen R, Ebner A, Lahl R, et al. (2002) Various findings in surgically treated epilepsy patients with dysembryoplastic neuroepithelial tumors in comparison with those of patients with other low-grade brain tumors and other neuronal migration disorders. Epilepsia. 43: 1379–84.

76. Aronica E, Leenstra S, van Veelen CW, et al. (2001) Glioneuronal tumors and medically intractable epilepsy: A clinical study with long-term follow up of seizure outcome after surgery. Epilepsy Res 43:179–91.

77. Fomekong E, Baylac F, Moret C, et al. (1999) Dysembryoplastic neuroepithelial tumors. Analysis of 16 cases. Neurochirurgie 45: 180–9.

78. Hennessey MJ, Elwes RD, Binnie CD, et al. (2000) Failed surgery for epilepsy. A study of persistence and recurrence of seizures following temporal resection. Brain 123: 2445–66.

79. Kirkpatrick PJ, Honavar M, Janota I, et al. (1993) Control of temporal lobe epilepsy follow-

ing en bloc resection of low-grade tumors. Neurosurgery 78: 19–25.

80. Prayson RA, Estes ML, Morris HH. (1993) Coexistence of neoplasia and cortical dysplasia in patients presenting with seizures. Epilepsia 34: 609–15.

81. Roach ES, Gomez MR, Northrup H. (1998) Tuberous sclerosis complex consensus conference: Revised clinical diagnostic criteria. J Child Neurol 13: 624–8.

82. Jambaque I, Chiron C, Dumas C, et al. (2000) Mental and behavioural outcome of infantile epilepsy treated by vigabatrin in tuberous sclerosis patients. Epilepsy Res 38: 151–60.

83. Cusmai R, Chiron C, Curotolo P, et al. (1990) Topographic comparative study of magnetic resonance imaging and electroencephalography in 34 children with tuberous sclerosis. Epilepsia 31: 747–55.

84. Ganji S, Hellman CD. (1985) Tuberous sclerosis: Long-term follow up and longitudinal electroencephalographic study. Clin Electroenceph 16: 219–24.

85. Pampiglione G, Moynahan EJ. (1976) The tuberous sclerosis syndrome: Clinical and EEG studies in 100 children. J Neurol Neurosurg Psychiatr 39: 666–73.

86. Westmoreland BF. (1988) Electroencephalographic experience at the Mayo clinic. In: Gomez HR (ed.). Tuberous sclerosis. New York: Raven Press, 37–49.

87. Jansen FE, Braun KPJ, van Nieuwenhuizen O, et al. (2003) Diffusion-weighted magnetic resonance imaging and identification of the epileptogenic tuber in patients with tuberous sclerosis. Arch Neurol 60: 1580–4.

88. Koh S, Jayakar P, Dunoyer C, et al. (2000) Epilepsy surgery in children with tuberous sclerosis complex: presurgical evaluation and outcome. Epilepsia 41: 1206–13.

89. Koh S, Jayakar P, Resnick TJ, et al. (1999) The localizing value of ictal SPECT in children with tuberous sclerosis and refractory partial epilepsy. Epileptic Disord 1: 41–6.

90. Rintahaka PJ, Chugani HT. (1997) Clinical role of positron emission tomography in children with tuberous sclerosis complex. J Child Neurol 12: 42–52.

91. Szelies B, Herholz K, Heiss WD, et al. (1983) Hypometabolic cortical lesions in tuberous sclerosis with epilepsy: demonstration by positron emission tomography. J Comput Assist Tomog 7: 946–53.

92. Asano E, Chugani DC, Chugani HT. (2003) Positron emission tomography. In: Curatolo P (ed.). Tuberous sclerosis complex: From basic science to clinical phenotypes. Cambridge: Cambridge University Press, 124–35.

93. Chugani DC, Chugani HT, Musik O, et al. (1998) Imaging epileptogenic tubers in children with tuberous sclerosis complex using α[^{11}C]-methyl-L-tryptophan positron emission tomography. Ann Neurol 44: 858–66.

94. Juhasz C, Chugani DC, Musik O, et al. (2003) Alpha-methyl-L-tryptophan PET detects epileptogenic cortex in children with intractable epilepsy. Neurology 60:960–8.

95. Chandra PS, Salamon N, Huang J, et al. (2006) FDG-PET/ MRI coregistration and diffusion-tensor imaging distinguish epileptogenic tubers and cortex in patients with tuberous sclerosis complex: A preliminary report. Epilepsia 47: 1543–9.

96. Kamimura T, Tohyama J, Oishi M, et al. (2006) Magnetoencephalography in patients with tuberous sclerosis and localization-related epilepsy. Epilepsia 47: 991–7.

97. Jansen FE, Huiskamp G, van Huffelen AC, et al. (2006) Identification of the epileptogenic tuber in patients with tuberous sclerosis: A comparison of high-resolution EEG and MEG. Epilepsia 47: 108–14.

98. Romanelli P, Verdecchia M, Rodas R, et al. (2004) Epilepsy surgery for tuberous sclerosis. Pediatr Neurol 31: 239–47.

99. Bebin EM, Kelly PJ, Gomez MR. (1993) Surgical treatment for epilepsy in cerebral tuberous sclerosis. Epilepsia 34: 651–7.

100. Avellino AM, Berger MS, Rostomily RC, et al. (1997) Surgical management and seizure outcome in patients with tuberous sclerosis. J Neurosurg 87: 391–6.

101. Baumgartner JE, Wheless JW, Kulkarni S, et al. (1997) On the surgical treatment of refractory epilepsy in tuberous sclerosis complex. Pediatr Neurosurg 27: 311–8.

102. Guerreiro MM, Andermann F, Andermann A, et al. (1998) Surgical treatment of epilepsy in

tuberous sclerosis: strategies and results in 18 patients. Neurology 51: 1263–9.

103. Thiele EA, Duffy FH, Poissaint TY. (2001) Intractable epilepsy and TSC: The role of epilepsy surgery in the pediatric population [Abstract]. J Child Neurol 16: 681.

106. Karenfort M, Kruse B, Freitag H, et al. (2002) Epilepsy surgery outcome in children with focal epilepsy due to tuberous sclerosis complex. Neuropediatrics 33: 255–61.

107. Vigliano P, Canavese C, Bobba B, et al. (2002) Transmantle dysplasia in tuberous sclerosis: Clinical features and surgical outcome in four children. J Child Neurol 17: 752–8.

108. Sinclair DB, Aronyk K, Snyder T, et al. (2003) Pediatric temporal lobectomy for epilepsy. Pediatr Neurosurg 38: 195–205.

109. Jarrar RG, Buchhalter JR, Raffel C. (2004) Long term outcome of epilepsy surgery in patients with tuberous sclerosis. Neurology 62: 479–81.

110. Lachhwani DK, Pestana E, Gupta A, et al. (2005) Identification of candidates for epilepsy surgery in patients with tuberous sclerosis. Neurology 64: 1651–4.

111. Weiner HL. (2004) Tuberous sclerosis and multiple tubers: Localizing the epileptogenic zone. Epilepsia 45(Suppl 4): 41–2.

112. Romanelli P, Weiner HL, Najjar S, et al. (2001) Bilateral resective epilepsy surgery in a child with tuberous sclerosis: case report. Neurosurgery 49: 732–5.

113. Quarato PP, Gennero GD, Manfredi M, et al. (2002) Atypical Lennox-Gastaut syndrome successfully treated with removal of a parietal dysembryoplastic tumor. Seizure 11: 325–9.

114. You SJ, Lee JK, Ko TS. (2007) Epilepsy surgery in a patient with Lennox-Gastaut syndrome and cortical dysplasia. Brain Dev 29: 167–70.

115. McKenzie RG. (1938) The present status of a patient who had the right cerebral hemisphere removed. JAMA 111: 168.

116. Krynauw RA. (1950) Infantile hemiplegia treated by removing one cerebral hemisphere. J Neurol Neurosurg Psychiatr 13: 243–67.

117. Rasmussen T. (1983) Hemispherectomy for seizures revisited. Can J Neurol Sci 10: 71–8.

118. Smith SJM, Andermann F, Villemure JG, et al. (1991) Functional hemispherectomy: EEG findings, spiking from isolated brain postoperatively, and prediction of outcome. Neurology 41: 1790–4.

119. Hoffman HJ, Hendrick EB, Dennis M, et al. (1979) Hemispherectomy for Sturge-Weber syndrome. Child Brain. 5: 233–48.

120. Graveline C, Mikulis D, Crawley AP, et al. (1998) Regionalized sensorimotor plasticity after hemispherectomy: fMRI evaluation. Pediatr Neurol 119: 337–42.

121. Graveline C, Hwang PA, Bone G, et al. (1999) Evaluation of gross and fine motor functions in children with hemidecortication: Prediction of outcome and timing of surgery. J Child Surg 14: 304–15.

122. Castroviejo IP, Diaz Gonzalez CD, Munoz-Hiraldo E. (1993) Sturge-Weber syndrome: A study of 40 patients. Pediatr Neurol 9: 283–7.

123. Cross JH. (2005) Neurocutaneous syndromes and epilepsy — issues in diagnosis and management. Epilepsia 46(Suppl 10): 17–23.

124. Hwang PA, Graveline C, Jay V, et al. (2001) The hemispheric epileptic disorders: Indications for hemispherectomy. In: Luders HO, Comair YG (eds.). Epilepsy surgery. Philadelphia: Lippincott Williams & Wilkins, 157–63.

125. Kossoff EH, Vining EPG, Pillas DJ, et al. (2003) Hemispherectomy for intractable unihemispheric epilepsy. Etiology vs outcome. Neurology 61: 887–90.

126. Jonas R, Nguyen S, Hu B, et al. (2004) Cerebral hemispherectomy. Hospital course, seizure, developmental, language, and motor outcome. Neurology 62: 1712–21.

127. Kossoff EH, Buck C, Freeman JM. (2002) Outcomes of 32 hemispherectomies for Sturge-Weber syndrome worldwide. Neurology 59: 1735–8.

128. Gonzalez-Martinez JA, Gupta A, Kotagal P, et al. (2005) Hemispherectomy for catastrophic epilepsy in infants. Epilepsia 46:1518–25.

129. Cook SW, Nguyen ST, Hu BS, et al. (2004) Cerebral hemispherectomy in pediatric patients with epilepsy: Comparison of three techniques by pathological substrate in 115 patients. J

Neurosurg (Pediatrics 2) 100: 125–41.

130. Devlin AM, Cross JH, Harkness W, et al. (2003) Clinical outcomes of hemispherectomy for epilepsy in childhood and adolescence. Brain 126: 556–66.

131. Arzimanoglou AA, Andermann F, Aicardi J, et al. (2000) Sturge-Weber syndrome. Indications and results of surgery in 20 patients. Neurology 55: 1472–9.

132. Van Empelen R, Jennekens-Schinkel A, Buskens E, et al. (2004) Functional consequences of hemispherectomy. Brain 127: 2071–9.

133. Tinuper P, Andermann F, Villemure J-G, et al. (1988) Functional hemispherectomy for treatment of epilepsy associated with hemiplegia: Rationale, indications, results, and comparison with callosotomy. Ann Neurol 24: 27–34.

134. Delalande O, Fohlen M, Jalin C, et al. (2001) From hemispherectomy to hemispherotomy. In: Luders HO, Comair YG (eds.) Epilepsy surgery. Philadelphia: Lippincott Williams & Wilkins, 741–6.

135. O'Brien DF, Basu S, Williams DH, et al. (2006) Anatomical hemispherectomy for intractable seizures: Excellent seizure control, low morbidity and no superficial cerebral haemosiderosis. Child Nerv Syst 22: 489–98.

136. Villemure J-G. (2001) Functional hemispherectomy: Evolution of technique and results in 65 cases. In: Luders HO, Comair YG (eds.). Epilepsy surgery. Philadelphia: Lippincott Williams & Wilkins, 733–9.

137. Taylor DC, Neville BGR, Cross JH. (1997) New measure of outcome needed for the surgical treatment of epilepsy. Epilepsia 38: 625–30.

3부

심리사회적 문제

Chapter 10

뇌전증이 있는 사람들의 정신병리와 지적장애

J. Dolman & M. Scheepers

서론

정신병리란 정신질환이나 심리적 손상을 보여주는 행동이나 경험의 출현을 말한다. 그 용어는 정신과적 진단을 할 정도로 중요하거나 또는 중요하지 않을 수 있는 모든 현상을 포괄하는 광범위한 용어다. 그 결과 뇌전증이 있는 사람의 정신병리 발생에 대해 오랫동안 격렬한 논쟁이 있었다. 만약 행동이 정신생활의 측면을 나타내는 것이라면 보통 행동의 탈선은 비정상적인 정신상태의 어떤 형태로 귀인된다. 이것이 뇌전증이 있는 사람들에서 중요한 이슈라는 걸 의심할 수는 없다. 지적장애(Intellectual Disability, ID), 특히 심한 ID가 있는 사람들의 정신병리나 행동장애를 해석하는 데는 더 많은 어려움이 있다. 그러면 ID와 뇌전증이 있는 사람들의 정신병리를 둘러싼 이슈를 어떻게 이해하는가?

이 장에서는 이러한 이슈들을 더 자세히 살펴볼 것이다. 그러기 위해서 뇌전증이 없으며 ID인 사람들의 연구 결과를 기술하고 다음으로 뇌전증인 사람들의 전체집단에서 가능한 뇌전증 영역의 ID를 연구한 특정 연구들을 찾아본다.

V. P. Prasher, M. P. Kerr(eds.) *Epilepsy and Intellectual Disabilities,*
DOI : 10.1007/978-1-84800-259-3_10, ⓒ Springer Science+Business Media, LLC 2008

지적장애에서의 정신병리

어떤 집단에서 정신병리를 정확하게 측정하는 것은 어려울 수 있지만 ID가 있는 사람들에서는 더 어렵다. 왜냐하면 방법론적 어려움 때문이다. 연구에서 사용한 용어를 정확하게 정의할 필요가 있는데 이 분야에서는 이것이 특히 더 중요하다.

지적장애에 대해 말하려면 무엇보다 먼저 용어를 정의할 필요가 있다. 대부분의 문헌에서 ID를 발달시기(18세 이전)에 발생한 새로운 정보 또는 복잡한 정보를 이해하거나 새로운 기술을 배우는 능력의 현저한 감소, 손상된 지능(70 이하의 IQ), 독립적으로 관리하는 능력의 감소(손상된 사회적 기능)로 정의하는 데 대체로 동의한다. 이 정의를 사용하면 일반 모집단의 2~3%가 ID를 가질 것이다. 하지만 역학적 표본을 수집했을 때 확인율이 0.5%를 넘지 못한다. 가장 가능성이 높은 이유는 대부분의 목록이 개인적인 서비스 요구(건강관리 또는 사회복지)에 근거하기 때문에 이런 서비스를 신청하지 않거나 모르고 있는 다수의 사람들을 놓치기 때문일 것이다.[2] 대부분의 ID 영역 연구는 표집 편파로 인해 어려움을 겪는다. 더 심한 ID를 갖고 있으며 부가적 도움을 필요로 하는 사람들이 과대표성을 갖게 되는 사례 확인의 특성 때문이다. 경증의 ID를 가진 사람들은 서비스와 연결되기 때문에 더 높은 비율로 정신병리를 가질 가능성이 높다.

정신병리를 정의하는 일은 ID를 정의하는 것보다 더 어렵다. 진단과 평가도구를 ID를 가진 사람들에게 적용할 수 있어야 한다. WHO의 국제 질병분류 10판(ICD-10)[3]과 미국정신의학협회의 정신장애 진단 및 통계편람 4판(DSM-IV)[4]은 일반 모집단에 사용하기 위해 만들어졌다. 이 두 가지 도구는 증상의 주관적 보고에 근거했으며 ID가 있는 사람은 흔히 자신의 증상을 인식하지 못하거나 보고할 수가 없다. 게다가 돌보는 사람들은 증상의 중요성을 깨닫지 못하거나 ID인 사람에게서 일어나는 정상적 현상을 과도하게 보고한다. 학습장애 성인의 진단기준(Diagnostic Criteria for Adults with Learning Disability, DC-LD)은 이 주제를 언급하려고 시도한다.[5]

문헌을 개관해보면 무엇이 포함되고 포함되지 않는지에 대한 합의가 없다. 그 용어는 정신질환, 정신장애, 정신과적 질환, 정신과적 장애, 정서적 문제, 행동 문제를 포함하는 정신병리 항목으로 덮여 있다. 다른 사람들은 그들의 연구문제를 정의할 때 행동장애와 성격장애를 배제하길 원하는 반면에 어떤 저자들은 ICD-10[3], DSM-IV[4], DC-LD[5]에 있는 광범위한 정의를 사용한다. 이것은 종종 독자로 하여금 연구범위 (criteria)를 생각하게 하고 제시된 표본 모집단이 연구자들이 임상실제에서 본 환자들을 말하는지 여부를 궁금해하게 만든다. 저자들이 '사례'를 정의하기 위해 평가도구 배터리를 사용했을 때 더 큰 문제가 생긴다. 이러한 도구들은 항상 비교할 수 있는 게 아니고 순전히 임상적인 상황에는 관련이 없다. 이런 점이 임상가로 하여금 연구를 임상실제에 적용하기 어렵게 만든다. 덧붙여 진단들을 사례노트, 평가도구, 임상적 평가를 사용해 비교할 때는 같은 표본 모집단에서 다른 유병률이 발견될 수 있으므로 정신병리를 평가하는 데 사용된 방법을 고려해야만 한다.

ID인 사람 5명 중 하나 정도는 행동장애가 있고 이것이 ID인 사람들이 전문가 서비스에 세 번째로 많이 의뢰되는 이유를 설명할 수 있다. 이 집단 안에는 정신과적 진단을 받게 될 사람이 있다. 하지만 많은 수는 정신실환으로 곧장 돌릴 수 없는 행동 문제를 가진다. 따라서 인과관계를 추정할 때 심사숙고하는 것이 중요하다.

ID인 사람들에서 나타나는 정신질환의 총유병률은 일반모집단에서보다 현저하게 크다. 특히 행동장애와 성격장애가 포함된다면 그렇다. 평생유병률은 아마 30%와 50% 사이에 있을 것이다.

표 10.1 정신질환의 유병률

장애	ID(5)에서의 비율	일반모집단에서의 비율
정신분열증	3%	1%
양극성 정동장애	1.5%	1.2%
우울증	4%	3~7%
범불안장애	6%	3%
특수공포증	6%	7%
광장공포증	1.5%	3.8%
강박장애	2.5%	1.6%
자폐증	7%	0.08%
뇌전증	30%	1%

일반모집단에서 뇌전증의 정신병리

연구는 뇌전증과 행동 사이에 잘 확립된 관계를 보여준다. 그러나 반복연구 중 어떤 연구는 종종 결과가 동일하고, 어떤 연구의 결과는 동일하지 않으며 다른 연구에서는 정반대의 연구 결과가 발견되었다. 뇌전증이 있는 성인의 정신병리의 역학은 잘 이해되지 못하고 있다. 일부는 분명치 않은 기준 때문이지만 방법론적 문제 때문이기도 하다. 대부분의 연구는 흔히 대학에 기반을 둔 전문가의 클리닉에서 이루어지는데 그곳은 가장 현대적인 치료와 수술 선택대안들을 제공하며 복잡한 사례를 관리하는 곳이다.[6] 이러한 상황에서는 정신질환 이환율의 증가가 확인되었다. 그러나 마치 뇌전증이 심각성의 스펙트럼과 다중적인 병인론적 기제를 수반하는 만성질환인 것처럼 이러한 이환율 증가의 확인을 덤덤하게 받아들여서는 안 된다.

발달적 이슈

증상성뇌전증(symptomatic epilepsy)은 기저에 있는 수많은 정신병리적 과정의 결과로 생길 수 있다. 그것은 국소적이거나 확산되었을 수 있고, 양측이거나 편측일 수 있고, 정체되었거나 진행적일 수 있다. 뇌전증은 단지 분명한 임상적 발현일 뿐이다. 그러나 그것들은 정신과적 결함을 동시에 생기게 한다. 뇌전증의 특성은 발달 중인 뇌에 생긴 손상의 특성, 위치, 시기에 따라 다르다.[1]

뇌전증이 있는 아동은 교육이나 고용에서 자주 그들의 급우와 동등한 대우를 받지 못한다. 뇌전증 혹은 항뇌전증약 때문에 일어나는 주의결핍은 비난받게 된다. 그러나 정상적인 교육적 및 사회적 발달이 기대될 수 있는 특발성 또는 잠재성 뇌전증이 있는 학령기 아동집단에서의 연구는 실은 그렇지 않다는 걸 밝혀냈다. 이 사례를 통제한 종단연구는 '뇌전증만 있다고' 새롭게 진단받은 아동들은 지속적 주의결핍이 없으며 항뇌전증약(AED) 치료가 주의에 해로운 효과를 주지 않는다는 것을 발견했다. 그러나 뇌전증 변인보다는 앞서의 학교 문제나 행동 문제들 그리고 뇌전증 진단에 대한 부모의 부적응적인 반응이 주의결핍과 관련 있다.[7] 더 나아가 ID, 뇌전증, 행동장애 간의 관계에 대한 연구들은 투약이 행동에 주는 효과를 살펴보았다. 항뇌전증약 투약을 하

고 있는 아동들과 현재는 투약을 하고 있지 않은 아동들 사이의 의미 있는 상관이 발견되지 않았다.[8]

성격

성격, 그리고 이것이 만성질환과 관련되는 방식은 종종 평가되는 주제이지만 그 결과들이 거의 일치하지 않거나 반복 불가능하다. 이렇게 일관성이 부족한 것은 여러 변인 때문일 수 있다. 이런 변인들은 연구에서 사용한 도구가 다른 것, 이러한 도구 가운데 일부가 특정 모집단(뇌전증이 있는 사람들)에서 갖는 타당도, 사회적 및 정신병리적 태도에 대한 환자들 간의 차이, 선택편파의 문제이다. 잘못된 결과를 가져올 수 있는 이유들이 있기는 하지만 이런 변인들을 통제했을 때도 불일치하는 연구 결과들이 보고되었다. 이런 점이 많은 임상가들로 하여금 뇌전증 환자에서 성격특질을 고려하지 않게 만든다. 그러나 우리가 환자들을 총체적으로 치료하려고 한다면 환자들이 정보를 처리하는 방식을 고려하는 것이 삶의 질을 향상시키며 임상서비스를 받는 환자들의 만족감을 증진시키는 열쇠가 될 수 있다.[9]

정신의학적 장애와 성격장애의 공병률은 치료에 대한 낮은 반응, 더 낮은 수준의 순종, 자살위험의 증가와 관련이 있다. 난치성뇌전증 환자들에 대한 최근 연구는 52명 중 11명(21.15%)이 성격장애에 대한 연구 기준을 충족시킨다는 걸 발견했다. 의존적 성격과 회피적 성격이 가장 흔하고, 성격장애와 가장 자주 관련되는 것이 뇌전증 전조였다. 이러한 결과들은 뇌전증이 있는 것과 관련된 의존 및 사회적 고립의 비율 증가를 보고한 이전 연구를 지지한다.[10]

불안장애

불안, 공포와 두려움은 공통적으로 뇌전증 진단과 관련 있다. 전두엽 뇌전증(Temporal Lobe Epilepsy, TLE)에서 가장 자주 보고된 전조증상(30%)은 발작성 공포나 불안이다. 왜냐하면 불안은 정상적인 정서이며 일부 예기성 불안은 완전히 통제되지 않은 발작성 장애가 있는 사람들에게서 예측될 수 있기 때문이다. 임상상황에서는 불안장애에 항상 주목하지는 않는다. 장애는 불안의 결과로 사회적, 직업적 기능영역과 다른 기능영역에서의 손상이 있어야 한다.[9] 범불안장애, 공황장애, 공포장애, 강박장애는 일반모집단에 존재하는 질병이다. 그러나 뇌전증도 가지고 있는 사람들, 특히 전두엽에서 발작이 발생하는 사람들에게서는 이러한 질병이 증폭될 수 있다.[11]

부분적 뇌전증이 있는 환자(106명의 TLE와 44명의 전두엽 뇌전증 환자), 특발성전신성뇌전증(idiopathic generalized epilepsy)(70명) 및 통제집단과의 비교는 뇌전증 환자와 통제집단 사이에 불안과 우울에서 큰 차이가 없음을 보여주었다. 게다가 부분적 뇌전증이 있는 환자들은 통계적으로 유의미한 수준에 도달하지는 못했지만 특발성 집단보다 점수가 더 높았다.[12] 전에 보고된 좌측 TLE와 불안 사이의 관련성이 이 연구에서 반복되었으나 유의미한 수준에 도달하지는 못했다.

기분장애

우울은 가장 흔하게 뇌전증과 공병이 되는 정신의학 질병이다. 유병률은 재발성 발작 환자의 50%, 통제된 발작 환자의 10%에 이른다.[13-17] 이것은 일반적으로 인식이 잘 안되고 잘 다루어지지 않고 있으며 완전히 이해되지 못하고 있다. 그러나 심리사회적 요인과 신경학적 요인이 결합된 결과로 생각된다. 만성질환과 우울장애 간에 관련이 있긴 하지만 신경학적 질환이 있는 환자들에서 우울증상이 지나치게 나타나고 있는 것으로 보이며 그 신경학적 질환이 뇌전증을 포함하는 경우에는 더 증가되었다.[16]

우울은 단지 뇌전증을 가지고 살아가는 것에 대한 반응의 결과가 아닐 수 있다. 우울과 뇌전증은 공통적인 병원적 기제를 실제로 공유할 수 있다. 여기엔 공유된 유전적 성향과 신경전달물질의 생체아민, 감마아미노부틸산(GABA)에 대한 역기능, 시사되는 모든 감소된 신진대사기능과 전두엽기능이 포함된다.[9, 16, 18] 발작은 그 자체가 포함되게 되는데 발작관련 변인들이 함께 제시된다. 일컬어지는 발작관련 변인들은 발작유형(복합부분발작), 위치(측두엽), 중증도(통제 안 되는 발작이 함께 일어나는 우울증의 증가), 편측성(좌측 병소)이다.

뇌전증이 있는 사람들의 우울장애 발달에서 심리사회적 요인들이 시사되었다. 이 요인들에는 지각된 낙인, 발작의 두려움, 차별, 무직, 사회적 지원의 부족이 포함된다.

심리사회적 요인과 우울, 뇌전증 간의 관계는 심리사회적 요인이 뇌전증과 우울을 같이 가지고 있는 사람뿐만 아니라 뇌전증과도 관련이 있음을 보여준다.[19] 심리사회적 검사를 뇌전증 환자의 지역사회 표본에 실시했을 때 항뇌전증약을 더 이상 복용하지 않는 사람들은 계속 약을 복용하고 있으며 1년 동안 발작을 하지 않은 사람들보다 더 잘 적응하고 있으며 그리고 뒤의 집단은 약을 복용하고 있으며 지난 1년 동안 발작이 있었던 사람들보다 더 잘 적응하고 있다는 것을 보여주었다. 저자들은 뇌전증의 중증도는 자기보고된 심리사회적 문제의 중증도와 관련 있다고 결론 내렸다.[20]

자살, 뇌전증의 원인불명급사(SUDEP), 사고, 익사는 뇌전증이 있는 사람들의 뇌전증 관련 사망의 가장 공통적인 원인이다. 의료기술의 발전에 따라 중첩성뇌전증은 선진국에서 뇌전증 사망 원인에 자주 등록되지 않는다. 선진국에서는 의료기술의 향상과 함께 지금은 계층 뇌전증이 뇌전증의 사망 원인으로 덜 자주 등록된다.[21] 뇌전증에서 자살률은 일반모집단의 5배이고 측두엽 뇌전증이 있는 환자에서 가장 현저하게 증가했다(25배). 자살은 뇌전증전문클리닉에 다니는 사람들에게 심각한 문제인 것으로 나타난다. 왜냐하면 그들은 더 복잡한 뇌전증을 가지고 있기 때문이다.[21, 22] 뇌전증전문센터에서 실시된 자살 회고분석에서 10,739명 환자들이 12년간 관찰되었다. 이 모집단에서 다섯 사람이 자살을 했다. 환자들이 자살의도를 가지는 이유를 더 잘 이해하기 위해 저자들은 발작과 독립적으로 발생하고 갑자기 나타나며, 몇 시간에서 2일 정도 지속될 수 있는 '발작휴지기 불쾌장애(interictal dysphoric disorder)'(우울한 기분, 성마름, 불안, 두통, 불면증, 공포와 무위증은 눈에 띄는 증상이다)를 인정했다. 이러한 기분장애는 항우울제에 반응하고 저자들은 항우울제들을 조합하여 사용한다.[22] 뇌전증 센터에 다니는 1,722명의 환자를 대상으로 14년간 실시한 두 번째 연구는 6건의 자살을 밝혀냈다. 이 연구의 중요한 발견은 TLE 환자에서 발작이 있은 직후 자살이 일어나며 남자에게 더 흔하고 정신병적 일화와 종종 관련된다는 것이다.[21]

정신병적 현상

정신병이 뇌전증이 없는 사람보다 있는 사람에게서 더 흔하고 뇌전증 모집단보다 TLE 환자들에게서 더 흔하다는 점이 한동안 주목받았다. 뇌전증과 정신분열증 유병률은 모두 1% 정도이다. 그러나 뇌전증 환자 100명 중 1명이 정신분열형 정신병을 발달시킬 거라고 기대하는 것이 합리적이다. 하지만 임상연구들은 뇌전증에서 약 3%의 유병률을 제시하는데 이것은 두 장애 사이의 일정하지 않은 관계를 보여줄 뿐이다.[23]

발작(발작 시와 발작 후)과 관련된 정신병적 현상은 매우 명확하게 정의되어 있다. 보통 섬망과 함께 오는 발작 시 사건은 진행 중인 발작 활동과 관련되며 항뇌전증약에 반응한다. 발작 후 일화는 일련의 발작 후 24~48시간 발생하는 단속적인 정신증 사건들이다. 그것들은 짧은 시간 지속된다(몇 시간에서 며칠, 때때로 일주일까지). 그리고 명료한 의식상태에서 보통 미스테리하거나 신앙적인 내용을 수반하는 편집증적인 망상 및 섬망과 함께 일어난다. 발작 사이의 정신증은 더 연장된 (만성적인) 경로를 갖는 경향이 있고, 발작과 관련되는 것으로 보이진 않으며, 종종 정신분열병과 비슷한 질환의 형태를 취한다.[24] 뇌전증과 정신분열증에서 일어나는 만성적 정신병이 서로 비슷하지만, 큰 차이도 존재한다. 뇌전증과 관련된 만성 정신병이 있는 환자들은 형식적 사고장애(formal thought disorder)를 덜 보이고, 정서적 위축이 덜하며, 부정적 증상을 더 적게 보이고, 긴장증이 없으며 치료 후 더 좋은 결과를 보이는 경향이 있다.[25, 26]

정신증을 발달시키는 위험요인

많은 연구들이 뇌전증에서 정신증을 발달시키는 위험요인을 조사했다. 불행하게도 그 결과들이 항상 일관적이진 않고 연구들은 선택기준으로 인해 편파된다. TLE를 갖고 있는 사람들(14%)이 특발성전신성뇌전증이 있는 사람들(3.3%)에 비해서 정신증이 더 많다는 점은 폭넓게 받아들여지고 있다.[26] 그러나 최근 연구들은 차이를 발견하지 못했다.[27, 28] 뇌전증 분야의 연구들을 비교하는 일은 어렵다. 왜냐하면 뇌전증, 정신증, 확인된 위험요인의 정의가 서로 다르기 때문이다. 하지만 TLE(복합적인 부분발작)가 있고 뇌파에서 좌측 진원지를 갖는 여성 환자는 일반적으로 뇌전증 정신증으로 고통받는 일이 더 많아질 것이다.[29] 최근 연구들은 성별, 발작의 편측성, 연령관련 변인에서는 차이가 없이 이러한 결과를 얻었다. 오히려 발견된 관련성은 지적 기능(낮거나 경계선인 지적장애를 가진 사람들에서 더 흔하다)과 가족력(정신증뿐만 아니라 기분장애의)과 관계있었다.[26, 28]

신경영상연구

신경촬영 및 '실시간' 자료 확보능력의 진전과 함께 신경영상연구 분야가 뇌전증과 정신증 사이의 관계를 지배하는 병인론적 과정의 일부를 밝혀줄 것으로 기대한다. TLE와 정신증이 있는 환자에 대한 자기공명영상(MRI) 연구는 측두엽 뇌전증과 정신증이 있는 환자의 뇌를 정신병리가 없는 TLE 환자 및 건강한 통제집단 사람들의 뇌와 비교해서 잠재적인 뇌구조 차이를 확인했다.[30] 뇌전증 정신증이 있는 26명 환자(15명은 경련 후 정신증, 11명은 발작 간 정신증)를 정신증이 없는 뇌전증 환자 20명 및 건강한 통제집단 20명과 비교했다. 정신증 집단 연구 결과는 전체 뇌부피가 작고, 양측 편도체 크기가 크게 확장되었으나(16~18%), 뇌해마 크기엔 차이가 없음을 보여주었다. 분리해서 개관했을 때 경련 후 정신증 집단과 발작 간 정신증 집단 사이에 차이는 없었다.[24] 더 나아간 MRI 연구는 더 작은 표본(n=9)의 정신분열증이 있는 TLE 환자와 정상 통제집단을 비교했다.[31] 저자들은 모든 환자가 심실확대와 함께 측두엽, 전두두정, 상측두회 부위의 부피가 더 작다는 것을 발견했다. 이런 이상들은 뇌전증의 정신증이 있는 집단에서 가장 컸다. TLE와 경련 후 정신증이 있는 5명의 환자에게서 컴퓨터 단일광자 방출촬영 스캔을 하였을 때 정신증이 있는 동안에 양 전두엽과 양 측두엽 과관류가 나타났다. 이것은 이러한 영역에서의 과활동을 반영하는데 저자들은 이것은 지속되고 있는 방전, 발작을 끝내는 데 포함된 활성적 억제기제 혹은 대뇌 혈류 조절장애의 결과일 수 있다고 제안한다.[32]

TLE 환자의 정신의학적 증상

정신분열증이 있는 사람들 전체집단에서의 연구들은 긍정적 증상과 부정적 증상의 두 가지 증상 범주를 강조했다.[33] 부정적 증상 집단은 생기 없는 정동(flattened affect)과 무욕증(avolition) 같은 증상을 포함하며 인지적 손상과 관련 있다. 한 연구는 84명의 TLE 환자와 74명의 정상적인 통제집단에서 부정적 증상의 존재를 비교했다. 부정적 증상은 통제집단(8%)에 비해 TLE 집단(31%)이 현저하게 더 많았다. 정상집단과 부정적 증상이 없는 TLE 환자에 비해서 부정적 증상이 있는 (TLE) 모집단은 위축이 더 많이 확산되고 뇌척수액 양이 더 많았다. 부정적 증상은 과거 및 현재의 우울 병력과는 상관 없었다.

강제된 정상화

Landolt는 강제된 정상화(forced normalization)가 있는 건설적인 정신증 일화를 갖는 환자집단에 대해 말했다. 강제된 정상화는 뇌전증 환자에서 정신증 상태 발생과 함께 정신증 전후의 EEG 결과보다 정신증 상태인 동안의 EEG가 더 정상적이 되거나 혹은 거의 정상적이 되는 특징을 보이는 현상이다. Tellenbach는 '교대 정신증(alternative psychosis)'이라는 개념을 소개했는데, 이것은 통제되지만 EEG 결과에는 확인되지 않는 뇌전증 정신증을 말한다. 그때부터 이 흥미로운 현상은 엄청난 수의 사례보고를 가져왔으나 공식적인 연구에서 다루어지지는 않았다. 더 새로운 항 뇌전증 약들과 발작 없는 행동변화의 출현은 이 영역에 대한 새로운 관심을 갖게 만들었다. 연구는 갈등과 필요에 의해 방해받는다. 그 현상은 정신증을 필요로 하는가 혹은 행동변화는 충분할까, EEG가 거의 정상화되는 것이 필요한가 혹은 EEG 결과는 무시될 수 있는가? 이런 점이 진단기준의 발달을 이끌었다. 이 진단기준들이 널리 사용되거나 수용되지는 않는다.[34] 그 현상은 발작의 정지로 피질의 발작발생활동을 억압한 결과이며 EEG 정상화를 드러내지만 이차적인 뇌전증 생성과 다른 관련 현상(GABA, 글루타메이트, 도파민 수준)은 나타내지 않는다고 가정했다. 이러한 이차적 뇌전증 생성과 다른 관련 현상들은 진행 중인 발작이 현저한 행동적 표출과 함께 대뇌변연계 영역에서 일어나게 만든다.[34]

ID 모집단에서 정신병리와 뇌전증

뇌전증이 ID인 사람들에게 영향을 주는 가장 흔한 신경학적 장애임에도 불구하고 일반모집단과 비교한 연구는 거의 이루어지지 않고 있다. 구체적으로 특히 정신병리와 관련된 뇌전증 자료를 제시하는 연구가 그렇다.[35] ID가 있는 사람들에서의 정신병리와 뇌전증에 대한 문헌들을 개관하고 비교할 때 다음 요인들을 고려하는 것이 중요하다.

1. ID의 확인과 정의
2. 뇌전증과 변인의 확인
3. 모집단 확인과 연구표본의 대표성 확인
4. 자료분석

ID의 확인과 정의

ID는 뇌전증이나 정신병리로 인한 상태의존적 현상(예 : 만약 ID가 어떤 양방향 변인을 나타내는 것이 아니라면 그 사람은 ID의 기준을 충족시키지 않는다.)일 수 있다. 뇌전증과 관련된 가능한 첫 번째 양방향 변인은 무증상 발작의 발작성 효과, 진원 방전, 발작후 상태, 비가역성 간질중첩증, 수면 중 전기적 상태 경련(ESES)을 포함한다. 두 번째는 약물에 의해 일어난 인지적 결함과 관련 있는데 특히 phenobarbitone, phenytoin, sodium valproate, carbamazepine, benzodiazepines와 관련 있다.[36] 세 번째 변인은 정신병리와 관련 있다. 심한 정신건강문제가 있는 사람은 종종 IQ 평가에서 낮은 점수를 받는다.[5] 상태 의존적 ID가 연구참가자의 적은 비율을 차지하긴 하지만, 만약 연구증거를 임상적 실제에 적용하려 한다면 연구들이 ID를 진단하는 기준(둘 다 18세 이전에 발생한 손상된 지능기준, 손상된 사회적 기능의 적용)을 주의 깊게 조사했는지 여부를 주목하는 게 얼마나 중요한지를 상기시켜준다.

뇌전증과 변인의 확인

국제뇌전증연맹(ILAE)은 뇌전증의 분류체계를 제공했다. 1981년에는 발작 유형에 따라, 1989년에는 뇌전증 증후에 따라 분류했다. 좋은 실제는 뇌전증이 적어도 수준 2(발작 유형)에서 진단되어야 하지만 아마도 수준 3(뇌전증 증후군) 진단으로 진단되어야 한다고 제안했다.[37] 발작간기의 기간(발작과 발작 사이로 발작과 상관없는)과 발작 전후 기간(발작의 결과로 발생한)에 발생하는 증상들을 변별하는 게 중요하다. 증상을 측정하는 데 사용된 도구는 ID 모집단 안의 뇌전증 연구를 위해 특별히 고안된 것이어야 한다. 측정도구들은 발작 유형/증후 및 발작 빈도뿐만 아니라 환자의 행동, 사회적 상호작용, 독립성, 전반적인 안녕, 삶의 질도 고려해야 한다. 덧붙여서 정신병리에서의 변화에도 민감해야 하고, 치료순응도와 환경적 혼입요인도 찾아내야 한다. 이것들은

모두 ID가 있는 사람들을 연구할 때 큰 도전이 되는 것들이다.[36]

모집단 확인과 연구표본의 대표성 확인

대부분의 연구 자료들은 병원, 연구소, 정신과 외래환자, ID 등록자들로부터 효율적으로 얻어졌다. 이것은 우리에게 어떤 공병에 대한 공중보건부담에 대해 정보를 주긴 하지만, ID를 가진 사람들의 더 넓은 공동체에서 인과관계를 확인하고 위험요인을 확인하는 데는 도움이 안 된다. 이 연구 모집단에 들어온 사람들은 정신과적 장애, 더 심한 뇌전증, 더 심한 ID, 도전이 되는 행동을 갖는 경향이 더 많았다.[15,36] 경증 ID가 있는 성인들은 ID 서비스에 알려지지 않는 경향이 있으며 ID 등록을 시작하고 유지하는 데 사용되는 방법에 큰 차이가 있어서 그들은 항상 동등하게 연구되지 않는다.

자료분석

ID가 그 자체로 정신건강문제를 발생시키는 하나의 위험요인이기 때문에 ID와 뇌전증이 있는 사람들에서 정신병리를 조사하는 연구들은 일반모집단(뇌전증이 있는 일반모집단과 뇌전증이 없는 일반 모집단)에서 나온 정상규준 자료와 비교해서 더 높아진 유병률을 찾게 될 가능성이 더 크다. ID가 있는 사람들에서의 정신병리와 일반 모집단에서의 정신병리 사이의 존재와 유병률의 차이를 이해하는 것이 도움이 되긴 하지만, ID와 뇌전증이 있는 사람에서 발견된 정신병리의 관련성은 ID인데 뇌전증이 없는 사람들에서 발견된 정신병리와 비교할 때만 의미가 있다. 그래서 연구들이 규준자료가 가용한 평가측정도구를 사용하거나 또는 일치시킨 통제집단을 적절히 결정하는 것이 중요하다.

덧붙여 통계방법은 적합해야 하고 비교적 적은 비율의 변산과 관련된 요인들은 지나치게 강조하지 않아야 한다.[39]

ID와 뇌전증이 있는 사람들의 정신병리 비율

통제집단을 사용한 연구들은 일반적으로 뇌전증이 있는 사람과 뇌전증이 없는 사람들 사이의 정신병리 비율(정신병, 행동 문제, 성격장애)에서 통계적으로 의미 있는 증가를

발견하지 못했다.[38, 39, 43, 55]

ID와 뇌전증이 있는 사람들의 정신과적 장애

발달장애 성인용 정신의학적 평가 스케줄(PAS-ADD) 체크리스트를 사용한 잘 구조화된 연구는 ID와 뇌전증이 있는 연구모집단의 33%가 가능한 정신과적 장애의 기준을 충족시킨다는 사실을 발견했다. 연구가 이루어진 시기에는 PAS-ADD에 쓸 수 있는 규준자료가 없었다. 그래서 저자들은 이 자료를 인구통계학적으로 비슷한 이전 자료들(하나는 출판된 것이고 다른 하나는 출판되지 않았다)과 비교했다. 전자에서는 참가자의 19%가, 후자에서는 33%가 하나의 가능한 정신과적 장애를 가지고 있었다. 그러나 어떠한 비교도 조심스럽게 이루어져야 한다, 왜냐하면 모든 자료가 표집요인들에 의해서 잠재적으로 영향받을 수 있기 때문이다.[55] 게다가 사용된 PAS-ADD는 더 이상의 정신건강 평가가 필요한지 여부를 알려주는 스크리닝 스케줄로 주로 사용하려고 개발된 것이었다.[39] PAS-ADD 체크리스트의 규준자료는 현재 출판되었는데 20.1%의 유병률을 보여준다. 이것은 뇌전증이 있는 사람들에서 정신과적 증상이 증가했음을 말해줄 수 있다.[5]

　4개 연구가 정신과적 질환의 비율이 ID만 있는 사람들에 비해 뇌전증이 있는 사람들에서 더 낮다(표 10.2에서 4, 8, 10, 14번)는 걸 보여주었다. 정신과적 질환이 나타났을 때는 정동적/신경증적 장애가 뇌전증이 있는 사람과 없는 사람 모두에서 가장 많은 범주였다(연구 4와 12). 그러나 뇌전증이 있는 사람들은 없는 사람들보다 조현병과 망상장애를 더 많이 보였고 흥미롭게도 뇌전증이 있는 사람들에서 양극성장애는 발견되지 않았다(연구 4). 한 연구는 뇌전증이 있는 사람들에서 변화하는 기분의 비율이 더 높았다. 그러나 이것은 통계적으로 의미 있지는 않았다.[38]

　ID와 뇌전증이 있는 사람들을 뇌전증이지만 ID는 없는 사람들과 비교했을 때, ID와 뇌전증이 있는 사람들에게서 가장 자주 일어나는 정신과적 장애는 정신병과 성격장애이다. 하지만 뇌전증이지만 ID는 없는 사람들에서는 신경증 장애와 정신장애가 가장 공통적으로 발견되었다.

표 10.2

연구	참고문헌 번호	저자	모집단	통제	정증ID %	연구된 정신병리	평가도구	결과
1	40	Lund(1985)	시설 및 공동체	없음	언급되지 않음	정신병, 자폐증과 행동장애에 포함됨	의학연구협회 장애, 행동, 기술 스케줄, 정신과적 증상 스케줄	뇌전증이 있는 사람의 52%(이 수치의 39% 행동장애), 뇌전증이 없는 사람이 26%(SS)
2	41	Espie CA, Pashley AS, Bonham KG, et al.(1989)	ID인 사람들을 위한 병원	뇌전증이 없는 사람들과 일치시킨 쌍 비교	<7%	적응기술 행동장애	적응 행동 척도, 심리사회적 행동척도	뇌전증이 있는 사람은 더 미숙한 생활기술을 가짐. 행동장애에 예상되는 차이 없음(SS)
3	42	Gillies JB, Espie CA, Montgomery JM.(1989)	ID인 사람들을 위한 주간치료 센터 참가자	동일한 모집단에서 뇌전증이 없는 사람들로 일치 시킨 통제집단	대부분 경증이거나 중간 정도 ID	행동 문제를 포함한 심리사회적 기능	심리사회적 행동척도	뇌전증이 있는 사람이 전반적으로 심리사회적 역기능이 더 잦음(SS)
4	38	Deb S, Hunter D.(1991a)	ID인 사람을 위한 두 개 병원과 두 개 주간치료센터	동일한 모집단에서 뇌전증이 없는 사람들로 일치 시킨 통제집단	1/3	부적응 행동	능력 및 적응 스케줄 프로파일	뇌전증이 있는 사람과 없는 사람 간의 전 반적인 차이 없음(SS)

						측정도구	결과
5	43	Deb S, Hunter D.(1991b)	ID인 사람들을 위한 두 개 병원과 두 개 주간치료센터	동일한 모집단에서 뇌전증이 없는 사람들로 일치시킨 통제집단	1/3	정신병	능력 및 적응 척도 프로파일, 현재 상태 검사, 임상 관찰, DSM-III-R	뇌전증이 없는 사람이 47%, 뇌전증이 있는 사람이 29%(SS)
6	44	Deb S, Hunter D. (1991c)	ID인 사람들을 위한 두 개 병원과 두 개 주간치료센터	동일한 모집단에서 뇌전증이 없는 사람들로 일치시킨 통제집단	1/3	성격장애	표준화된 성격평가(SAP), T-L 개인행동 조사지	SAP는 뇌전증이 있는 사람과 없는 사람 사이에 차이에 차이이 없음(SS). 다약제 부응 중이거나 또는 활성 뇌전증이 있는 사람들을 지역공동체에서 조사할 때 뇌전증이 없는 사람에 비해 뇌전증이 있는 사람이 T-L 점수가 높음(SS)
7	45	Deb S.(1994)	ID인 사람들을 위한 두 개 병원과 두 개 주간치료센터	동일한 모집단에서 뇌전증이 없는 사람들로 일치시킨 통제집단	1/3	부적응 행동, 정신병, 성격장애	능력 및 적응 척도 프로파일, DSM-III-R, 표준화된 성격평가	뇌전증이 있는 사람과 없는 사람 간에 차이이 없음(SS)

표 10.2 (계속)

연구	참고문헌 번호	저자	모집단	통제	경증ID %	연구된 정신병리	평가도구	결과
8	46	Deb S.(1995)	시설 및 공동체 환경	없음	37%	정신병리 및 상이한 EEG 이상과의 관련성	능력 및 적응 스케줄 프로파일, DSM-III-R, 표준화된 성격평가	일반적인 EEG를 보여준 환자들과 국소성 뇌전증 형태 변화를 보여준 환자들 간에 정신병리 차이 없음(SS)
9	47	Deb S.(1997)	ID인 사람들을 위한 두 개 병원과 두 개 주간치료센터	동일한 모집단에서 개별적으로 일치시킨 통제집단	1/3	부적응 행동, 정신병, 성격장애	능력 및 적응 스케줄 프로파일, ICD-10, 표준화된 성격평가	부적응 행동에 차이 없음(SS). 뇌전증이 있는 사람들이 정신질환으로 더 많이 고통받는 경향이 있음(SS). 성격장애에는 차이 없음(SS)
10	48	Andrews TM, Everitt AD, Sander JWAS.(1999)	국립 뇌전증 센터의 장기입원자	없음	80% 경증 ID	부적응 행동 및 MRI 이상과의 관련성	Aberrant 행동 체크리스트	국소적 병변이 없고 전반적인 뇌전증 증후를 보이는 사람들에서 과잉행동과 불복종이 더 높게 나타남(SS)

11	49	Matson J, Bamburg JW, Mayville EA, et al.(1999)	미국 내 큰 거 주시설	없음	단지 1% 미만	사회적 기술, 정신병리, 이상행동	행동기능질문지. 중도장애에 진단평가. 이상행동 체크리스트. Matson 중도자폐자 사회적 기술 평가, 바인랜드 적응행동척도, 면접지	뇌전증이 있는 사람은 없는 사람보다 사회적 기술, 적응기술, 이상행동, 정신병리를 적게 나타냄(SS)
12	50	Chung MC, Cassidy G. (2001)	ID인 사람들을 위한 병원	일치시킨 쌍	언급되지 않음. 뇌전증이 있는 사람의 1/4보다 적은 수가 혼자서 닦고 웃을 있고 단지 11%만이 정보를 이해할 수 있었음	문제행동	장애평가 스케줄, 이상행동 체크리스트	뇌전증이 있는 사람이 없는 사람보다 더 성마름(SS)
13	51	Espie CA, Watkins J, Curtice L, et al.(2003)	뇌전증 및 ID가 있는 사람들을 치료하는 전문 클리닉, 지역 공동체 학습장애 팀, 14%만 시설에서 실고 있었음	집단내 상관 설계	25%	정신과적 장애, 행동 문제	바인랜드 적응 행동척도면접지, PAS-ADD 체크리스트	33%가 가능한 정신과적 장애 특이 행동적/신경증적인 기준을 충족시킴(논의를 이해를 위해서는 본문 참조), 행동 문제수준은 모집단 규준보다 더 낮음

표 10.2 (계속)

연구	참고문헌 번호	저자	모집단	통제	경증ID %	연구된 정신병리	평가도구	결과
14	52	Matsuura M, Oana Y, Kato A, et al. (2003)	모두 일본의 9개 특수뇌전증 클리닉에 의뢰된 사람들	없음	언급 안 됨	성격 장애와 정신지체를 포함하는 정신과적 장애	저자들이 고안한 ICD-10 지침서를 포함하는 기준 스킴	뇌전증이 있는 다른 환자들과 비교할 때 정신병리를 유발하는 ID 위험요인(SS)
15	53	Cowley A, Holt G, Bouras N, et al. (2004)	ID인 사람들을 위한 전문 정신건강센터에 새로 의뢰된 사람들	없음	63%	행동 문제를 포함한 정신과 진단	프로파일 등 급을 매기는 평가와 정보, ICD-10	뇌전증이 존재는 정신병리의 낮은 발생률과 현저하게 관련 있음
16	54	Matsuura M, Adachi N, Muramatsu K, et al. (2005)	모두 일본의 9개 특수뇌전증 클리닉에 의뢰된 사람들	없음	언급 안 됨	정신과적 특히 정신분열증	저자들이 고안한 ICD-10 지침서를 포함하는 기준 스킴	다른 뇌전증 환자와 비교했을 때 정신병 및 정신과적 장애를 유발하는 위험요인으로 보임 ID (SS)

SS=statistically significant, 주 : 연구 4, 5, 6, 7, 9는 같은 인구집단 샘플에서 수행하였다.

성격장애

지적장애가 있는 사람들에서 뇌전증과 성격장애 사이에 관련이 있는지를 특별히 탐구하는 연구들은 거의 없다. 수행된 연구들은 성격장애가 일반적으로 뇌전증과 관련 있다는 가정을 지지하지 않지만 더 나아간 연구가 필요하다.[44]

행동 문제

우리는 행동 문제가 지적장애인 사람들에서 자주 일어난다고 알고 있다. 뇌전증과 항뇌전증 약이 지적장애와 뇌전증을 함께 가지고 있는 사람들의 행동에 주는 효과에 대해서는 여전히 큰 논쟁이 있다. 일부 연구들은 관계가 있는지를 결정하려고 했고, 많은 연구가 단순히 현상을 기술하였으며, 치료 전후의 행동을 적극적으로 알아본 연구는 거의 없다. 그리고 대부분은 지적장애인 사람들 연구에 널리 퍼진 동일한 선택편파를 경험한다.

한 연구에서 활동성 뇌전증(active epilepsy)이 있는 사람들은 일치시킨 비뇌전증 통제또래집단보다 덜 협조적이고 더 지속적으로 반향어를 하는 것으로 생각되었다. 그리고 입원환자와 지역사회의 뇌전증과 지적장애가 있었던 사람들 사이에 통계적으로 유의미한 차이가 있었다. 입원환자들은 여러 번 발작을 한 경우보다 한 번의 발작을 했던 사람들이라면 공격성을 덜 보이는 경향이 더 많았다. EEG가 배경 서파만 보여준다면 공격성과 안절부절함이 더 적었고, EEG가 전반적인 뇌전증형 활동을 보이면 안절부절함을 더 보이며, 단독요법 특히 carbamazepine으로 단독요법을 하면 덜 공격적이었다. 지역사회 모집단에 있는 경증 지적장애를 가진 사람들은 더 많은 파괴적 행동과 성마름을 보였다. 만약 뇌전증 기간이 20년보다 짧을 때는 더 많은 공격성과 자해를 보였다. 이에 더해서 그들은 잦은 다중의 발작과 함께 더 많은 자해를 보였다.[43]

아베런트 행동 체크리스트(Aberrant Behaviour Checklist, ABC)를 사용한 더 진전된 연구는 뇌전증과 지적장애를 함께 갖고 있는 사람들의 프로파일이 표준화된 표본(ABC 개발에 사용된)과 유사하다는 걸 보여주었다. 가능한 정신의학적 장애를 지닌 사람들은 성마름, 과잉활동, 부적절한 말의 점수가 더 높아서 저자로 하여금 정신의학적 상태와 행동장애가 반드시 서로 독립적이진 않다는 결론에 도달하게 만든다.[55]

요약하면 뇌전증 자체가 지적장애를 가진 사람들에서 정신병리가 생길 위험을 증가시킨다는 증거는 확정적이지 않다. 그러나 어떤 뇌전증 특정적인 요인들은 정신의학적 장애를 예측할 수 있고 그 장애와 더 밀접하게 연관된 일반적 요인들은 행동장애에 대한 강력한 예측요인이 될 수 있다.[55]

지적장애가 있는 사람들에서 정신병리와 뇌전증 결합의 특징

일반 모집단에서의 정신병리와 뇌전증 간의 관계에 대해 많은 것이 쓰이긴 했지만 개인적 수준에서는 여전히 많은 차이가 있다.[56] 이러한 차이는 지적장애가 있는 사람들의 뇌전증에서 정신병리를 고려할 때 더 증가한다. 뇌전증, 정신의학적 장애, 지적장애의 결합의 성격이 복합적이고 심지어 잘 이해되고 있지 못하고 있기 때문에 지적장애의 모집단은 결코 동질적이지 않다. 생물심리사회적 모델은 종종 모집단에서의 위험요인을 기술하는 데 사용되며 지적장애가 있는 모집단에서 아래와 같은 것을 포함하는데까지 확장할 만한 가치가 있다.[57]

1. 지적장애의 결과로 생기는 일반적 결과
2. ID와 뇌전증의 유전적/특이한 병인
3. 발작 자체의 효과
4. 그 사람의 심리사회적 환경
5. 발작 치료의 효과

ID의 일반적 결과

ID도 함께 가지고 있는 뇌전증 환자는 ID가 없는 사람들보다 느린 EEG파 활동, 뇌손상 병력, 컴퓨터 단층촬영(CT)과 MRI의 비정상적인 결과가 더 높은 빈도로 나타난다.[54] ID 없이 뇌전증만 있는 사람들에 비해 뇌전증과 ID가 있는 사람들이 정신과적 장애가 더 높은 비율로 결과가 나온 연구들에서, 이런한 우세한 기질적 특징들이 원인으로 자주 언급된다. 그러나 기저의 뇌손상이 눈에 띄는 특징(예 : 중증 ID와 느린 EEG 활동파)인 연구에서는 뇌전증이 있는 사람들은 ID만 있고 뇌전증은 없는 사람들

보다 문제행동을 더 적게 보인다.[43]

　중간 정도 ID와 뇌전증이 있는 사람들은 경증 ID인 사람들보다 현저하게 더 많은 과잉활동, 불복종, 부적합한 언어점수를 보인다는 걸 발견했다. 뇌전증이 있는 사람과 없는 사람 간에 의미 있는 차이가 없긴 하지만, 부적응 행동이 중증 언어장애, 더 가라앉은 기분, 과도한 성마름, 적은 협조와 관련 있다는 연구 결과가 이것을 액면 그대로 지지한다. 지적장애, 감각장애, 운동장애의 수준과 같은 일반적인 장애요인들과 투약의 부작용이 뇌전증보다 행동 문제를 더 많이 설명해준다.

　ID의 일반적인 결과를 고려하는 한 다음의 가설을 고려하는 것이 중요해진다. 통제집단과 비교할 때 뇌전증과 정신병이 있는 환자들은 주의와 언어요인이 빈약하다. 이점은 뇌전증에서의 정신장애가 기저의 인지결함과 관련 있음을 시사한다. 이것을 더 확장하면 언어적 역기능과 주의결핍은 복잡한 사회적 문제를 다루는 역량의 감소를 가져오게 된다. 이러한 역량 감소가 뇌전증이 있는 사람들로 하여금 정신병을 갖게 만든다.

ID와 뇌전증의 유전학적/특이한 병인

안젤만 증후군

안젤만 증후군은 흔하지 않은 유전병이다. 이 병은 모계유전되고, 전반적인 발달지연, 이유 없는 폭소, 잦지만 짧은 뇌전증발작－전형적으로 결신, 강직, 이완, 잦은 강직간대－을 하는 특징이 있다. 이 사람들은 의미 있는 표현언어가 발달하지 않는다. 나타나는 부가적 정신병리로는 자폐적 특징, 주의력부족 증후군, 수면장애, 상동적 손움직임이 있다.

다운 증후군(DS)

뇌전증은 DS인 사람들의 5~10%에서 발생하고 발작 시작에서 양봉(bimodal) 연령분포를 보인다. 첫 번째 봉우리는 아동기 동안이며 영아연축, 근육간대경련발작, 무긴장발작, 강직간대발작으로 나타난다. 부분발작은 좀처럼 보이지 않고,[25] 두 번째 봉우리는 이후의 생애에서 보통 근육간대경련 발작이나 강직간대발작으로 나타난다. DS와 뇌전증이 있는 성인이 뚜렷하게 더 많은 부적응행동을 하는 건 아니다.[59] 그러나 이후의 생애에서 뇌전증이 생기는 DS인 어른에서는 적응적 행동기술이 줄어들 수 있다. 이 것은 알츠하이머병의 치매와의 관련성을 시사한다.[60]

취약X증후군

이 사람들은 심한 ID이다. 더하여 취약X증후군인 남아들은 언어지체, 반향어, 반복적인 말, 손뼉 치기(hand-flapping), 주의결함이 있다.[61] 뇌전증(영아연축, 강직간대발작, 무긴장발작)은 환자의 30~40%에서 일어나며 보통 아동기 동안 존재한다.[25] 취약X증후군인 사람들의 25%는 자폐증이 있고, 더 많은 수의 취약X증후군인 사람들은 자폐증의 전체 범주를 충족시키지 못하는 행동표현형을 보인다.

Landau-Kleffner 증후군

이것은 분명한 임상적인 EEG 기준에 근거한 3~8세 사이에 발병하는 희귀한 병이다. 환자 중 반은 언어실인증(언어적·청각적 이해의 심한 손상이나 상실)과 표현적 실어증이 있고, 반은 발작을 한다. 앞의 집단의 20~30%는 초기 언어증상 이후 몇 주 또는 몇 개월 안에 발작을 한다. 깨어 있는 동안 EEG가 전형적인 복합적 서파, 극파, 극파가 측두부나 중심측두부에서 일어난다. 잠자는 동안 오래 계속되는 서파, 극서파가 연속적으로 일어난다. 그것은 국소적이나 통상적으로 전신적으로 되며 수 시간 동안 지속될 수 있다. 행동장해는 흔하며 언어손상으로 인한 좌절 때문이기도 하지만 매우 잦은 발작 간 비정상 EEG 활동(특히 수면 동안의) 또는 알려지지 않은 기저의 병인으로 인한 것일 수 있다.[25]

Lannox-Gastaut 증후군

이것은 흔한 뇌전증 증후군으로 여러 형태의 발작(강직성, 오래 계속되는 비전형적 소발작, 무긴장, 강직간대발작), 특징적인 EEG 결과(잦은 서파 발작, 극서파 활동, 빠른 극파 활동, 비경련성 간질중첩증), 거의 변하지 않는 심한 ID가 특징이다. 조기 발병은 West 증후군 같은 특수원인과 관련 있는 반면에 후기 발병의 경우들은 원인불명으로 분류될 가능성이 더 많다. 아동들은 전두엽 역기능의 증거—제한된 주의폭, 미숙한 판단, 위험감각 없음, 충동성, 탈억제적 언어행동 및 신체행동—를 보일 수 있다. 이것은 잦은 발작(인지되지 않은 비경련성 간질중첩증을 포함), 수면중 빈번하거나 혹은 지속적인 EEG 활동, 그 증후군의 기저 원인, 강직 발작과 무긴장 발작과 AEDs(antiepileptic drugs)으로 인한 두뇌손상의 누적 효과 때문일 것이다.[25]

Lesch-Nyhan 증후군

Lesch-Nyhan 증후군은 X염색체 관련 증후군으로 거의 남자들에게만 일어나는 증후군이다. 50%의 사람들이 발작, 중간 정도 ID, 강박적 자해로 고통을 받는다.

Rett 증후군

이것은 주로 여아들에게 나타나는(이 병은 여아 태아에게 치명적으로 생각된다) 드문 유전병으로 병의 유전적 근거를 찾기 전에는 아마도 자폐증으로 오진되었을 것이다. 정상 발달기간(18개월) 뒤에 기능적 능력의 심한 감소 및 상동행동 발달과 뇌전증이 온다. 능력 상실 기간 동안 서로 다른 단계마다 상이한 진단적 EEG 패턴이 있다. 뇌전증은 초기 아동기에 보통 복합적인 부분, 비전형적 소발작, 강직간대발작 형태로 시작되나, 종종 이러한 발작들은 청소년기쯤에 줄어든다. 성인은 잦은 우울, 불안, 자해, 공황 증상으로 심하게 무력해진다.[25, 58]

결절성 경화증

결절성 경화증(Tuberous Sclerosis, TS)인 사람들의 65%에서 발작이 일어난다. 종종 영아경련처럼 나타난다. ID 가능성은 영아경련과 조절되지 않은 발작이 있는 아동에게서 가장 크다.[62] 전반적인 발달지연과 함께 사람들은 언어, 읽기, 철자쓰기 장애가 있을 수 있다. 자폐증은 25%에서 보고되며 50%에서는 더 넓은 전반적 발달장애 진단이 보고된다. 50~60%의 사람들은 뚜렷한 과잉활동과 주의력 결핍을 특징으로 하는 파괴적 행동을 보인다. 아동들은 수면, 공격성, 자해 문제도 가지게 된다.[63]

Velo-Cardio-Facial Syndrome

이것은 22번 염색체의 장완의 작은 부분이 결실되어 일어나는 가장 흔한 유전병 중 하나다. 이 증후군이 있는 사람들에서 발견되는 특징 가운데 발작, 경증 ID, 주의력결핍장애, 기분장애, 정신병, 사회적 미성숙 강박장애, 전반적 불안장애, 공포증, 심한 놀람 반응이 있다. 정신의학적/심리학적 증상 목록이 거의 모든 진단을 포함하고 있기 때문에 연구 결과들이 가장 흔한 유전병의 하나인 이것의 결과인지 여부에 대한 더 진전된 연구 없이 이것을 알기는 어렵다.[64]

기타 다양한 병인

신경이주장애(무뇌회증, 다소뇌회증, 대회뇌)와 대사장애가 뇌전증 범위와 ID 수준에 걸쳐 존재하며 다양한 병인으로 생긴다. 어떤 인지적 손상 또는 ID는 임상적 발작의 빈도뿐만 아니라 지속적이지 않다고 해도 EEG에 매우 잦은 비정상적 발작 간(무증상적) 발작성(뇌전증형태) 활동이 기록된 것과 직접 관련 있는 것으로 간주되기 때문에, ID와 관련된 더 악성인 뇌전증 증후군들은 '뇌전증성 뇌병증'이라고 한다.[25]

이러한 뇌전증 증후군들의 병리를 탐구한 구체적인 연구는 없다. 그러나 ID와 뇌전증이 있는 사람을 포함하는 연구들은 그런 사람들을 반드시 포함하게 될 것이다.

발작 자체의 효과

"장애 행동(disturbed behavior)은 뇌전증 자체와 관련되는 건 아니다. 잘 관리되지 않은 뇌전증이 있는 하위 피험자 집단은 더 큰 행동 문제를 보인다."[41]

다시 한 번 이 분야의 연구 결과들은 모순된다. 정신병리와 발작활동이 일어난 위치와의 관련이 ID가 있는 사람들에서 의미 있게 나타나지 않는다. 그러나 부적절한 말은 단순 부분발작과 관련 있으며,[50] 매우 빈번한 과잉활동과 불복종 행동은 전반적인 뇌전증 증후군이 있지만 MRI상에서 국소적 손상은 보이지 않는 사람들에서 발견되었다.[48] 그리고 EEG상에서 전반적인 활동이 있는 사람들에서 문제행동 비율이 증가했다.[38] 실제로 과거에 열성경련이 있었던 일(이후의 삶에서 MRI상에 내측두엽 경화증과 강한 관련이 있다)은 성마름 및 동요의 증가와 관련 있기는 하지만, MRI 변화와는 관련이 없다.[48]

발작 활동의 증가(예 : 다중 발작유형, 높은 빈도와 더 높은 중증도)는 심리사회적 역기능과 행동장해의 중요한 예측요인으로 나타난다.[41~43, 50, 51] 정신의학적 질환의 증거는 모순된다. 지난 한 달 동안의 더 큰 발작 중증도 및 더 많은 발작 수는 더 많은 정신의학적 질환을 갖는 것과 큰 관련이 있으며[55] 더 활동성인 뇌전증, 더 빠른 발병연령, 더 긴 뇌전증 기간, 더 잦은 발작은 더 적은 정신의학적 질환을 갖는 것과 관련 있다고 기술되었다.[38] 발작 동안의 의식상실경향의 감소(부분발작)는 정신의학적 질환의 특별한 위험요인이다. 의식상실이 전신성 뇌전증의 증상이긴 하지만, 의식상실을 포함하는 발작이 덜 고통스럽게 경험될 것이란 말이 더 타당한 설명일 것이다.[55]

심리사회적 환경

심리사회적/환경적 요인이 뇌전증이 있는 사람들의 정신병리에 주는 영향에 대한 연구를 어렵게 만드는 많은 혼입변인들이 있다. 이 분야에서 이루어진 소수의 연구가 이러한 혼입변인들을 요약했다. 이러한 영향은 심한 ID인 사람이나 입원환자들에서는 덜 두드러진다. 그래서 병원에 입원 중인 환자들과 비교했을 때 공동체에서 거주하는 가벼운 ID와 보통 정도의 ID 뇌전증 환자에서 현저하게 더 많은 파괴행동과 성마름이 발생한다는 연구 결과는 심리사회적 요인들이 정신병리 발달에서 중요한 역할을 한다는 점을 시사한다.[43]

만약 일반 모집단에서 실시한 연구를 기반으로 ID를 추론한다면 이러한 요인들이 중요한 역할을 한다고 추정할 수 있다. 중요한 요인들에는 발작의 조기 발병, 과거 생활사건의 증가, 재정적 압박 및 고용 어려움, 사회적 소외 및 낙인, 외적 통제소재, 뇌전증에 대한 적응부족이 있다.[65] 이 목록의 처음 4개 요인이 ID가 있는 사람들에게 중요하다는 점은 분명하다.

치료의 효과

요즘은 뇌전증 관리로 인가된 많은 AED가 있다. 각각의 약은 특수한 적용증이 있다. 일부는 넓은 범위의 작용을 하고(부분발작과 전신발작), 일부는 더 특정적이다(부분발작만). 적절한 뇌전증 관리에 대한 풍부한 지침이 있다. 일부 난치성 뇌전증은 복합치료(polytherapy)가 필요한 반면에, 대부분의 지침은 단독요법(monotherapy)을 권고한다. 조절이 안 되는 발작을 하고 다중약제치료를 하는 사람들에서는 발작 빈도와는 상관없이 행동장해 위험의 지속적인 현저한 증가가 있다.[41, 51] 복합치료가 사회적 및 교육적 기회를 방해하기 쉽게 만드는 두 가지 원인이 있다. 첫째, 복합치료와 관련된 행동장애는 어느 것이라도 배치 어려움을 야기한다. 이것은 그 사람이 사회적 인식, 유능성, 통제감을 발달시키는 걸 제한한다. 둘째, 결합된 부작용 프로파일은 종종 약물 독성과 진정작용의 가능성을 야기한다. 제한된 사회적·교육적 기회는 적응적인 대인관계 기술 및 사회적 기술을 획득하지 못하게 만든다. 이것은 뇌전증과 AEDs가 주요 인인 더 심한 행동 문제와 사회적 실패 사이클을 가져오게 된다.[42,51] 문제성 행동의 침투성에서의 현저한 감소는 복합치료 감소의 결과로 올 수 있다.[66]

ID가 있는 사람에게서 AED 부작용을 가져오는 방법론적 문제와 혼입변인의 위험 그리고 그들의 정신병리와의 관계는 잘 기술되고 있지 않다. 문제들 중에서 돌보는 사람의 보고와 높은 수준의 전치료행동은 종종 통제할 수 없는 변인으로 인용된다. 그러나 부작용은 부적절한 말과 성마름을 설명하는 요인이 될 수 있다.[55] 그리고 AED의 진정효과는 정신의학적 질환이 더 활동적(active) 뇌전증이 있는 사람들에서 덜 자주 일어나는 이유를 설명할 수 있다. 그러나 같은 연구에서 더 활동적인 뇌전증을 갖고 있는 사람들에서 행동 문제가 증가하는 이유는 설명하지 못한다.[38]

수면제(barbiturate), 특히 phenobarbitone은 과잉운동 증후군을 유발하게 된다.[40] 그리고 그것의 진정효과는 심리사회적 기능을 불리하게 바꾸는 것으로 알려져 있다.[51] phenobarbitone과 phenytoin의 부작용 프로파일과 관련된 어려움은 ID와 뇌전증이 있는 사람들에게 사용을 권하지 않는 결과를 가져왔다.[67] carbamazepine은 다른 AED들보다 기분을 안정시키는 효과로 인한 인지적 및 행동적 부작용이 적은 것으로 간주된다.[43,51] 그러나 이 약을 최신의 약과 비교한 보다 최근의 연구들은 이 약이 인지적으로 손상을 가져오며 주도성에서 현저한 문제를 일으킬 수 있다는 걸 보여준다.[68] 최신 AED들은 적절하게 사용한다면 일반적으로 현저한 문제들을 잘 넘겨서 그런 문제들이 없다. 새로운 약과 관련된 행동적 결과에 대한 보고가 많지만 이러한 보고들은 조심스럽게 해석될 필요가 있다. benzodiazepine은 진정시키며 아마도 발작으로 유발된 공격성과 관련이 있을 수 있다. tiagabine은 용량관련 불안효과가 있는 것으로 보고되었고, topiramate는 용량을 빨리 상승시키면 현저한 부작용을 유발할 수 있다.[68] lamotrigine은 긍정적인 인지적 부작용 프로파일을 보이긴 하지만 ID가 있는 일부 사람들에게는 너무 자극을 할 수 있다. 그것은 돌보는 사람에게 문제를 일으킬 수 있다. vigabatrin은 50%의 복용자들에서 시각영역 결함을 야기할 수 있고 일반 모집단에서는 정신증과 관

련이 있고, ID가 있는 사람들에서는 행동장애와 관련이 있다.[68]

모든 AED들은 발작이 잘 통제될 때 수반되는 정신적 상태의 해체를 보이는 '강요된 정상화' 현상을 야기할 수 있다. 임상실제에서 ID와 뇌전증이 있는 아동들이 발작이 향상되었을 때 보이는 행동변화를 기술하는 데 이 현상이 종종 사용됨에도 불구하고, 이 현상은 ID가 있는 사람들에서 넓게 연구되지 않았다. 혈청 엽산(Serum folate) 수준들은 일부 AED에 의해 감소되는 것으로 알려져 있으며, ID가 있는 사람들에서 감소된 엽산 수준과 정신의학적 질병, 성격장애, 행동 문제와 관련 있을지도 모른다고 추정되었다. 그러나 이것은 무시되었다.[46]

결론

정신병리는 연구자들이 행동장애, 성격장애, 정신의학적 질환을 포함하는 일단의 현상을 기술하는 데 사용하는, 광범위하게 정의된 용어다. ID가 있는 사람은 동질적이지 않고 특별히 잘 연구된 집단을 이루지도 않는다. 두드러진 방법론적 문제들이 이 연구 분야에 남아 있다. 연구 결과를 임상실제로 바꾸는 게 쉬운 일은 아니다.

가장 넓은 의미(행동장애, 성격장애, 정신의학적 질병을 포함하는)에서 정신병리는 ID가 있는 사람들에서 공통적인 특징이다. 방법론적 결함 탓에 기술된 ID 연구 모집 단들은 임상실제에서 보이는 사람들을 대표하는 경향이 있다. 그들은 서비스에 알려진 사람들을 모으기 때문이다. 어려움은 이 연구들에서 나온 정보를 일반화하는 것이나 증거를 일반 모집단과 비교하는 데 있다. ID가 있는 사람들의 정신병리(의사소통, 자기보고, 돌보는 사람 기대, 낙인) 진단에 고유한 어려움이 정신병리가 발생했을 때 적절한 치료를 하기 위한 적절한 도구와 분류체계의 사용을 방해해서는 안 된다. 뇌전 증이 있는 일반 모집단에서는 기대되는 것보다 정신병리 비율이 더 높다. 우리가 그 질문에 대해 생물심리사회적 접근을 고려한다면 각 영역마다 변인들을 볼 수 있다. 불안, 기분장애(특히 기분부전장애), 정신증들은 모두 발작 자체와 관련되거나 발작 직후 기간에 일어나는 것으로 기술된다. 이렇게 되는 이유에 대한 정밀한 이론과 흥미 있는 가설들이 있으며 좀 더 최신의 영상과 일부 실시간 시각적 피드백이 발작과 정신의학적 현상 사이의 관계를 더 잘 이해하게 만들어줄 거란 희망이 있다. 뇌전증의 심리적 및 사회적 측면과 그것들이 정신병리 발달에 기여하는 바는 잘 연구되지 못했지만, 뇌전증으로 인한 고통의 무거운 짐에 큰 짐을 추가한 책임이 있다.

전체적 결론은 행동장애와 정신의학적 질환 모두 어떤 타당한 정의를 사용하든지, 지적장애와 뇌전증이 있는 사람들에서 흔하다는 것이다. 정신병리와 뇌전증 사이의 관계는 잘 이해되고 있지 못하다. 그러나 주로 높은 유병률을 가져오는 것은 뇌전증 자체가 아닌 다른 요인들로 보인다. 지적장애 자체와 관련된 특정 요인들이 있다. 이 요인들은 특정 행동표현형들을 포함한다. 이 표현형들은 뇌전증이 있을 때 발생하나 뇌전증의 존재로 인해 나타나는 것은 아니다. 뇌전증이 존재할 때 증상들을 단지 전체적인 병의 한 부분으로 무시하기보다는 모든 가능성을 고려하는 게 중요하다.

ID가 있는 사람들에서 뇌전증을 관리할 때는 처음 방문했을 때 기저선 정신병리를 적어놓는 것이 중요하다. 만약 치료과정 동안에 정신병리가 발견된다면 적절한 체계를 사용해서 그것을 분류하려고 하는 것이 중요하다. 만약 이 일이 더 나아간 중재를 요구하는 현저한 수준까지 도달한다면, 어떤 요인이 그 장애를 생기게 하는지를 숙고하는 게 중요하다. 즉 그 사람, ID의 병인, 환경, 뇌전증 또는 투약 등이다. 만약 필요하다면 이것들 중 어느 것도 그 사람이 적절한 치료를 받지 못하게 막아서는 안 된다.

참고문헌

1. Engel J, Taylor DC. (1997) Neurobiology of behavioural disorders. In: Engel J, Pedley TA (eds.). Epilepsy — A comprehensive textbook. Philadelphia: Lippincot-Raven, 2045–52.
2. Tymchuk AJ, Lakin KC, Luckasson R. (2001) Life at the margins: Intellectual, demographic, economic, and social circumstances of adults with mild cognitive limitations. In: Tymchuk AJ, Lakin KC, Luckasson R (eds.). The forgotten generation: The status and challenges of adults with mild cognitive limitations. Baltimore: Paul H.Brookes.
3. World Health Organization. (1992) The ICD-10 Classification of mental and behavioural disorders. Clinical descriptions and diagnostic guidelines. Geneva: WHO.
4. American Psychiatric Association. (1995) Diagnostic and statistical manual of mental disorders, Third Edition Revised. (DSM-IV) Washington, DC.
5. Smiley E. (2005) Epidemiology of mental health problems in adults with learning disability: An update. Adv Psychiatr Treatment 11: 214–22.
6. Hermann B, Whitman S. (1992) Psychopathology in epilepsy. The role of psychology in altering paradigms of research, treatment, and prevention. Am Psychol 47: 1134–8.
7. Oostrom KJ, Schouten A, Kruitwagen CL, et al. (2002) Attention deficits are not characteristic of schoolchildren with newly diagnosed idiopathic or cryptogenic epilepsy. Epilepsia 43: 301–10.
8. Lewis JN, Tonge BJ, Mowat DR, et al. (2000) Epilepsy and associated psychopathology in

young people with intellectual disability. J Paediatr Child Health 36: 172–5.

9. Scheepers M, Kerr M. (2003) Epilepsy and behaviour. Curr Opin Neurol. 16: 183–7.

10. Lopez-Rodriguez F, Altshuler L, Kay J, et al. (1999) Personality disorders among medically refractory epileptic patients. J Neuropsychiatr Clin Neurosci 11: 464–9.

11. Marsh L, Rao V. (2002) Psychiatric complications in patients with epilepsy: A review. Epilepsy Res 49: 11–33.

12. Piazzini A, Canger R. (2001) Depression and anxiety in patients with epilepsy. Epilepsia 42(Suppl 1): 29–31.

13. Bortz JJ. (2003) Neuropsychiatric and memory issues in epilepsy. Mayo Clin Proc. 78: 781–7.

14. Gilliam F, Kanner AM. (2002) Treatment of depressive disorders in epilepsy patients. Epilepsy Behav 3(5S)2–9.

15. Brookes G, Crawford P. (2002) The associations between epilepsy and depressive illness in secondary care. Seizure 11: 523–6.

16. Barry JJ. (2003) The recognition and management of mood disorders as a comorbidity of epilepsy. Epilepsia 44(Suppl 4): 30–40.

17. Kanner AM. (2003) Depression in epilepsy: Prevalence, clinical semiology, pathogenic mechanisms, and treatment. Biol Psychiat. 54: 388–98.

18. Kanner AM, Balabanov A. (2002) Depression and epilepsy: How closely related are they? Neurology 58(8 Suppl 5): S27–S39.

19. Schmitz EB, Robertson MM, Trimble MR. (1999) Depression and schizophrenia in epilepsy: Social and biological risk factors. Epilepsy Res 35: 59–68.

20. Trostle JA, Hauser WA, Sharbrough FW. (1989) Psychologic and social adjustment to epilepsy in Rochester, Minnesota. Neurology. 39: 633–7.

21. Fukuchi T, Kanemoto K, Kato M, et al. (2002) Death in epilepsy with special attention to suicide cases. Epilepsy Res 51: 233–6.

22. Blumer D, Montouris G, Davies K, et al. (2002) Suicide in epilepsy: Psychopathology, pathogenesis, and prevention. Epilepsy Behav 3: 232–41.

23. McLachlan RS. (2003) Psychosis and epilepsy: A neurologist's perspective. Seishin Shinkeigaku Zasshi 105: 433–9.

24. Trimble MR, van Elst LT. (2003)The amygdala and psychopathology studies in epilepsy. Ann NY Acad Sci. 985: 461–8.

25. Appleton R. (2003) Aetiology of epilepsy and learning disorders: Specific epilepsy syndromes; genetic, chromosomal and sporadic syndromes. In: Trimble MR (ed.). Learning disability and epilepsy: An integrative approach. Guildford: Clarius Press, 47–64.

26. Alper KR, Barry JJ, Balabanov AJ. (2002) Treatment of psychosis, aggression, and irritability in patients with epilepsy. Epilepsy Behav 3(5S):13–18.

27. Onuma T. (2000) Classification of psychiatric symptoms in patients with epilepsy. Epilepsia 41(Suppl 9): 43–8.

28. Adachi N, Onuma T, Nishiwaki S, et al. (2000) Inter-ictal and post-ictal psychoses in frontal lobe epilepsy: A retrospective comparison with psychoses in temporal lobe epilepsy. Seizure 9: 328–35.

29. Trimble MR, Schmitz EB. (1997) The psychoses of epilepsy/schizophrenia. In: Engel J, Pedley TA (eds.). Epilepsy: A comprehensive textbook. Philadelphia: Lipincott-Raven, 2071–82.

30. Tebartz VE, Baeumer D, Lemieux L, et al. (2002) Amygdala pathology in psychosis of epilepsy: A magnetic resonance imaging study in patients with temporal lobe epilepsy. Brain 125: 140–9.

31. Marsh L, Sullivan EV, Morrell M, et al. (2001) Structural brain abnormalities in patients with schizophrenia, epilepsy, and epilepsy with chronic interictal psychosis. Psychiatr Res. 108: 1–15.

32. Leutmezer F, Podreka I, Asenbaum S, et al. (2003) Postictal psychosis in temporal lobe epilepsy. Epilepsia 44: 582–90.

33. Getz K, Hermann B, Seidenberg M, et al. (2002) Negative symptoms in temporal lobe epilepsy. Am J Psychiat 159: 644–51.
34. Krishnamoorthy ES, Trimble MR. (1999) Forced normalization: Clinical and therapeutic relevance. Epilepsia 40(Suppl 10): S57–S64.
35. Deb S. (1997) Mental disorder in adults with mental retardation and epilepsy. Compr Psychiat 38: 179–84.
36. Krishnamoorthy ES. (2003) Neuropsychiatric epidemiology at the interface between learning disability and epilepsy. In: Trimble MR (ed.). Learning disability in epilepsy: An integrative approach. Guildford: Clarius Press, 17–26.
37. Frost S, Crawford P, Mera S. (2002) National statement of good practice for the treatment and care of people who have epilepsy. Joint Epilepsy Council.
38. Deb S, Hunter D. (1991) Psychopathology of people with mental handicap and epilepsy. II. Psychiatric illness. Br J Psychiat 159: 826–4.
39. Besag FM. (2003) Psychopathology in people with epilepsy and intellectual disability. J Neurol Neurosurg Psychiat 74: 1464.
40. Lund J. (1985). Epilepsy and psychiatric disorder in the mentally retarded adult. Acta Psychiat Scand. 72: 557–62.
41. Espie CA, Pashley AS, Bonham KG, et al. (1989). The mentally handicapped person with epilepsy: A comparative study investigating psychosocial functioning. J Ment Defic Res 33: 123–35.
42. Gillies JB, Espie C, Montgomery J. (1989). The social and behavioural functioning of people with mental handicaps attending Adult Training Centres: A comparison of those with and without epilepsy. Ment Handicap Res 2: 129–36.
43. Deb S, Hunter D. (1991) Psychopathology of people with mental handicap and epilepsy. I. Maladaptive behaviour. Br J Psychiat 159: 822–4.
44. Deb S, Hunter D. (1991) Psychopathology of people with mental handicap and epilepsy. III. Personality disorder. Br J Psychiat 159: 830–4.
45. Deb S. (1994) Effect of folate metabolism on the psychopathology of adults with mental retardation and epilepsy. Am J Ment Retard. 98: 717–23.
46. Deb S. (1995) Electrophysiological correlates of psychopathology in individuals with mental retardation and epilepsy. J Intellect Disabil Res 39: 129–35.
47. Deb S. (1997) Mental disorder in adults with mental retardation and epilepsy. Compr Psychiat 37: 179–84.
48. Andrews TM, Everitt AD, Sander JW. (1999) A descriptive survey of long-term residents with epilepsy and intellectual disability at the Chalfont Centre: Is there a relationship between maladaptive behaviour and magnetic resonance imaging findings? J Intellect Disabil Res 43: 475–83.
49. Matson J, Bamburg JW, Mayville EA, et al. (1999) Seizure disorders in people with intellectual disability: An analysis of differences in social functioning, adaptive functioning and maladaptive behaviours. J Intell Dis Res 43: 531–9.
50. Chung MC, Cassidy G. (2001) A preliminary report on the relationship between challenging behaviour and epilepsy in learning disability. Eur J Psychiat 15: 23–32.
51. Espie CA, Gillies JB, Montgomery JM. (1990) Antiepileptic polypharmacy, psychosocial behaviour and locus of control orientation among mentally handicapped adults living in the community. J Ment Defic Res 34: 351–60.
52 Matsuura M, Oana Y, Kato M, et al. (2003). A multicenter study on the prevalence of psychiatric disorders among new referrals for epilepsy in Japan. Epilepsia. 44: 107–14.
53. Cowley A, Holt G, Bouras N, et al. (2004) Descriptive psychopathology in people with mental retardation. J Nerv Ment Dis 192: 232–7.
54. Matsuura M, Adachi N, Muramatsu R, et al. (2005) Intellectual disability and psychotic disorders of adult epilepsy. Epilepsia 46(Suppl 1):11–14.
55. Espie CA, Watkins J, Curtice L, et al. (2003) Psychopathology in people with epilepsy and intellectual disability: An investigation of potential explanatory variables. J Neurol Neurosurg Psychiat 74: 1485–92.
56. Hermann BP, Whitman S. (1991) Neurobiological, psychosocial, and pharmacological factors

underlying interictal psychopathology in epilepsy. Adv Neurol 55: 439–52.

57. Pond DA. (1967) Behaviour disorders in brain-damaged children. Mod Trends Neurol 4: 125–34.

58. Berney T. (1997) Behavioural Phenotypes. In: Russell O (ed.). Seminars in the Psychiatry of Learning Disability. London: Gaskell, 63–80.

59. Prasher VP. (1995) Epilepsy and associated effects on adaptive behaviour in adults with Down syndrome. Seizure. 4:53–6.

60. Collacott RA. (1993) Epilepsy, dementia and adaptive behaviour in Down's syndrome. J Intellect Disabil Res 37: 153–60.

61. Turk J, Hill P. (1995) Behavioural phenotypes in dysmorphic syndromes. Clin Dysmorphol 4: 105–15.

62. O'Callaghan FJ, Harris T, Joinson C, et al. (2004) The relation of infantile spasms, tubers, and intelligence in tuberous sclerosis complex. Arch Dis Child. 89: 530–3.

63. Tuberous Sclerosis Association. (2002) Clinical guidelines for the care of patients with tuberous sclerosis complex: Summary.

64. The Velo-cardio-facial syndrome Education Foundation. (2006) Specialist fact sheet. http://www.vcfsef.org.

65. Hermann BP, Whitman S, Wyler AR, et al. (1990) Psychosocial predictors of psychopathology in epilepsy. Br J Psychiat 156: 98–105.

66. Fischenbacher E. (1982) Effect of reduction of anticonvulsants on wellbeing. Br Med J. 285: 423–4.

67. Clinical guidelines for the management of epilepsy in adults with an intellectual disability. (2001) Seizure 10: 401–9.

68. Kerr M. (2003) Anti-epileptic drug treatments in patients with learning disability. In: Trimble MR (ed.). Learning disability and epilepsy: An integrative approach. Guildford: Clarius Press, 141–60.

Chapter 11

지적장애에서 뇌전증과 연계된 신체적인 문제

C. L. Morgan

서론

지적장애(ID)인 사람들이 뇌전증 유병률이 과도하게 높다는 것은 잘 입증되어왔다. 여러 연구들이 전체 모집단은 1% 이하의 유병률인 데 비해[2] ID 환자들은 14~44% 사이의 광범위한 유병률을 갖는다고 보고하고 있다.[1] ID인 사람들의 뇌전증 위험성은 ID의 중증도[3] 및 다운 증후군(DS)[4]이나 대뇌 마비[5] 같은 ID의 특수한 기저 병인론과 연계된다. 결과적으로, ID와 뇌전증 환자들은 이 증가된 중증도나 ID 유형과 연계된 신체적 건강문제를 가질 가능성이 있으며, 이에 더하여 골절이나 외상 그리고 항뇌전증 약물 치료의 부작용같이 뇌전증과 연계된 신체적 질병과 사건이 나타날 가능성이 있다.

일반 모집단 내에서의 뇌전증 유병률은 노인 집단에서 가장 높다. 이 시기에는 뇌혈관계질환이나 다른 질병들(뇌종양이나 알츠하이머 질환 같은)의 결과로서 나타나는 발작이 시작되기 때문이다. 그러나 ID 모집단 내에서는 이 관계가 반대로 나타난다.[6] 즉 출생 시나 생의 초기에 뇌전증 발생률이 높으며, 또한 ID의 중증도[7,8]와 특정한 기저 진단(다운 증후군 같은)[9] 둘 다와 연계된 높은 사망률로 인하여 그렇게 나타난다. 결과적으로, 노화과정과 연계된 조건들(심혈관계질환이나 특정 유형의 암 같은)은 ID

V. P. Prasher, M. P. Kerr(eds.) *Epilepsy and Intellectual Disabilities*,
DOI : 10.1007/978-1-84800-259-3_11, ⓒ Springer Science+Business Media, LLC 2008

환자와 뇌전증이 아닌 환자들 간의 대략적인 비교로 인해 대표성이 불충분하다. 이에 더하여, 뇌혈관 질환 같은 조건을 강조하는 뇌전증 환자들에게서 공통적인 조건들은 뇌전증과 ID를 동시에 가진 사람들 집단에서는 더 이상 공통적이지 않을 것이다.

이 장의 목표는 특별히 ID와 뇌전증을 동시에 가진 환자들과 연관된 조건들을 강조하려는 것이다. 특히 뇌전증과 연계된 사건(넘어지거나 화상을 입거나 물에 빠짐으로써 발생하는 상해 같은)이나 이환율 등에 중점을 둘 것이다. ID 모집단 맥락 내에서 다른 많은 뇌전증 연구영역과 마찬가지로 구체적인 문헌이 상대적으로 부족하기 때문에 뇌전증을 가진 일반모집단으로부터 확대 적용되는 결과가 이루어져야 할 것이다.

상해 : 개관

뇌전증 환자의 상해 위험성은 잘 알려져 있다.[10] 이 위험성의 대부분은 발작의 결과로 발생하는 상해이다. 영국 연구 하나는 지역 환자들을 조사하여 다음과 같은 사실을 밝혀냈다. 이전 연도에 발작을 겪었던 환자들의 경우, 25% 정도는 머리에 상해를 경험했으며 16%는 화상, 10%는 치아, 6%는 골절을 겪었다.[11, 12] 이런 상해의 과도함은 명백히 발작 자체의 강도에 의해 설명된다. 만일 발작관련 상해들을 제외한다면, 뇌전증 환자와 뇌전증이 아닌 환자들 사이에 차이가 없는 것으로 보인다.[13]

비록 상해의 본질과 상황에 따라 다르기는 하지만 ID 환자들은 일반인 모집단에 비해 2배 정도의 상해 위험성이 있다. 예를 들어 ID 환자들의 흡인/사레(aspiration) 위험성 및 넘어지거나 거의 익사상태에 이르는 위험성은 훨씬 더 높은 반면, 자해나 폭행, 응급수송 등은 현저히 드물다. 또한 ID 환자들의 상해는 실외가 아니라 그들의 일상적인 거주공간(집이나 보호시설)에서 발생할 가능성이 더 높다.[14]

ID와 뇌전증을 동시에 가진 환자들의 경우, 앞에서 서술된 상해 위험성이 남아 있다. 이들은 ID만 가진 환자들보다 상해 위험성이 2배 정도 되며, 이는 다른 혼합 요인들(능력장애의 중증도나 연계된 정신병리 등)에 관계없이 그렇다.[14] 노르웨이의 한 연구는 62개 보호시설에 수용된 환자들에 대해 13개월에 걸쳐 예측적 관찰을 수행했는데, 그 결과 총 6,889회의 발작을 기록하였으며 그중 약 40% 정도는 발작의 결과가 낙상이었다. 비록 이 상해들의 대다수가 소소한 것으로 보였지만, 총 80회의 상해(전체

6,889회 발작의 1.2%)가 기록되었다. 총 59회의 상해는 주로 얼굴에 발생한 연부조직 상해들이었다. 그러나 한 명의 환자는 경막하혈종을 앓았으며 회복수술 과정에서 사망하였다.[15] 다음 절부터는 ID와 뇌전증을 동시에 가진 환자들에 대해 화상, 익사 위험, 골절, 외상 등의 특수한 상해 위험성을 고려해볼 것이다.

화상

뇌전증 환자들은 일반모집단에 비해 화상을 더 자주 겪는다. 영국에서 뇌전증 치료를 받는 134명의 환자들에 대한 연구 결과, 환자들의 38%는 발작 동안에 화상을 입은 적이 있다고 보고했는데, 이에 비해 발작이 없는 동안에는 7%만이 그랬다고 회상했다.[16] 가장 흔한 유형의 화상은 뜨거운 물이나 용액에 데는 것이었고, 그다음이 트인 공간에서의 불이나 가정용 방열기 같은 다른 열기구에 직접 접촉해서 또는 그 방사열에 데는 것이었다. 뇌전증 환자들에서의 화상이 상대적으로 빈번함에도 불구하고, 환자들은 발작 동안에 나타나는 특수한 화상 위험성에 대한 경고나 그 위험성을 줄이기 위한 잠정적인 전략을 거의 회상하지 못하는 것이 분명하다. 전 연령층에 걸쳐 7명의 환자만이 화상을 피하기 위한 사전조치 경고를 받았음을 회상했다. 그들 7명 중 2명은 이미 화상을 입은 후에 그 경고를 받았다. 이는 더 잘 알려진 뇌전증의 위험성(운전, 기계조작, 수영 같은)에 대한 경고보다 유의하게 적었다.

영국에서 화상병원에 내원하는 111명의 환자들을 대상으로 한 연구 결과, 화상의 대다수는 산업현장이 아닌 집 안에서 발생하는 것으로 나타났다. 이들 중 가장 흔한 화상은 물이나 기름, 지방으로 요리하다가 거기에 데거나 뜨거운 음료를 마시다가 데는 경우였다. 이에 더하여 직접 접촉 화상도 흔했는데, 특히 방열기나 난로에 접촉해서 화상을 입는 경우였다.[17] 뇌전증 환자들의 화상 위험성에서 볼 때, ID를 갖고 있느냐 갖고 있지 않느냐 여부가 화상 위험성에 영향을 준다는 증거는 거의 없다. 미국의 한 연구는 뇌전증클리닉에 다니는 환자들을 대상으로 뇌전증 환자들의 화상에 영향을 주는 위험요인을 연구하였다. 흥미롭게도, 논리적 회귀분석을 통해서 화상 위험성을 유용하게 예측할 수 있는 3개의 유의미한 변수들이 발견되었다. 즉 발작 횟수, 신경결함의 존재 여부, 성별 등이었다. 신경결함은 "명백하게 유의미한 기능손상의 원인이 되는 것"으로 서술되었다. 그러나 발달지연은 보호요인인 것으로 밝혀졌다. 이는 짐작컨대, 대부분의 주간보호시설이 화상의 가능성이 높은 요리 같은 활동을 이들 환자에게는 참여하지 못하도록 금지하기 때문이다.[18] 이는 흥미로운 이야기인데, 왜냐하면 호주에서 수행된 ID 환자들의 상해역학 연구 결과에서 보면 이 환자들이 화상으로 병원에 가는 경우가 일반인 모집단에서 그런 경우보다 높았기 때문이다(5.3% 대 1.3%. 그러나 통계적으로 유의미한 차이는 아니었다).[19] 아마도 ID 환자들의 화상에 대한 역학은 전체 모집단에 대한 것과는 구분될 것이다. 즉 샤워나 목욕 동안에 발생하는 화상이 요리나 기타 집 안 활동 동안에 발생하는 화상보다 월등히 많을 것이다. 왜냐하면 ID 환자들이 요리나 집 안 활동에 참여할 기회는 적으며, 적어도 그런 일을 할 때 감독 없이 하는 경우는 거의 없기 때문이다.[20] 영국에서 과거 회상에 의거한 연구 결과, 목욕이나 샤워하는 동안에 중증의 화상을 입은 18명의 환자들 중 4명은 ID 환자들이었다.[21]

전체 뇌전증 환자들에서와 마찬가지로, ID와 뇌전증을 동시에 가진 환자들에게서 발생하는 화상을 방지하기 위해서는 사전경고가 반드시 취해져야 한다. 화상의 대부분이 집 안 상황에서 발생하기 때문에 불이나 방열기, 요리기구 주위에 간단한 사전 경고문이 도입되어야 한다. 앞서 언급되었듯이, ID 환자들이 요리 같은 활동에 참여할 가능성은 적지만, 만일 참여한다면 ID와 뇌전증을 동시에 가진 환자들은 상시 감독을 받아야 한다. 냄비를 요리판 뒤쪽에 놓는다거나, 냄비 손잡이가 튀어나왔는지 확인한다거나, 또한 가능하면 전자오븐이나 단열 주전자를 사용하는 등의 소소한 조치들이 모두 권장되어야 한다. 이에 더하여, 목욕이나 샤워할 때 수온을 통제하기 위해 온도계를 갖춘다거나 딱딱한 차단막 대신 샤워 커튼을 사용하는 것 등이 발작 동안에 발생하는 화상을 막을 수 있을 것으로 생각된다.[22]

익사

비록 뇌전증 환자들이 물에 빠져 죽거나 다치는 일은 절대적인 측면에서는 드문 일이지만, 그것을 일반인 모집단과 비교해본다면 상대적으로 유의미하게 더 많은 사망이나 상해의 원인이 된다.[23] 뇌전증 환자를 포함한 사례들에서 대부분의 익사 사고는 목욕 중에 발작의 결과로 나타나기 때문에 익사 사고의 양상 또한 분명하다. 그러나 수

영이나 보트 타기와 같은 여가활동 동안에도 익사 사고는 발생하며 과도한 위험을 나타낸다. 워싱턴 주의 연대기적 회고 연구에 의하면, 뇌전증 아동의 경우 일반(뇌전증이 없는) 아동에 비해 목욕 중의 익사 사고가 96배나 더 많았으며, 수영장에서는 23배 더 많았다.[24]

이런 과도한 위험성은 뇌전증과 ID를 동시에 가진 환자들에게도 적용되며, ID 자체만으로도 익사 위험성과 연계된다.[25] 미국 캘리포니아 주는 20만 명의 ID 환자들을 대상으로 뇌전증이 있는 사람과 없는 사람들 간의 사인을 비교하기 위해 15년 동안 관찰 조사를 수행하였다.[26] 여기서 주목할 점은 가장 심한 정도의 ID 환자들은 제외시켰는데, 이는 ID의 중증도와 연계된 다른 요인들이 뇌전증과 결합하여 익사 위험성과 혼재될 가능성을 배제하기 위해서였다. 이 15년의 기간 동안에 뇌전증과 ID를 동시에 가진 환자들 406명이 사망한 것으로 보고되었는데 그중 25명이 익사였다. 이는 뇌전증이 없는 ID 환자들의 표준 사망률보다 13배 높았다. 이 결과에 혼재되는 것을 막기 위해 가장 심한 ID 환자들을 배제한 것의 영향은 예단하기 어려운데, 그 영향이 양방향적일 수 있기 때문이다. 예를 들어 매우 심한 ID 환자들은 익사의 위험성이 높겠지만, 한편으로는 이들을 보호하고 감독하는 준비들이 그런 위험성을 줄일 수 있으며 결과적으로 매우 심한 ID 환자들을 동시대 모집단에 포함시키는 것은 뇌전증이 없는 일반모집단에 비해 상대적으로 전반적인 위험성을 감소시킬 수 있다.

명백하게 익사, 특히 목욕 중에 발생하는 익사는 피할 수 있다. 영국 국립보건임상연구소(NICE) 지침은 이 문제에 대해 다음과 같이 서술하고 있다. 뇌전증과 ID를 동시에 가진 환자들은 목욕준비를 포함한 위험성 평가를 받아야 한다.[27] 앞서 언급했듯이 샤워하는 동안에 발생하는 발작으로 인해 델 수도 있지만, 목욕 대신에 샤워를 하는 대안책도 고려해볼 만하다.[22] 뇌전증 아동들이 지도감독을 받는다면, 일반 아동들의 익사 위험성과 비슷해진다는 결과도 있다.[28] 뇌전증 환자를 위한 일반적 지침들은 뇌전증과 ID를 동시에 가진 환자들에게도 적용된다.[29] 예를 들어 수영을 하려면 바다나 강, 호수보다는 풀장에서 해야 하며, 어떤 사고가 발생할 때 거기에 적절히 반응할 수 있는 책임 있는 성인의 일대일 지도감독이 의무적으로 있어야 한다.

골절

뇌전증 환자들의 골절률이 전체 모집단의 골절률보다 높다는 것은 잘 알려져 있다.[30] 부분적으로는 발작 동안에 발생하는 낙상 때문이지만, 다른 기제들 또한 존재한다. 특히 항경련제가 골밀도와 골다공증 발달에 미치는 영향에 대해 주의가 집중되고 있다. 이에 더하여, 넘어질 위험성을 높일 수 있는 항경련제의 진정효과에 대해서도 주의가 집중되고 있다.[31]

뇌전증과 ID를 동시에 가진 환자들은 증가된 골절 위험성을 갖고 있다. Jancar와 Jancar는 뇌전증과 ID를 동시에 가진 환자들의 사고 골절률이 26%로서 뇌전증과 ID를 갖지 않은 사람들의 사고율 15%보다 높다는 것을 보고하였다.[32] 뇌전증 환자들에게서 발생된 68건의 골절 중에서 25%인 17건은 발작의 결과였다. 영국에서 골절로 인한 응급병동 입원율은 뇌전증과 ID를 동시에 가진 환자들의 경우 그렇지 않은 사람들에 비해 3배 정도였다.[6]

미국의 장기요양보호시설에 대한 연구에서 보면, 뇌전증 환자들의 골절률은 그렇지 않은 환자들 대비 오즈비(odds ratio) 1.9였다.[33] 같은 연구에서 흥미로운 것은, 골절 위험성과 ID의 중증도 사이에 연계성이 나타나지 않았는데, 이는 아마도 그 관계의 양방향성 때문으로 보인다(ID의 중증도가 발작의 빈도 증가와 연계되지만, 그런 한편으로는 이동성의 감소와도 연계된다).

보호시설에 있는 사람들의 비외상성 사지골절을 연구한 한 사례조절(case control) 연구는 이들이 일반 모집단에서 기대되는 연간 유병률의 7배 정도인 7.3%였다고 보고하였다.[34] 항뇌전증 약제를 처방받은 환자들에게서는 증가된 위험성이 있었다. 골절경험이 있는 사례들의 83%가 항뇌전증 약제를 처방받았는데, 이는 통제집단의 52%와 대비되었다. 뇌성마비 환자들을 대상으로 한 남아공의 사례조절 연구에 따르면, 항뇌전증 약제 사용과 골절 발생 수 사이에는 유의미한 연계성이 나타났다.[35]

노르웨이의 Nakken과 동료들[15](앞서 언급)이 실시한 전향적 관찰연구(prospective observational study)는 62명의 환자들을 관찰했는데, 13개월 동안 총 2,714번의 발작 관련 낙상 중 9번의 골절을 관찰했다. 이 골절 중 다섯 번이 심각했는데, 다리 골절 두 번, 하악 골절 한 번, 대퇴골 골절 한 번, 두개골 골절이 한 번 있었다.

발작 동안에 발생하는 낙상으로 인한 골절 가능성에 더하여, 항경련제가 낮은 골밀도와 연계되어 있으며,[36] 항경련제에 노출된 기간이 중요한 요인이라는 것은 잘 알려져 있다.[37]

이 연계성을 설명하기 위해 여러 가지 그럴듯한 기제들이 제시되었는데 비타민D나 칼슘, 비타민K, 인 등의 합성실패 또는 흡수실패도 이에 포함된다.[38] phenytoin, primidone, phenobarbital 등은 모두 골연화증을 유도한다고 알려졌다.[39]

낮은 골밀도와 골다공증 유병률은 일반적으로 ID 환자들에서 유의미하게 높다.[40,41] 그러나 그 정도가 과장되어 있는데, 왜냐하면 그런 결과를 지지하는 많은 연구들이 보호시설 내에서 행해졌으며, 두 가지 기제-골감소증과 골연화증-가 보호시설제도와 연계되어 있기 때문이다. 골감소증은 비이동성의 결과로 발생할 수 있는데, ID와 연계된 운동문제 때문일 수 있으며 또한 보호시설의 식이요법 때문에 증가될 수도 있다. 골연화증은 비타민D 부족이나 부적절한 대사작용의 결과로 뼈가 연해지는 것이다. 보호시설에 있는 환자들의 경우 햇빛에의 노출이 불충분하기 때문일 수 있다. 이에 더하여, 정신질환이나 행동장애에 대한 다른 약물치료가 골소실에 영향을 미친다는 증거가 있다.

주목해야 할 그 밖의 요인으로는 낙상과 골절의 위험은 전신발작의 존재 여부에 의해 예견된다는 것이다.[42,43] 발작 유형의 진단에 따른 잠재적 문제점에도 불구하고, ID 환자들이 뇌전증 환자들보다 전반적으로 전신발작의 위험성이 더 높다고 알려져 있다.[44,45]

요약하면, ID와 뇌전증 환자들은 둘 다의 개인적 조건들과 연계된 요인들로 인해 부풀려진 골절 위험성을 가질 수 있다. 항경련제를 복용하는 모든 환자들의 경우, 골다공증이 잠재적인 동반질환으로 여겨지고 있다. 따라서 골밀도 관찰이 고려되어야 하며, 이 환자들의 적합한 영양상태(최적 수준의 칼슘이나 비타민D 등을 제공하는 보충물 포함)를 확인함으로써 골다공증을 최소화해야 한다. 시설에 수용된 환자들에게 햇빛에의 노출시간을 늘리는 것 같은 단순한 조치는 그런 시행이나 효과성을 단순화할 뿐이다.

두부와 연조직 상해

연조직(soft tissue) 상해, 특히 두부 외상은 뇌전증 환자들에게서 가장 흔하게 나타나는 것으로 보이며 일반모집단과 비교할 때 과도하게 나타난다.[46] 명백히 이런 과도함은 대부분 발작 자체의 영향으로 설명되고 있다. 만성 장기 뇌전증으로 입원한 255명의 환자들을 한 달간 연구한 결과, 총 27,934회의 발작이 있었으며 그중 45%는 낙상이었다. 이 낙상에서 766회는 상당한 수준의 두부 외상이었는데 그중 422회(55%)는 단순 드레싱 처치를, 341회(44%)는 봉합술 처치를 요했다. 2회의 두부 외상은 심각한 출혈을 동반하였다(하나는 경막외, 다른 하나는 경막하 출혈). 또 하나의 상해는 두개골 골절이었다.[47]

ID와 뇌전증을 동시에 가진 환자들의 경우 이 과도함이 남아 있다. 영국에서의 연구는 연조직 상해를 가져오는 외상으로 사고 병동이나 응급 병동에 입원하는 비율은 뇌전증과 ID를 동시에 가진 환자들이 그렇지 않은 경우보다 유의미하게 높았다고 보고하였다.[6]

앞서 골절과 관련하여 논의한 바와 같이, ID 환자들에게 영향을 주는 특정 유형의 뇌전증 특성은 낙상 발생률의 증가를 예언하는 것이 명백하다. 그러나 또한 골절과 관련된 연조직 상해 발생률이 상대적으로 높은 반면, 심각한 중증의 상해 발생률은 비교적 낮다는 것도 고려해야 한다.[46]

뇌전증 환자들의 사망률과 돌연사

뇌전증 환자들의 돌연사(SUDEP) 위험성은 과도하게 발생하는 것으로 알려졌다. Ficker는 리뷰 논문에서 SUDEP가 원인인 뇌전증 환자 모집단에서의 사망률은 2~17%라고 보고하였다.[48] SUDEP라고 진단하기 위해서는 아래의 기준이 적용된다.

1. 뇌전증을 과거 병력으로 갖고 있어야 한다.
2. 사건은 목격될 수도 있고 또는 목격되지 않을 수도 있다.
3. 익사나 외상에 의한 사망은 제외된다.
4. 지속적 뇌전증에 의한 사망은 제외된다.

5. 발작의 증거는 나타나지 않아도 된다.

6. 부검 시 독성적 원인이나 해부학적 원인이 아니라는 것이 밝혀져야 한다.

SUDEP가 불충분하게 보고되었으며, 보고율도 연령이나 다른 요인들에 따라 다르다는 증거가 있다. 예를 들면 부검이 젊은 사람들에게 더 자주 행해진다거나, 나이 많은 사람들의 경우 동맥경화증 같은 질병 증거가 사망원인에 대한 오진을 불러올 수 있다.

뇌전증이나 ID와 연관된 위험요인들과 그 복잡한 본질 때문에 SUDEP 위험성의 정확한 본질을 풀어내는 일은 어렵다. 특정한 위험요인들(어린 연령, 증가된 전신발작 유병률, 난치성 뇌전증 병력, 빈약한 통제 등)은 ID와 뇌전증을 동시에 가진 환자들과 연관되는 일이 많은 요인들이다. 그러나 다른 요인들은 보호적일 수 있다. 예를 들면, 기관이나 공식 보호시설에 수용된 환자들은 항경련성 약물치료를 규칙적으로 받게 될 것이다.

ID 환자들에서 SUDEP의 영향에 대해서는 모순적인 증거들이 존재한다. 영국의 일반 진료연구 데이터베이스(GPRD)에 기반한 한 연구에서는 ID 환자들이 SUDEP 위험성에서 어느 정도의 증가를 보였으나 통계적으로 유의미하지는 않았다.[49] 이와 비슷하게, 검시관 보고에 기반한 호주의 연구는 ID 환자들의 SUDEP 위험성 증가를 보여주지 못했다.[50]

미국의 보호시설에 기반한 연구는 ID 환자들의 SUDEP 비율이 20% 정도라고 확인하였다. 이 ID 환자 모집단의 위험요인들에 대한 서술은 일반 뇌전증 환자 모집단의 위험요인들에 대한 서술과 유사했는데, 일반적으로 처방된 항뇌전증약의 수와 사망전 12개월 동안에 기록된 발작 횟수 등에서 유사했다.[51]

미국의 전향적 연구는 SUDEP와 ID의 존재 간에 유의미한 연관이 있음을 보여주었는데, 이는 동시대 ID 집단에서 발생하는 증가된 발작 횟수를 통제했을 때에도 여전히 유의미하였다. 이 연구는 또한 발작 후 자발적 호흡을 감소시키는 장기적 발작 후 뇌증(postictal encephalopathy)[26]으로 인해 나타나는 발작 후 무호흡의 조합에 기반한 증가된 위험성을 설명할 수 있는 잠재적인 기제를 제안하고 있다. 이에 더하여, 흔히 정신지체와 연결된 신경이상은 만일 환자가 전신강직간대발작(generalized tonic-clonic seizure) 이후라면 정위반사나 움직임을 못하게 할 수도 있다. 이런 두 가지 이유 때문에 정신지체 환자들은 SUDEP의 원인인 자세성 질식사나 발작 후 중추성 무호흡에 더 민감할 것이다.

비정신의학적 병원 서비스의 사용

개별 환자의 복지와 삶의 질에 미치는 영향에 더하여, ID 모집단에서 뇌전증과 관련된 신체적 건강 문제들은 보건의료 서비스의 제공에 영향을 준다. 예측한 대로 ID는 일반인 모집단에 비해 상대적으로 더 많은 입원의료 이용과 연관되어 있다.[52]

사우스웨일즈에 기반한 영국의 연구는 이 집단(ID 집단)이 급성 비정신의학적 입원의료 서비스의 과도한 사용자라는 것을 보여주었다. 이 집단은 자연스럽게 신경학과와 일반의학과 서비스를 과도하게 사용하는데, 이는 뇌전증 치료가 포함되는 전문 분야이기 때문이다. 또한 외상과 정형외과 분야에서의 과도한 서비스 사용도 나타나는데, 이는 앞서 언급한 외상과 낙상의 증가된 위험성을 반영하는 것으로 보인다.

다른 과도한 이용은 뇌전증과 ID 중증도와의 결합을 반영한다. 비록 발작 동안의 치과적 상해 발생의 위험성도 보고되지만, 구강 수술의 과도한 이용은 이 집단에서 전신 마취의 증가된 필요성을 반영하는 것으로 보인다.[15]

외래 환자 활동도 증가되었는데, 특히 1차적으로 뇌전증 치료에 책임이 있는 분야(신경학과, 연조직 상해 치료 및 외상과 정형외과 분야의 낙상 치료 등)에서 그렇다. 이에 더하여, 외래 환자들의 정신장애 서비스 이용에서의 과도함이 나타나는데, 이는 뇌전증 병존 환자들의 증가된 ID 중증도를 반영한다.

앞의 연구가 제기하는 흥미로운 주제는 건강 서비스 이용에 미치는 보호시설의 혼합된 영향이다. 뇌전증을 갖고 있으면서 장애의 정도가 심한 것은 필히 일반 지역사회에 사는 사람들보다 보호시설에 있는 환자들에게서 뇌전증 유병률이 높게 나타날 것이다. 보호시설의 직원, 특히 의학 수련을 받은 직원들은 급성 의약처치를 담당할 가능성이 있다. 이렇게 되면 사고 서비스나 응급 서비스를 위한 발작이나 상해의 심각성에 대한 임계치가 지역사회에서보다 보호시설 내에서 더 높을 수 있다. 다른 연구들은 보호시설에 있는 환자들의 높은 건강요구에도 불구하고, 일반적으로 보호시설에 있는 환자들의 입원율이 감소된 것을 보여주었다.

결론

ID와 뇌전증 환자들에 관한 다른 많은 분야와 마찬가지로, 가용한 구체적인 정보는 드물다. 이 집단을 직접적으로 조사한 연구는 거의 없으며, 대신 많은 것들이 일반 뇌전증 환자 집단으로부터 추정되어야 한다. 흔히 ID의 영향력은 통계적 분석에 의해 확인된 위험요인 또는 보호요인으로 암시된다. 그러나 명백하게 규명될 필요가 있는 특정한 차이가 있다. ID 집단에서 증가된 골다공증 위험성은 보충제를 제공함으로써 골절 위험을 방지하거나 적합한 약리학을 결정함으로써 골절 위험을 방지할 필요성을 증진시킨다. 이 두 가지 방법은 항뇌전증 약물치료 및 기저의 ID와 연결된 다른 질병에 대해 처방된 약물치료이다. 목욕과 샤워를 관리감독하는 것은 화상과 익사 방지를 위해 필수적이다. 앞서 개관한 바와 같이 간단한 조치가 도입되어야 한다. 그러나 또한 비록 ID와 뇌전증 집단에서 싱해들이 과도하기는 하지만 심각한 상해는 아직 비교적 드물다는 것을 기억할 필요가 있다. 그러므로 현명한 사전경고와 가능한 한 인생을 독립적이고 보람차게 살려는 개인의 요구 사이의 균형을 잡는 것이 중요하다.

참고문헌

1. Kerr MP, Bowley C. (2000) Epilepsy and intellectual disability. J Intellect Disabil Res 44: 529–43.
2. Goodridge DM, Shorvon SD. (1983) Epileptic seizures in a population of 6000. I. Demography, diagnosis and classification, and role of the hospital services. BMJ 287: 641–4.
3. Richardson SA, Koller H, Katz M, et al. (1981). A functional classification of a seizures and its distribution in a mentally retarded population. Am J Ment Defic 85: 457–66.
4. Pueschel, SM, Rynders JE. (1982) Down syndrome:advances in biomedicine and the behavioral sciences. Cambridge, MA, USA: Ware Press, 169–225.
5. Aicardi J. (1994) Epilepsy as a presenting manifestation of brain tumors and of other selected brain disorders. In: Aicardi J (ed.). Epilepsy in children (The international review of child neurology), 2nd ed. New York: Raven Press, 350–1.
6. Morgan CL, Baxter HA, Kerr MP (2003) Prevalence of epilepsy and associated health service utilization and mortality among patients with intellectual disability. Am J Ment Retard 108: 293–300.
7. Patja K, Molsa P, Ivanainen M. (2001) Cause-specific mortality of people with intellectual disability in a population-based, 35-year follow-up study. J Intellect Disabil Res 45: 30–40.
8. Holland AJ. (2000) Ageing and mental retardation. Br J Psych 76: 26–31.
9. Strauss D, Eyman RK. (1996) Mortality of people with mental retardation in California with and without Down syndrome, 1986–1991. Am J Ment Retard 6(100): 643–53.
10. Wirrel EC. (2006) Epilepsy related injuries. Epilepsia 47(Suppl 1): 79–86.
11. Buck D, Baker GA, Jacoby A, et al. (1997). Patients' experiences of injury as a result of epi-

lepsy. Epilepsia 38: 439–44.

12. Lawn ND, Bamlet WR, Radhakrishnan K, et al. (2004) Injuries due to seizures in persons with epilepsy: A population-based study. Neurology 63: 1565–70.

13. Beghi E, Cornaggia C. (2002) Morbidity and accidents in patients with epilepsy: Results of a European cohort study. Epilepsia 43: 1076–83.

14. Sherrard J, Tonge BJ, Ozanne-Smith J. (2002) Injury risk in young people with intellectual disability J Intellect Disabil Res 46: 6–10.

15. Nakken KO, Lossius R. (1993) Seizure related injuries in multihandicapped patients with therapy resistant epilepsy. Epilepsia 34: 836–40.

16. Hampton KK, Peatfield RC, Pullar T, et al. (1998) Burns because of epilepsy. BMJ 296: 1659–60.

17. Josty JC, Narayanan V, Dickson WA. (2000) Burns in patients with epilepsy: Changes in epidemiology and implications for burn treatment and prevention. Epilepsia 41: 453–6.

18. Spitz MC, Towbin JA, Shantz D, et al. (1994) Risk factors for burns as a consequence of seizures in persons with epilepsy. Epilepsia 35: 764–7.

19. Sherrard J, Tonge BJ, Ozanne-Smith J. (2001) Injury in young people with intellectual disability: Descriptive epidemiology. Injury Prev 7: 56–61.

20. Backstein R, Peters W, Neligan P. (1993). Burns in the disabled. Burns 19: 192–7.

21. Cerovac S, Roberts AH. (2000) Burns sustained by hot bath and shower water. Burns 26: 251–9.

22. Unglaub F, Woodruff S, Demir E, et al. (2005) Patients with epilepsy: A high-risk population prone to severe burns as a consequence of seizures while showering. J Burn Care Rehabil 26: 526–8.

23. Ryan CA, Dowling G. (1993) Drowning deaths in people with epilepsy. CMAJ 148: 781–4.

24. Diekema DS, Quan L, Holt VL. (1993) Epilepsy as a risk factor for submersion injury in children. Pediatrics 91: 612–6.

25. Kemp AM, Sibert JR. (1993) Epilepsy in children and the risk of drowning. Arch Dis Child 69: 684–5.

26. Day SM, Wu YW, Strauss DJ, et al. (2005) Causes of death in remote symptomatic epilepsy. Neurology 65: 216–22.

27. Stokes T. Shaw EJ, Juarez-Garcia A, et al. (2004). Clinical Guidelines and Evidence Review for the Epilepsies: diagnosis and management in adults and children in primary and secondary care. London: Royal College of General Practitioners.

28. Kemp AM, Sibert JR. (1993). Epilepsy in children and the risk of drowning. Arch Dis Child 68: 684–5.

29. Besag FMC. (2001) Tonic seizures are a particular risk factor for drowning in people with epilepsy. BMJ 322: 975–6.

30. Souverein PC, Webb DJ, Petri H, et al. (2005). Incidence of fractures among epilepsy patients: A population-based retrospective cohort study in the General Practice Research Database. Epilepsia 46: 304–10.

31. Souverein PC, Webb DJ, Weil JG, et al. (2006) Use of antiepileptic drugs and risk of fractures: Case-control study among patients with epilepsy. Neurology 66: 1318–24.

32. Jancar J, Jancar MP. (1998). Age-related fractures in people with intellectual disability and epilepsy. J Intellect Disabil Res. 42: 429–33.

33. Lohiya GS, Crinella FM, Tan-Figueroa L, et al. (1999). Fracture epidemiology and control in a developmental center. West J Med 170: 203–9.

34. Ryder KM, Williams J, Womack C, et al. (2003) Appendicular fractures: A significant problem among institutionalized adults with developmental disabilities. Am J Ment Retard 108: 340–6.

35. Bischof F, Basu D, Pettifor JM. (2002) Pathological long-bone fractures in residents with cerebral palsy in a long-term care facility in South Africa. Dev Med Child Neurol 44: 119–22.

36. Kinjo M, Setoguchi S, Schneeweiss S, et al. (2005) Bone mineral density in subjects using central nervous system-active medications. Am J Med 118: 1414.

37. Tolman KG, Jubiz W, Sannella JJ, et al. (1975) Osteomalacia associated with anticonvulsant drug therapy in mentally retarded children. Pediatrics 56: 45–50.

38. Imran AI, Schuh L, Barley GL, et al. (2004) Antiepileptic durgs and reduced bone mineral density. Epilepsy Behav 5: 296–300.

39. Winnacker JL, Yeager H, Saunders JA, et al. (1977). Rickets in children receiving anticonvulsant drugs: Biochemical and hormonal markers. Am J Dis Child 131: 286–90.

40. Schmidt EV, Byars JR, Flamuth DH, et al. (2004) Prevalence of low bone–mineral density among mentally retarded and developmentally disabled residents in intermediate care. Consult Pharm 19:45–51.

41. Lohiya GS, Tan-Figueroa L, Iannucci A. (2004) Identification of low bone mass in a developmental center: Finger bone mineral density measurement in 562 residents. J Am Med Dir Assoc 5: 371–6.

42. Persson HB Alberts KA, Farahmand BY, et al. (2002) Risk of extremity fractures in adult outpatients with epilepsy. Epilepsia 43: 768–72.

43. Neufeld MY, Vishne T, Chistik V, et al. (1999) Life-long history of injuries related to seizures. Epilepsy Res 34: 123–7.

44. Shepherd C, Hosking G. (1989) Epilepsy in school children with intellectual impairments in Sheffield: The size and nature of the problem and the implications for service provision. J Ment Defic Res 33: 511–4.

45. Mariani E, Ferini-Strambi L, Sala M, et al. (1993) Epilepsy in institutionalized patients with encephalopathy: Clinical aspects and nosological considerations. Am J Ment Retard 98 (Suppl): 27–33.

46. Lawn ND, Bamlet WR, Radhakrishnan K, et al. (2004) Injuries due to seizures in persons with epilepsy: A population-based study. Neurology 63: 1565–70.

47. Russell-Jones DL, Shorvon SD. (1989) The frequency and consequences of head injury in epileptic seizures. J Neurol Neurosurg Psychiat 52: 659–62.

48. Ficker D. (2000) Sudden unexplained death and injury in epilepsy. Epilepsia 41(Suppl 2): S7–12. Review.

49. Derby LE, Tennis P, Jick H. (1996) Sudden unexplained death among subjects with refractory epilepsy. Epilepsia 37: 931–5.

50. Opeskin K, Berkovic SF. (2003) Risk factors for sudden unexpected death in epilepsy: A controlled prospective study based on coroners cases. Seizure 12: 456–64.

51. McKee JR, Bodfish JW. (2000) Sudden unexpected death in epilepsy in adults with mental retardation. Am J Ment Retard 105: 229–35.

52. Walsh KK, Kastner T, Criscione T. (1997) Characteristics of hospitalizations for people with developmental disabilities: Utilization, costs and impact of care coordination. Am J Ment Retard 101: 505–20.

Chapter 12

뇌전증과 인지

M. L. Smith

서론

뇌전증의 결과는 그 사람 삶의 신체적 및 정신적 건강, 인지기능, 교육적 성취, 직업적 전망, 가족 및 또래관계를 포함하는 여러 측면에서 감지된다.[1] 뇌전증이 있는 사람에게서 손상된 것으로 인정되는 이러한 기능 측면의 많은 부분들이 시작, 발전, 발현되는 데서 인지-지적 사고, 지각, 기억, 판단, 표현, 이해를 포함-는 중요한 역할을 한다. 대부분의 뇌전증 사례들은 아동기에 발병하며 그렇기 때문에 발작은 기초적인 인지적, 행동적, 사회적 기술 발달에서 중요한 시기에 보통 일어난다. 이러한 발달들은 장기적인 교육적, 직업적, 대인간 적응에 결정적인 영향을 준다.[2-4] 그러므로 뇌전증과 관련된 인지적 결함 및 선행요인에 대한 이해는 뇌전증의 전체 영향을 이해하는 데 중요하다.

  뇌전증인 사람과 그의 가족들에서 인지결함이 두드러진 공병으로 확인된다. 예를 들어 Arunkumar와 동료들[5]의 연구에서 뇌전증인 아동·청소년 80명의 부모들에게 뇌전증인 자녀와 함께 생활하고 돌보는 일에서의 걱정을 중요한 순서대로 적으라고 요구했다. 면접할 수 있을 정도로 나이 든 자녀들에게는 뇌전증이 있는 것에 대한 그들

V. P. Prasher, M. P. Kerr(eds.) *Epilepsy and Intellectual Disabilities*,
DOI : 10.1007/978-1-84800-259-3_12, ⓒ Springer Science+Business Media, LLC 2008

의 걱정을 말해달라고(부모와 독립적으로) 요구했다. 부모와 자녀 모두에서 두 번째로 가장 많은 것으로 확인된 항목은 뇌전증의 인지적 결과에 대한 걱정이었다. 그들의 걱정은 학습장애, 학업곤란, 주의집중의 어려움, 빈약한 기억 등이었다. 걱정과 관련해서 이러한 이슈들은 자녀에게만 있는 것이 아니었다. 국제뇌전증국(International Bureau of Epilepsy)의 조사에서 뇌전증이 있는 자녀의 부모 중 44%가 학습의 어려움을, 45%는 느린 사고(slowness in thinking)를 호소했다.[6] 뇌전증이 있는 성인들에서 삶의 질에 대한 자기평가를 시켰을 때 인지기능이 중요한 예측인이라는 것도 보여주었다.[7]

뇌전증이 있는 사람의 대다수가 정상지능을 가지고 있지만 IQ 점수 분포는 더 낮은 값으로 기울어져 있다.[8~11] Smith와 동료들[12]이 실시한 의학적 치료에 반응을 보이지 않는 뇌전증 아동 51명에 대한 연구는 이 집단 내에서 넓은 범위의 인지기능을 보여주었다. 평균 IQ는 84(낮은 평균 범위에 있는, 100의 모집단 평균의 1표준편차 낮은 점수 바로 위)였다. IQ 점수의 폭은 중요하며 지적 결함의 범위(<1%)에서 매우 우수한 범위(>99%)에 걸쳐 있었다. 4~15세의 비선택적인 핀란드 아동 모집단 표본에서 장애 발생을 증명하기 위해 설계된 연구에서 Sillanpaa[13]는 연구 모집단 내에서 뇌전증 유병률이 0.68%라고 보고했다. 뇌전증 아동들 가운데에서 신경학적 결함이 39.9% 발견되었고, 가장 빈번한 신경학적 손상은 ID(31.4%), 언어장애(27.5%), 특수학습장애(23.1%)였다. 정상 지능을 가진 사람들에서도 특수한 신경심리학적 기능 측면, 특히 주의집중, 기억, 실행기능, 학업성취에서 결함이 보고되는 일은 흔하다. 이들 영역 각각은 간단히 개관되는데 인지발달을 황폐화시키는 효과를 가져오는 발달적 뇌전증 증후군의 특수한 부분집합이 될 것이다. 이에 더하여 항뇌전증약의 효과와 발작관련 변인들이 인지에 주는 잠재적 효과가 언급될 것이다.

주의집중

선택적 주의, 집중, 초점유지능력은 삶의 많은 과제를 효율적으로 완수하는 데 중요하다. 주의결함은 뇌전증이 있는 사람들에게서 비교적 흔한 것이며 멀리까지 미치는 결과를 가져올 수 있다. 왜냐하면 주의과정은 기억, 언어, 문제해결 같은 다른 인지적 측면들에 영향을 줄 수 있기 때문이다.[14] 주의결함은 전반적인 인지적 손상과는 구별된다. 주의검사에서 낮은 수행은 정상 IQ인 환자들에서도 보고되었다.[15, 16] ID 환자 표본에서 주의과정이 약하고 IQ 수준이 불균형을 이룸을 발견했다.[17]

Kalviainen과 동료들[18]은 치료되지 않은 발작이 있으며 뇌손상이 없는 새로 진단된 성인들의 30%가 주의지속과 정신 유연성에 결함이 있다는 것을 발견했다. 그들은 주의폭, 추적속도, 정신운동속도에서는 완전함에도 불구하고 결함이 있었다. 복합부분발작이 있는 환자들은 지속적 집중을 요구하는 과제를 잘 못한다.[19] 뇌전증이 있는 아동은 반응시간이 느리고 선택적 주의와 주의지속에 손상을 보인다.[16, 20, 21] 놀랄 것도 없이 주의결함은 교육문제와 관련이 있었다. 뇌전증 아동을 가르치는 교사들은 이런 아동들이 주의, 집중, 정보처리에서의 어려움이 있으며, 다른 학생들보다 더 방심하는 것으로 지각한다고 보고했다.[22]

많은 연구가 뇌전증 아동들에서 주의결핍과잉활동장애(ADHD)의 위험이 증가된 것을 보고했다.[23] 범위는 17%에서 58%에 이르는 것으로 추정된다. ADHD 유병률은 발작유형 혹은 국소관련성 특발성뇌전증이냐 전신성뇌전증이냐에 따라 다르게 나타난다.[23] 뇌전증과 ADHD가 같이 있는 아동들은 ADHD만 있는 아동표본과 다른데, 부주의우세형 ADHD를 가진 아동들이 더 높은 비율이고 남녀가 동일한 비율이라는 점에서 다르다.[24]

ADHD와 뇌전증이 공존할 때 잠재적으로 중요한 인지적 결과가 있다. ADHD가 있는 부분발작 아동과 ADHD가 없는 부분발작 아동, ADHD만 있는 아동으로 이루어진 비교집단들과 건강한 아동으로 이루어진 통제집단에 대한 연구는 ADHD 진단 여부와 상관없이 발작이 있는 아동들이 주의유지 및 시간이 흘러도 반응을 일관성 있게 유지하는 데서 현저한 어려움을 갖는다는 사실을 보여주었다. 그러나 주의과제에 대한 손상은 발작과 ADHD를 같이 갖고 있는 집단에서 가장 컸다.[25]

뇌전증에서 나타나는 부주의의 행동적·인지적 측면에 기여하는 발작변인이 무엇인지에 대한 합의는 없다.[23] 발작유형, 발작역사, 약물치료가 반응시간과 주의를 측정하는 검사에서의 수행을 예측하지 못한다는 것을 연구들이 보여주고 있는 반면에,[20, 26, 27] Aldenkamp와 동료들[28]은 뇌전증파가 자주 나타나고 약물복합치료 병력이 있는 환자들이 경계 및 반응시간 검사에서 가장 감소를 보였다고 보고했다. 발작유형의 주의결함, 비반응성의 기저에 비정상적인 피질이나 피질하 기질이 있음을 시사하고 있다.

기억

기억문제는 뇌전증이 있는 사람들이 가장 많이 갖고 있는 불만이다. Thompson과 Corcoran[29]은 뇌전증이 있는 760명의 사람들을 대상으로 일상생활에서의 기억실패 빈도를 물어보았다. 기억실패에는 물건을 둔 곳 잊어버리기, 물건 잃어버리기, 하려고 했던 일을 했는지 다시 점검하기, 단어를 잘 말하지 못하는 것(설단현상으로 불림) 등이 있다. 뇌전증이 있는 사람들은 없는 사람들보다 그런 사건들을 더 자주 적었을 뿐만 아니라 그런 기억실패로부터 일어나는 난처함 정도를 더 많이 적었다. 더 흥미로운 것은 친족들이 뇌전증이 있는 가족들이 보이는 망각빈도를 뇌전증이 있는 사람 자신이 보고한 것보다 더 높게 등급을 매긴 것이었다. 이것은 뇌전증이 있는 사람은 그들이 얼마나 자주 잊는지를 기억 못한다는 걸 시사한다.

기억결함은 중앙 측두엽을 포함하는 뇌전증 병소가 있는 환자들에게서 가장 일관적으로 관찰된다. 대부분의 경우에 편측 병소와 함께 보이는 손상은 자료특정적 특성이 있다. 손상이 있는 반구와 관련되기 때문이다(개관을 위해서는 Jones-Gotman과 Smith,[30] Smith와 Bigel[31] 참조). 연구들은 좌반구에 언어표상이 있는 환자들에서 좌측 중앙측두엽 조직에서 일어나는 뇌전증은 전형적으로 언어학습과 언어기억과제에서 손상을 가져온다는 것을 보여주었다. 이러한 사람들은 스토리나 텍스트로 제시되는 자료, 실제 단어나 넌센스 단어, 언어쌍대학습, 실제 사물이나 그려진 사물의 이름 회상, 낯선 사람의 이름을 학습하고 기억하는 것을 어려워한다. 우측 측두엽 뇌전증은 복잡한 기하도형처럼 자극이 언어화하기 어려운 과제, 무늬목록의 시행착오 학습 과제, 얼굴 인지, 넌센스 형태 회상하기, 낯선 음조의 멜로디 과제 수행에서의 손상과 관련 있었다.[30,31] 병소의 위치와 자료유형 사이의 특이성이 항상 발견되는 것은 아니다. 더 최근에는 과제의 기억요구, 특히 여러 번의 시행에 걸친 학습은 손상결과의 특이성을 결정하는 중요한 특성이 된다고 주장한다.[32,33]

중앙측두엽 조직의 양측손상은 전반적으로 심한 기억상실증을 가져올 수 있다.[34] 양측뇌에 뇌전증 병소가 있는 환자들의 경우 기억손상은 사실상 일반화되어서 모든 입력 양식과 언어적 및 비언어적 기억 모두에 손상이 있다. 그러나 현저하게 손상된 기억에도 불구하고 양측두엽 뇌전증이 있는 환자 대부분은 기억상실이 없다.[30,35]

뇌전증에서의 기억 연구는 옛기억(remote memory)과 자전적 기억도 연구했다. 그 연구들은 측두엽 뇌전증이 있는 사람들은 최근 사건이나 새로운 학습에 기반한 정보와 마찬가지로 과거 경험에 기반한 정보를 인출하는 데도 어려움이 있음을 보여주었다.[36-39] 개인적 일화 부분(구체적인 사건)에서의 이러한 결함이 있음에도 불구하고 개인적 의미정보에 대한 기억(자기 자신에 대한 사실)은 완전하게 남아 있을 수 있다.[37, 39] 일부 사례에서는 발작이 일어나는 뇌반구와 관련이 있을 수 있긴 하지만, 이러한 옛기억의 결함은 좌측두엽 뇌전증과 우측두엽 뇌전증 모두에서 나타났다. 예를 들면, 좌측두엽 병소는 아니나 우측두엽 병소는 잘 알려진 얼굴의 친숙성 판단에서의 손상과 관련이 있다. 하지만 어느 쪽의 병소이든 그러한 얼굴의 이름 말하기나 유명한 사람에 대한 정보 말하기에서 손상을 가져올 수 있다.[39]

성인과 마찬가지로 측두엽 뇌전증이 있는 아동들은 기억결함을 갖는다. 발작을 약으로 조절하고 있는 아동들은 자료특정적 효과와 관련된 결과들이 애매하다. 일부 연구는 좌측두엽 병소는 언어적 기억결함과, 우측두엽 병소는 공간적 기억결함과 관련 있다는 걸 보여주는데[40-43] 다른 연구들은 이런 특이한 패턴을 보여주지 않는다.[44, 45] 측두엽에서 발생하는 난치성 발작이 있는 아동들은 전형적으로 자료특정적이지 않은 기억장애가 있다.[46-51] 성인과 아동 간의 이러한 차이는 발작 시작 연령 또는 뇌전증 기간과 관련 있을 수 있다.

실행기능

일단의 복합적 인지과정은 구성개념인 '실행기능' 또는 미래의 목표를 달성하기 위한 적절한 문제해결 세트를 유지하는 데 필요한 기술 아래 묶인다. 뇌전증 환자들은 다른 유형의 신경학적 손상이 있는 환자들과 마찬가지로 실행기능 손상이 전두엽 이상과 관련 있었다. 전두엽 뇌전증 성인과 측두엽 뇌전증 성인을 비교했을 때 전자가 기억폭, 시각운동속도, 선택적 주의, 시지각 속도, 반응억제, 언어유창성, 개념형성, 계획하기, 운동협응에 대한 검사에서 수행이 떨어지는 결과가 나왔다.[52] 결과의 요인분석은 4개 전두엽 하위기능을 확인하였다. 그것은 속도/주의, 반응유지 및 억제, 운동통합, 단기기억이다. 전두엽 뇌전증과 측두엽 뇌전증 모두 단기기억과 속도/주의 영역의 결함과 관련이 있으나, 단지 전두엽 발작 환자들만 운동협응이나 반응억제 영역의 손상이 있었다. 뇌전증 병소가 있는 환자들에서는 손상이 병소의 편측화나 전두엽 안에서의 국재화 위치와 관련 있음이 밝혀지지는 않았다.[52~54]

아동의 사례연구들은 전두엽 발작의 시작이 행동적, 인지적 손상 및 운동손상을 수반했음을 보여주었다. 이러한 손상들은 약물치료로 발작통제가 될 때 없어졌다.[55, 56] 집단 연구들은 전두엽 뇌전증 아동은 주의, 계획하기, 범주화, 조직화, 기억, 충동조절, 언어유창성, 이해, 운동협응에 결함이 있음을 보여주었다.[57~62] Prevost와 동료들[63]은 비병변 전두엽 뇌전증 아동에서 주의결함, 행동 문제, 학습장애의 현저한 발생률을 발견했다. 이 집단연구에서 이상의 출현은 발작 통제와 관련이 없는 것으로 보인다.

의학적으로 통제된 뇌전증 아동에서 전두엽 발작 영향과 측두엽 발작 영향 간의 차이가 있음이 언급되었다. 전두엽 발작이 있는 아동들은 운동협응, 언어유창성, 계획하기능력의 수행이 더 잘 안 되는 반면, 측두엽 발작이 있는 아동들은 언어기억 수행 검사에서 수행이 더 낮았다.[58, 59, 61] 난치성뇌전증 아동에서의 차이는 어느 것이 우세한 것으로 나타나지 않는다. 그리고 이 두 집단은 언어유창성, 이해, 주의, 언어기억 및 시공간 기억 과제에서 비슷한 수행을 보였다.[57, 60]

학업기능

뇌전증 아동은 학업기술에서 지체될 위험 그리고 읽기, 쓰기, 산수 같은 핵심 학업영역에서 특정 학습장애를 가질 위험이 있다.[64~67] 학습곤란의 특성은 이러한 전통적 영역에 국한되지 않으며, 모든 학과목에서 낮은 성취가 보고되었다.[68] 문헌에 보고된 학습문제의 유병률은 5~70% 범위에 있다.[69, 70] 이런 문제들이 만성적 발작이 있는 아동들에서 특히 우세하긴 하지만, 비교적 최근에 발병했고 발작이 복합적이지 않고 잘 통제된 아동들도 비교적 위험이 높다.[71, 72] 아동기 발병 뇌전증의 전향적 연구(prospective study)는 결국 투약을 하고 발작이 없어지는 사람들에서도 학업문제는 성인기까지 존재한다고 주장했다.[73]

학업지체의 발병, 특성, 심한 정도에서 큰 개인차가 있으며 여러 요인이 잠재적 결정인자로 확인되었다. 발작 중증도, 발작 빈도, 항뇌전증약(AED)의 부작용이 학업지체에 기여하는 것으로 확인되었다.[45, 72, 74] 아동의 적응유능성(노력 정도, 행동, 학습, 기분 같은 구성개념들을 포함하는 변인)은 최근 발병 뇌전증 아동과 만성뇌전증 아동 모두에서 성취와 관련 있다.[71, 72]

학업적 결함은 전반적인 지능 및 인지손상과 구별될 수 있다. 주의, 운동유창성, 기민함, 정보처리속도, 기억에서와 같은 후자에서의 결함은 이런 아동들이 학교환경 내에서 학습하는 것을 어렵게 만들 수 있다.[45, 74] 예를 들어 삶의 질의 내러티브 연구[69]에서 난치성뇌전증 청소년은 신체적 또는 정신적인 학습이 불가능하다고 느낄 때가 자주 있으며 그래서 지속적인 통합학습경험을 기대할 수 없다고 보고했다. 피로와 기억문제는 학교에서의 수행을 손상시키는 영향이 있는 것으로 확인되었다. 게다가 뇌전증 아동들은 다른 병인으로 인해 생기는 학습장애 아동들과 다르다. 학습장애의 병인은 기저의 인지적 상관현상들과 관련 있다. 예를 들어 뇌전증 아동은 단순하거나 복잡한 다양한 시각적 및 청각적 반응시간 과제에서 뇌전증이 없는 학습장애 아동들보다 반응시간이 더 느리다.[75]

지능 수준은 학습장애가 일어날 가능성에 영향을 준다. 아동기 발병 뇌전증 성인의 인구기반 동시대 집단(코호트)[76]에서는 76%가 학습장애 병력이 있었다. 학습장애 발생은 IQ와 밀접한 관련이 있다. 학습장애 환자의 반(51%)은 지적장애가 있다. IQ가 정상 이상인 사람(역자주 : IQ가 85 이상인 사람)들에서는 유병률이 57%이고, 정신적으로 거의 정상(IQ=71~85)인 사람들에서는 67%, 지적장애가 있는 사람들은 모두 자기 정의로 본 학습장애가 있었다. 뇌성마비 존재, 6세 이전의 뇌전증 발병, 항뇌전증약에 대한 낮은 초기반응은 지적장애와 그 결과로 일어나는 학습장애를 예언한다. 지적으로 정상이거나 거의 정상인 피험자들에서는 뇌전증의 증상적 병인만이 학습장애의 예언자였다. 학습장애 정도는 의학적, 사회적, 교육적인 장기적 결과에 현저하게 영향을 주었다.

뇌전증과 학업성취 간의 관계를 이해하기 위한 하나의 접근은 뇌전증증후군의 비교에 있을 수 있다.[77] 특발성 전신 또는 국재화 관련 뇌전증 아동들은 증상성 또는 잠재성 전신 뇌전증인 아동들보다 통합교육의 가능성이 더 높은 것으로 밝혀졌다.[78] Vanasse와 동료들[79]은 측두엽 뇌전증 아동, 전두엽 뇌전증 아동, 소발작 뇌전증 아동들의 읽기 기술을 조사했다. 모든 집단이 기대되는 것보다 약 2년 정도 뒤떨어졌다. 전두엽 뇌전증 집단 아동 그리고 조금 더 적은 정도로 소발작 뇌전증 집단 아동이 음운학적 처리와 관련된 과제에서 결함이 있었다. 반면에 측두엽 뇌전증 아동들은 통제집단과 차이가 없었다. 전두엽의 뇌전증성 병소는 읽기의 음운학적 토대에 영향을 준다. 이런 결과는 증후군 접근이 특수한 뇌전증성 특징과 학업기술의 기저에 있는 다른 구성요소 과정 간의 관계를 밝힐 수 있다고 제안한다.

기타 인지기능

좌반구 측두엽 피질에 병소가 있는 환자들에서 언어지각,[80] 사물 이름 말하기,[81] 언어처리[82] 영역의 경증 손상이 입증되었다. 또한 측두엽 신피질 뇌전증 환자에서 주의폭이나 작업기억 손상이 알려졌다.[83] 손상된 담화능력과 작업기억 간의 관련이 측두엽 환자에서 발견되었다.[84] 경증 시지각 결함이 우측 측두엽 병소와 관련되어 보고되었다.[85]

아동기 난치성뇌전증증후군

아동기 발병의 난치성뇌전증증후군은 인지적 손상 및 전반적인 발달지연에 대한 높은 위험과 관련 있다. 이러한 관련을 보여주기 위해 네 가지 증후군을 간략히 개관한다.

영아연축

영아연축 증후군은 생후 첫해 중간에 특징적인 굴근 경련(flexor spasm)의 발생으로 시작된다.[86] 발작 시작이 불가피한 것은 아니지만, 인지적 기능 및 운동기능의 발달은 발병 전이나 발달이 늦어지기 전에는 정상이거나 비정상일 수 있다.[87] 발달결과는 기저에 있는 병인과 관련 있을 가능성이 있다. 증상적 사례 중 많은 사례들은 유전병이나 피질기형과 관련 있는 것으로 보인다. 이런 병인들은 그 자체로 전반적 발달지체의 위험을 가져온다.[88,89]

Lennox-Gastaut 증후군

Lennox-Gastaut 증후군은 세 가지 특징을 보인다. 다중적 발작 유형, EEG상에서 연속적인 빠른 리듬을 수반하는 서파장애, 심리학적 장애다. 심리학적 장애는 정신운동지연, 성격장애 또는 둘 모두를 포함한다.[86, 90] 확인할 수 있는 병인이 없는 일부 아동들에서 정신운동지체는 발작 발생 전의 증거가 된다. 그러나 심리학적 이상은 전형적으로 첫 번째 발작과 함께 나타나거나 그 이후로 짧게 전개된다.[90] IQ 수준은 시간이 지남에 따라 점차 낮아진다. 발달정지(developmental arrest)나 이미 획득한 기술이 상실된 결과로 IQ 수준이 낮아지는 것이다. 대다수의 사례들은 ID를 기록했다. ID는 이전에 영아연축이 있었던 아동들에서 가장 많이 언급되었다.[91]

Landau-Kleffner 증후군

Landau와 Kleffner[92]가 정상적으로 초기 언어발달이 이루어지다가 뇌전증 장애와 관련한 실어증이 갑자기 생긴 6명의 아동에서 '아동에서 경련성 질환이 동반된 후천성 실어증' 증후군을 처음으로 기술했다. 먼저 언어장애는 전형적으로 후천성 난청으로 오해하게 되는 언어이해(전형적으로 언어청각실인증)를 포함한다. 언어산출의 점진적 감퇴는 보통 이해상실에 뒤따라오고, 함께 일어나거나 심지어 선행되기도 한다. 여러 변인이 언어장애의 중증도와 기간에 영향을 줄 수 있으며 언어영역의 뇌전증성 방전 빈도, 뇌전증 장애의 기간, 뇌전증성 방전의 상동의 대측성 피질로의 확산, AED 치료의 효율성이 포함된다.[93, 94]

영아기 중증 근육간대경련성뇌전증

영아기 중증 근육간대경련성뇌전증은 출생 후 첫해 중반에 시작되고 강직성발작 또는 강직성간대발작, 이후의 근간대성경련, 비전형소발작, 부분발작과 함께 시작한다. 발작 이전의 발달은 보통 정상적이나 발작 이후 발달은 느리고, 행동 문제가 잦으며, 운동기술이 손상된다. 인지적 손상은 보통 전반적이고, 행동특성은 과잉활동, 자폐적 특질, 손상된 대인관계를 포함한다.[95, 96]

항뇌전증약

항뇌전증약(AED)은 신경흥분을 줄이거나 억제적 신경전달을 촉진하여 발작 경향을 감소시킨다. 그리고 이 동일 기제가 인지적 부작용을 일으킬 수 있다.[97, 98] 진정, 졸림, 불면증, 현기증 같은 많은 신체적 부작용은 인지의 여러 측면에 영향을 주게 된다. 다른 효과들은 더 직접적으로 정신운동 느림, 경계감소, 산만함, 언어손상, 기억손상 같은 특정 인지적 측면에 영향을 주게 된다. 이러한 부작용은 여러 영역에서의 일상적 기능에 큰 영향을 줄 수 있다. 자기보고된 AED의 역효과와 삶의 질 지각 사이에 강력한 부적 관계가 있는 것으로 나타났다.[99]

AED 부작용에 대한 많은 개관에서 '고전적'인 약과 '신'약 사이에 차이가 난다.[100, 101] 고전적 범주—1990년대 이전에 있었던 약들—는 phenobarbital, phenytoin, valproate, primidone, ethosuximide, carbamazepine이 있다. 이 약들은 임상적으로 현저한 부작용이 있다.[98] 이 약들 중 phenobarbital은 주의결함, 과잉활동, 단기기억감소, 품행장애 같은 불리한 인지적 및 행동적 결과와 가장 자주 관련되었다.[102] phenytoin은 지적 기능 저하와 관련 있었다.[103] 이런 효과들은 신경행동학적 장애와 약물독성을 동반한 더 심한 뇌전증 환자들에서 가장 많이 진술되는 것으로 나타난다.[51] 이러한 고전적 AED에 대한 연구들 중 많은 연구에 방법론적인 한계가 혼입되어 있다.[104] 그리고 진행 중인 발작, 기존의 장애 또는 다른 요인들로 인한 잠재적 부작용을 효과에서 빼는 것이 항상 가능한 것은 아니다.

그런 혼입변인들을 통제하려 시도한 연구들은 AED의 효과를 항상 발견하진 못했다. 예를 들면 Williams와 동료들[51]은 새로 뇌전증을 진단받은 37명 아동들을 6개월간 추적했다. AED 치료를 하기 전에 기저선 평가를 실시하였고, 새로 뇌전증 진단을 받은 아동들로 이루어진 통제집단과 수행을 비교했다. 단독약물요법 아동들은 단독약물요법을 받았고, 혈청 수준은 6개월의 추적 기간에 걸쳐 치료범위에 있었다. 뇌전증 아동이 모든 인지적 측정치에서 통제집단보다 수행이 저조하고 더 많은 행동 문제가 있는 것으로 평가되긴 했지만, 기저선에서는 집단 간에 현저한 차이가 없었다. 그러나 6개월 동안의 수행변화는 뇌전증 아동집단과 통제집단 간에 차이가 없었다.

건강한 성인 자원자들에서는 약의 효과가 발작, 신경병리, 유전적 취약성, 심리사회적 요인의 혼입 없이 측정될 수 있다. 이들 건강한 성인 자원자들에서는 고전적 AED의 효과가 보통 정도이고 carbamazepine, phenytoin, valproate에서 비슷하였으나 phenobarbital은 뒤의 두 약보다 해로운 효과가 더 많았다. 그러나 비투약 통제집단과 비교했을 때 phenobarbital, phenytoin, valproate, carbamazepine 모두 인지기능과 운동속도에 손상이 있었다.[100, 105] gabapentin, levetiracetam, lamotrigine, oxcarazepine, tiagabine을 포함하는 신약 AED는 고전적 약들보다 더 적은 부작용과 관련되는 경향이 있다.[101, 105] topiramate는 건강한 통제집단과 뇌전증 환자 모두에게 효과가 있어서 주의집중, 처리속도, 언어기능의 측면들에 해로운 영향을 주었다. 여기에는 지능, 유창성, 학습, 단기기억이 포함된다.[106~109] topiramate의 효과는 고용량을 빠른 적정(rapid titration)을 하여 복합치료로 투여할 때 현저하게 두드러진다.[98]

이러한 결과들 중 많은 것이 성인에 대한 시험사용과 임상경험에 근거하기 때문에 모든 연령에 일반화할 수는 없다. 인지적 효율성을 감소시킬 수 있는 AED의 연령특정적인 일부 부작용이 있다. 그 부작용은 성인에서는 우울증이고 아동에서는 공격성과 과잉활동이다.[98] 잘 기획된 AED 약 시험이 나이 든 사람들과 아동 모두에서 긴급하게 이루어질 필요가 있다. 나이 든 사람들은 더 젊은 성인들과는 다른 흡수율 및 대사율을 보인다. AED 대사에 영향을 주는 연령관련 생리학적 변화가 있으며 노인들은 더 많은 수의 의학적 질병을 갖는 경향이 있다.[98, 110] AED의 효과는 성인 뇌와 발달 중인 아동·청소년의 뇌에서 다르다.[98, 101] AED의 장기적 효과는 아동에서 특히 파괴적일 수 있다. 심지어 보통 정도의 인지적 손상도 그것이 학습에 영향을 주고 학업기술 습득을 제한한다면 누적적인 결과를 가져온다.[99] ID인 아동들은 AED 치료 후 인지적 상실이 더 쉽게 일어난다.[111, 112] 주의결함장애 같은 기존의 행동장애가 있는 아동들은 행동적 어려움의 악화에 더 취약하게 된다.[111, 112]

인지에 대한 기타 영향

수많은 연구가 발작장애의 특이한 특징이 인지적 결함의 출현과 중증도를 시사하는 것에 대해 의문을 제기했다. 앞부분에서 이런 특징들 중 일부(발작의 국재화와 편재화)는 더 깊이 다루거나 또는 가볍게 언급하기만 했다. 이 마지막 부분에서 발작성 방전, 뇌전증 기간, 발작 빈도, 연령이 제시된다.

주의, 언어, 기억은 준임상적 발작성 방전에 의해 파괴된다. 이것은 일과성 인지손상으로 알려진 현상이다.[113] 일과성 인지손상은 기저의 뇌병리로 인한 것이라기보다는

분명히 이러한 준임상적 방전이 뇌기능에 주는 효과가 가져온 결과이다.[114]

두 개의 상호관련된 변인이 인지기능에 주는 영향으로 큰 주목을 받았다. 그것은 뇌전증 기간과 발작 발생 연령이다. Hermann과 동료들[115]은 발작 발생 연령, 신경심리학적 기능, 뇌구조 사이에 관련이 있음을 발견했다. 아동기에 측두엽 뇌전증이 조기 발병(평균 7.8세)한 성인들은 후기 발병(평균 23.3세) 측두엽 뇌전증인 성인들보다 더 확산된 인지결함 패턴(예 : 더 많은 수의 인지영역에 걸쳐 더 큰 손상정도와 더 많은 증거)을 갖고, 뇌전증 발생 병소의 위치를 넘어 측두엽 외의 영역에까지 확장된 MRI 구조적 이상(특히 백질 양의 감소)을 더 많이 보인다. 이 연구는 발병 연령, 인지적 역기능, 뇌이상의 정도 사이의 관련성을 보여준다는 점에서 중요하다. 저자들은 아동기 발병 측두엽 뇌전증은 뇌구조와 인지에 주는 해로운 신경발달 영향과 관련 있다고 결론 내렸다.

Thompson과 Duncan[116]은 중앙값(median)으로 따질 때 35년간 뇌전증을 앓았으며 13년 간격으로 두 번 인지검사를 해왔던 136명의 환자들에 대해 보고했다. 그들은 평가한 모든 영역(지능, 기억, 명명하기, 언어유창성, 정신적 유연성)에서 감퇴를 발견했다. 이런 결과는 앞선 연구들과 일치한다. 예를 들어 뇌전증 아동의 종단적 지능연구들의 개관은 발작이 4년 이상인 환자들은 지능저하를 보여준다는 것을 확인했다. 이것은 발작이 지능저하에서 원인적 역할을 한다는 결론을 제시한다.[117] 시간 흐름에 따른 지능저하는 발작 관리가 잘 안 되는 환자들에서 보고되었다. 반면 발작 관리에서 향상이 있는 환자들은 지적 수행에서 증가를 보여주었다.[118-120] 4년 간격 동안 추적한 측두엽 뇌전증 환자들의 인지적 예후는 좋지 않았다. 만성 뇌전증, 더 많은 나이, 기저선에서 더 낮은 지적 능력, 양적 자기공명 용적에서 더 많은 기저선 이상의 특징을 보이는 환자들이 전체의 20~25%였다.[121]

다른 연구들은 뇌전증 기간과 관련한 변화 또는 발작 관리의 변화를 확인하는 데 실패했다.[122, 123] 연구들 사이의 이러한 차이를 조정하기 위해 발작 빈도와 발작유형이 발작 기간보다 중요하다고 제안되었다. 예를 들어 전신강직간대발작의 빈도는 만성 뇌전증 환자에서 인지기능저하를 예측한다.[116, 124] 간질중첩증 병력은 기억저하와 관련 있었다.[116, 124]

인지적 손상에서 하나의 요인으로 연령을 조사한 대부분의 연구들은 발작 발생 연령과 기간에 초점을 두었다. 최근에는 더 나이 든 사람들에게 주목했다. 이 집단은 나이 들면서 뇌전증이 발달하고 인지적 손상이 일어날 위험에 처해 있다. 주의, 보속증, 기억, 해석(construction), 개념화, 언어유창성을 포함하는 다양한 인지 영역에서 초점성 뇌전증인 나이 든 환자들은 인구학적으로 일치시킨 통제집단과 다르다는 것이 발견되었다.[125-127] 발작 발생 연령과 발작 기간은 신경인지기능과 관련이 없다.[125] 그러나 수행은 AED 복합치료와 관련 있었다.[125-127] 뇌전증이 있는 노인들은 경증 인지손상으로 진단받은 나이 든 성인들보다 실행기능 측면의 결함이 더 많이 언급된 것을 발견했다.[126]

결론

이 개관은 뇌전증인 사람들에게서 여러 인지기능 측면의 손상 위험이 증가한 것을 확인했다. 세 가지 결함의 출현이나 중증도를 결정하는 명확한 요인들이 완전히 이해된 것은 아니다. 그럼에도 불구하고 뇌전증인 사람, 그 가족, 사회적 지지망, 의료인은 뇌전증의 전체 영향을 이해하기 위해서 이런 이슈들을 인식하는 것이 필요하다. 적절한 조기 확인은 조기 발달중재, 적절한 학업 계획하기, 직업 카운슬링, 지지적 작업환경, 일생에 걸친 독립을 촉진하는 안전한 환경을 제공하는 데 필요하다.

참고문헌

1. Jalava M, Sillanpaa M, Camfield C, et al. (1997) Social adjustment and competence 35 years after onset of childhood epilepsy: A prospective controlled study. Epilepsia. 38: 708–715.
2. Hermann BP. (1982) Neuropsychological functioning and psychopathology in children with epilepsy. Epilepsia 23: 545–554.
3. Hermann BP, Black RB, Chhabria S. (1981) Behavioral problems and social competence in children with epilepsy. Epilepsia 22: 703–710.
4. Seidenberg M, Berent S. (1992) Childhood epilepsy and the role of psychology. Am Psychol 47: 1130–1133.
5. Arunkumar G, Wyllie E, Kotagal P, et al. (2000) Parent- and patient-validated content for pediatric epilepsy quality-of-life assessment. Epilepsia 41: 1474–1484.
6. Cognitive Function Survey. (2004) International Bureau for Epilepsy, www.ibe-epilepsy.org/whatsnewdet.asp.
7. Perrine K, Hermann BP, Meador KJ, et al. (1995) The relationship of neuropsychological functioning to quality of life in epilepsy. Arch Neurol. 52: 997–1003.
8. Bourgeois BF, Prensky AL, Palkes HS, et al. (1983) Intelligence in epilepsy: A prospective study in children. Ann Neurol 14: 438–444.

9. Ellenberg JH, Hirtz DG, Nelson KB. (1986) Do seizures in children cause intellectual deterioration? N Engl J Med 314: 1085–1088.
10. Sillanpaa M. (1990) Children with epilepsy as adults: Outcome after 30 years of follow-up. Acta Paediatr Scand Suppl 368: 1–78.
11. Tartar, RE. (1972) Intellectual and adaptive functioning in epilepsy. A review of 50 years of research. Dis Nerv Syst 33: 763–770.
12. Smith ML, Elliott IM, Lach L. (2002) Cognitive skills in children with intractable epilepsy: Comparison of surgical and non-surgical candidates. Epilepsia 43: 631–637.
13. Sillanpaa M. (1992) Epilepsy in children: Prevalence, disability, and handicap. Epilepsia 33: 444–449.
14. Kadis DS, Stollstorff M, Elliott I, et al. (2004) Cognitive and psychological predictors of everyday memory in children with intractable epilepsy. Epilepsy Behav 5: 37–43.
15. Smith DB, Craft BR, Collins J, et al. (1986) Behavioral characteristics of epilepsy patients compared with normal controls. Epilepsia. 27: 760–768.
16. Williams J, Griebel ML, Dykman RA. (1998) Neuropsychological patterns in pediatric epilepsy. Seizure 7: 223–228.
17. Forceville EJM, Dekker MJA, Aldenkamp AP, et al. (1992) Subtest profiles of the WISC-R and WAIS in mentally retarded patients with epilepsy. J Intellect Disabil Res. 36: 45–59.
18. Kalviainen R, Aikia M, Helkala EL, et al. (1992) Memory and attention in newly diagnosed epileptic seizure disorder. Seizure. 1: 255–262.
19. Stella F Maciel JA. (2003) Attentional disorders in patients with complex partial epilepsy. Arq Neuropsiquiatr. 61: 335–338.
20. Mitchell WG, Zhou Y, Chavez JM, et al. (1992) Reaction time, attention, and impulsivity in epilepsy. Pediatr Neurol. 8: 19–24.
21. Oostrom KJ, Schouten A, Kruitwagen CLJJ, et al. (2002) Attention deficits are not characteristic of schoolchildren with newly diagnosed idiopathic or cryptogenic epilepsy. Epilepsia. 43: 301–310.
22. Bennett-Levy J, Stores G. (1984) The nature of cognitive dysfunction in school-children with epilepsy. Acta Neurol Scand Suppl 99: 79–82.
23. Schubert R. (2005) Attention deficit disorder and epilepsy. Pediatr Neurol. 32: 1–10.
24. Dunn, DW, Austin, JK, Harezlak J, et al. (2003) ADHD and epilepsy in childhood. Dev Med Child Neurol. 45: 50–54.
25. Semrud-Clikeman M, Wical B. (1999) Components of attention in children with complex partial seizures with and without ADHD. Epilepsia. 40: 211–215.
26. Bailet LL, Turk WR. (2000) The impact of childhood epilepsy on neurocognitive and behavioral performance: A prospective longitudinal study. Epilepsia 41: 426–431.
27. McCarthy AM, Richman LC, Yarbrough D. (1995) Memory, attention and school problems in children with seizure disorders. Dev Neuropsychol. 11: 71–86.
28. Aldenkamp AP, Weber B, Overweg-Plandsoen WC, et al. (2005) Educational underachievement in children with epilepsy: A model to predict the effects of epilepsy on educational achievement. J Child Neurol 20: 175–180.
29. Thompson PJ, Corcoran 1R. (1992) Everyday memory failures in people with epilepsy. Epilepsia 33 (Suppl 6): S18–20.
30. Jones-Gotman M, Smith ML. (2006) Neuropsychological profiles. Adv Neurol. 97: 357–366.
31. Smith ML, Bigel MG. (2000) Temporal lobes and memory. In:. Cermak L (ed.). The handbook of neuropsychology, 2nd ed., Elsevier, Oxford.
32. Jones-Gotman M, Zatorre RJ, Olivier A, et al. (1997) Learning and retention of words and designs following excision from medial or lateral temporal-lobe structures. Neuropsychologia 35: 963–973.
33. Dade LA, Jones-Gotman M. (2001) Face learning and memory: The Twins Test. Neuropsychology. 15: 525–534.
34. Milner B. (2005) The medial temporal-lobe amnesic syndrome. Psychiatr Clin North Am 28: 599–611.

35. Guerreiro CA, Jones-Gotman M, Andermann F, et al. (2001) Severe amnesia in epilepsy: Causes, anatomopsychological considerations, and treatment. Epilepsy Behav 2: 224–246.
36. Lah S, Lee T, Grayson S, et al. (2006) Effects of temporal lobe epilepsy on retrograde memory. Epilepsia 47: 615–625.
37. Viskontas IV, McAndrews MP, Moscovitch M. (2000) Remote episodic memory deficits in patients with unilateral temporal lobe epilepsy and excisions. J Neurosci 20: 5853–5857.
38. Viskontas IV, McAndrews MP, Moscovitch M. (2002) Memory for famous people in patients with unilateral temporal lobe epilepsy and excisions. Neuropsychology 16: 472–480.
39. Voltzenlogel V, Despres O, Vignal JP, et al. (2006) Remote memory in temporal lobe epilepsy. Epilepsia 47: 1329–1336.
40. Beardsworth ED, Zaidel DW. (1994) Memory for faces in epileptic children before and after brain surgery. J Clin Exp Neuropsych 16: 589–596.
41. Cohen M. (1992) Auditory/verbal and visual/spatial memory in children with complex partial epilepsy of temporal lobe origin. Brain Cogn 20: 315–326.
42. Fedio, P, Mirsky A. (1969) Selective intellectual deficits in children with temporal lobe or centrencephalic epilepsy. Neuropsychologia 7: 287–300.
43. Jambaquél, Dellatolas G, Dulac O, et al. (1993) Verbal and visual memory impairment in children with epilepsy. Neuropsychologia. 31: 1321–1327.
44. Hershey T, Craft S, Glauser TA, et al. (1998) Short-term and long-term memory in early temporal lobe dysfunction. Neuropsychology 12: 52–64.
45. Williams J, Phillips T, Griebel M, et al. (2001) Factors associated with academic achievement in children with controlled epilepsy. Epilepsy Behav 2: 217–223.
46. Adams CBT, Beardsworth ED, et al. (1990) Temporal lobectomy in 44 children: Outcome of neuropsychological follow-up. J Epilepsy 3 (Suppl): 157–168.
47. Lendt M, Helmstaedter C, Elger CE. (1999) Pre- and postoperative neuropsychological profiles in children and adolescents with temporal lobe epilepsy. Epilepsia. 40: 1543–1550.
48. Mabbott DM, Smith ML. (2003) Material-specific memory in children with temporal and extratemporal lobectomies. Neuropsychologia. 41: 995–1007.
49. Smith ML, Elliott IM, Lach L. (2004) Cognitive, psychosocial, and family function one year after pediatric epilepsy surgery. Epilepsia 45: 650–660.
50. Szabó CA, Wyllie E, Stanford LD, et al. (1998) Neuropsychological effect of temporal lobe resection in preadolescent children with epilepsy. Epilepsia 39: 814–819.
51. Williams J, Bates S, Griebel ML, et al. (1998) Does short-term antiepileptic drug treatment in children result in cognitive or behavioral changes? Epilepsia. 39: 1064–1069.
52. Helmstaedter C, Kemper B, Elger CE. (1996) Neuropsychological aspects of frontal lobe epilepsy. Neuropsychologia 34: 399–406.
53. Helmstaedter C, Gleissner U, Zentner J, et al. (1998) Neuropsychological consequences of epilepsy surgery in frontal lobe epilepsy. Neuropsychologia 36: 681–689.
54. Upton D, Thompson PJ. (1996) Epilepsy in the frontal lobes: Neuropsychological character-istics. J Epilepsy 9: 215–222.
55. Boone KB, Miller BL, Rosenberg L, et al. (1988) M. Neuropsychological and behavioral abnormalities in an adolescent with frontal lobe seizures. Neurology 38: 583–586.
56. Jambaque I, Dulac O. (1989) Reversible frontal syndrome and epilepsy in an 8-year-old boy. Arch Fr Pediatr 46: 525–529.
57. Blanchette N, Smith ML. (2002) Language after temporal or frontal lobe surgery in children with epilepsy. Brain Cogn 48: 280–284.
58. Culhane-Shelburne K, Chapieski L, Hiscock M, et al. (2002) Executive functions in children with frontal and temporal lobe epilepsy. J Int Neuropsychol Soc 8: 623–632.
59. Hernandez MT, Sauerwein HC, Jambaque I, et al. (2002) Deficits in executive functions and motor coordination in children with frontal lobe epilepsy. Neuropsychologia. 40: 384–400.
60. Lendt M, Gleissner U, Helmstaedter C, et al. (2002) Neuropsychological outcome in children after frontal lobe epilepsy surgery. Epilepsy Behav. 3: 51–59.
61. Nolan MA, Redoblado MA, Lah S, et al. (2004) Memory function in childhood epilepsy

syndromes. J Paediatr Child Health 40: 20–27.

62. Riva D, Saletti V, Nichelli F, et al. (2002) Neuropsychologic effects of frontal lobe epilepsy in children. J Child Neurol 17: 661–667.

63. Prevost J, Lortie A, Nguyen D, et al. (2006) Nonlesional frontal lobe epilepsy (FLE) of childhood: Clinical presentation, response to treatment and comorbidity. Epilepsia 47: 2198–2201.

64. Black KC, Hynd GW. (1995) Epilepsy in the school-aged child: cognitive-behavioral characteristics and effects on academic performance. School Psychol Q 10: 345–358.

65. Mitchell W, Lee H, Chavez JM, et al. (1991) Academic underachievement in children with epilepsy. J Child Neurol. 6: 65–72.

66. Seidenberg M. (198) Academic achievement and school performance of children with epilepsy. In: Hermann B, Seidenberg M (eds.) Childhood pilepsies: Neuropsychological, psychosocial and intervention aspects. John Wiley & Sons, Hoboken, NJ: 105–118.

67. Yule, W. (1980) Educational achievement. In: Kulig BM, Meinardi H, Stores G (eds.). Epilepsy and behavior. Lisse, Swets & Zetlinger, The Netherlands: 162–168.

68. Williams J, Sharp GB. (1999) Epilepsy. In: Yeates KO, Ris MD, Taylor HG (eds). Pediatric europsychology. Guilford Press, New York: 47–73.

69. Elliott IM, Lach LM, Smith ML. (2005) "I just want to be normal." A qualitative study exploring how children and adolescents perceive the impact of intractable epilepsy on their quality of life. Epilepsy Behav. 7: 664–678.

70. Thompson PJ. (1987) Educational attainment in children and young people with epilepsy. In:OxleyJ,StoresG (eds.). Epilepsy and education. The Medical Tribune Group, London, 15–24.

71. Austin JK, Huberty TJ, Huster GA, et al. (1998) Academic achievement in children with epilepsy or asthma. Dev Med Child Neurol. 40: 248–255.

72. McNelis AM, Johnson CS, Huberty TJ, et al. (2005) Factors associated with academic achievement in children with recent-onset seizures. Seizure 14: 331–339.

73. Sillanpaa M, Jalava M, Kaleva O, Shinnar S. (1998) Long-term prognosis of seizures with onset in childhood. N Engl J Med 338: 1715–1722.

74. Aldenkamp AP, Alpherts WC, Dekker MJ, et al. (1990) Neuropsychological aspects of learning disabilities in epilepsy. Epilepsia 31 (Suppl 4):9–20.

75. Vermeulen J, Kortsee SWAT, Alpherts WCJ, et al. (1994) Cognitive performance in learning disabled children with and without epilepsy. Seizure 3: 13–21.

76. Sillanpaa M. (2004) Learning disability: Occurrence and long-term consequences in childhood-onset epilepsy. Epilepsy Behav 5: 937–944.

77. Huberty TJ, Austin JK, Risinger MW, et al. (1992) Relationship of selected seizure variables in children with epilepsy to performance on school-administered achievement tests. J Epilepsy. 5: 10–16.

78. Bulteau C, Jambaque I, Viguier D, et al. (2000) Epileptic syndromes, cognitive assessment and school placement: A study of 251 children. Dev Med Child Neurol. 42: 319–327.

79. Vanasse CM, Beland R, Carmant L, et al. (2005) Impact of childhood epilepsy on reading and phonological abilities. Epilepsy Behav. 7: 288–296.

80. Kimura D. (1961) Some effects of temporal-lobe damage on auditory perception. Can J Psychol 15: 156–165.

81. Hermann BP, Seidenberg M, Haltiner A, et al. (1992) Adequacy of language function and verbal memory performance in unilateral temporal lobe epilepsy. Cortex. 8: 423–343.

82. Brockway JP, Follmer RL, Preuss LA, et al. (1998) Memory, simple and complex language, and the temporal lobe. Brain Lang. 61: 1–29.

83. Wagner DD, Sziklas V., Boyle J, et al. (2003) Verbal and visuospatial spans in patients with temporal lobe epilepsy: Critical variables. Epilepsia 44 (Suppl 9): 127

84. Bell B, Dow C, Watson ER, et al. (2003) Narrative and procedural discourse in temporal lobe epilepsy. J Int Neuropsychol Soc 9: 733–739.

85. Milner B. (1990) Right temporal lobe contribution to visual perception and visual memory. In: Iwai E (ed.). Vision, temporal lobe and memory. Elsevier, New York: 43–53.

86. Shields WD. (2004) Diagnosis of infantile spasms, Lennox-Gastaut syndrome, and progressive myoclonic epilepsy. Epilepsia 45 (Suppl 5): 2–4.
87. Dulac O. (1998) Infantile spasms and West syndrome. In: Engel J, Jr, Pedley T (eds.). Epilepsy: A comprehensive textbook, Vol. 3, Lippincott-Raven, Philadelphia 2277–83.
88. Riikonen R. (1996) Long-term outcome of West syndrome: A study of adults with a history of infantile spasms. Epilepsia. 37: 367–372.
89. Riikonen R, Amnell G. (1981) Psychiatric disorders in children with earlier infantile spasms. Dev Med Child Neurol. 23: 747–760.
90. Genton P, Dravet C. (1998) Lennox-Gastaut syndrome and other childhood epileptic encephalopathies. In: Engel J, Jr, Pedley, T (eds.). Epilepsy: A comprehensive textbook, Vol. 3: Lippincott-Raven, Philadelphia 2355–66.
91. Kieffer-Renaux V, Kaminska A, Dulac, O. (2001) Cognitive deterioration in Lennox-Gastaut syndrome and Doos epilepsy. In Jambaque I, Lassonde M, Dulac O (eds.). Neuropsychology of childhood epilepsy. Kluwer Academic/Plenum Publishers, New York: 185–190.
92. Landau WM, Kleffner FR. (1957) Syndrome of acquired aphasia with convulsive disorders in children. Neurology. 7: 523–530.
93. Bishop DV. (1985) Age of onset and outcome in 'acquired aphasia with convulsive disorder' (Landau-Kleffner syndrome) Dev Med Child Neurol. 27: 705–712.
94. Deonna T, Peter C, Ziegler AL. (1989) Adult follow-up of the acquired aphasia-epilepsy syndrome in childhood. Report of 7 cases. Neuropediatrics. 20: 132–138.
95. Casse-Perrot C, Wolf M, Dravet C. (2001) Neuropsychology of severe myoclonic epilepsy in infancy. In: Jambaque I, Lassonde M, Dulac O (eds.). Neuropsychology of childhood epilepsy. Kluwer Academic/Plenum Publishers, New York: 131–140.
96. Dravet C, Bureau M, Guerrini R, et al. (1992) Severe myoclonic epilepsy. In Roger J, Bureau, M, Dravet C, Dreifuss, FE, Perret, A, Wolf M (eds.). Epileptic syndromes in infancy, childhood and adolescence. John Libby Eurotext Ltd., London: 75–88.
97. Motamedi GK, Meador KJ. (2004) Antiepileptic drugs and memory. Epilepsy Behav. 5: 436–439.
98. Ortinski P, Meador KJ. (2004) Cognitive side effects of antiepileptic drugs. Epilepsy Behav 5: S60–S65.
99. Gilliam FG, Fessler AJ, Baker G, et al. (2004) Systematic screening allows reduction of adverse antiepileptic drug effects: A randomized trial. Neurology. 62: 23–27.
100. Meador KJ, Gilliam FG, Kanner AM, Pellock JM. (2001) Cognitive and behavioral effects of antiepileptic drugs. Epilepsy Behav. 2: SS1–SS17.
101. Loring DW, Meador KJ. (2004) Cognitive side effects of antiepileptic drugs in children. Neurology. 62: 872–877.
102. Devinsky O. (1995) Cognitive and behavioral effects of antiepileptic drugs. Epilepsia. 36 (Suppl 2): S46–S65.
103. Trimble MR. (1990) Antiepileptic drugs, cognitive function, and behavior in children: Evidence from recent studies. Epilepsia. 31 (Suppl 4): S30–S34.
104. Vermeulen J, Aldenkamp AP. (1995) Cognitive side effects of chronic antiepileptic drug treatment: A review of 25 years of research. Epilepsy Res 22: 65–95.
105. Meador KJ. (2006) Cognitive and memory effects of the new antiepileptic drugs. Epilepsy Res. 68: 63–67.
106. Martin R, Kuzniecky R, Ho S, et al. (1999) Cognitive effects of topiramate, gabapentin, and lamotrigine in healthy young adults. Neurology. 52: 321–327.
107. Thompson PJ, Baxendale SA, Duncan JS, et al. (2000) Effects of topiramate on cognitive function. J Neurol Neurosurg Psychiat. 69: 636–641.
108. Lee S, Sziklas V, Andermann F, et al. (2003) The effects of adjunctive topiramate on cognitive function inpatients with epilepsy. Epilepsia. 44: 339–347.
109. Aldenkamp AP, Baker G, Mulder OG, et al. (2000) A multicenter randomized clinical study to evaluate the effect on cognitive function of topiramate compared with valproate as add-on therapy to cabamazepine in patients with partial-onset seizures. Epilepsia 41: 1167–1178.

110. Leppick I. (2006) Antiepileptic drug trials in the elderly. Epilepsy Res 68: 45–48.
111. Trimble MR, Cull CA. (1989) Antiepileptic drugs, cognitive function, and behavior in children. Cleve Clin J Med 56 (Suppl 1): S140–S146.
112. Lee DO, Steingard RJ, Cesena M, et al. (1996) Behavioral side effects of gabapentin in children. Epilepsia 37: 87–90.
113. Aarts JHP, Binnie CD, Smith AM. et al. (1984) Selective cognitive impairment during focal and generalized epileptiform EEG activity. Brain 107: 293–308.
114. Siebelink BM, Bakker DJ, Binnie CD, et al. (1988) Psychological effects of subclinical epileptiform EEG discharges in children. II. General intelligence tests. Epilepsy Res 2: 117–121.
115. Hermann B, Seidenberg M, Bell B, et al. (2002) The neurodevelopmental impact of childhood-onset temporal lobe epilepsy on brain structure and function. Epilepsia. 43: 1062–1071.
116. Thompson PJ, Duncan JS. (2005) Cognitive decline in severe intractable epilepsy. Epilepsia 46: 1780–1787.
117. Dodrill CB. (2004) Neuropsychological effects of seizures. Epilepsy Behav 5 (Suppl 1): S21–24.
118. Helmstaedter C, Kurthen M, Lux S, et al. (2003) Chronic epilepsy and cognition: a longitudinal study in temporal lobe epilepsy. Ann Neurol 54: 425–432.
119. Rodin E. (1968) The prognosis of patients with epilepsy. Charles C Thomas. Springfield, IL:
120. Seidenberg M, O'Leary DS, Berent S, et al. (1981) Changes in seizure frequency and test-retest scores on the Wechsler Adult Intelligence Scale. Epilepsia 22: 75–83.
121. Hermann BP, Seidenberg M,Dow C, et al. (2006) Cognitive prognosis in chronic temporal lobe epilepsy. Ann Neurol 60: 80–87.
122. Holmes MD, Dodrill CB, Wilkus RJ, et al. (1998) Is partial epilepsy progressive? Ten-year follow-up of EEG and neuropsychological changes in adults with partial seizures. Epilepsia 39: 1189–1193.
123. Selwa LM, Berent S, Giordani B, et al. (1994) Serial cognitive testing in temporal lobe epilepsy: longitudinal changes with medical and surgical therapies. Epilepsia 35: 743–749.
124. Dodrill CB. (2002) Progressive cognitive decline in adolescents and adults with epilepsy. Prog Brain Res. 135: 399–407.
125. Martin RC, Griffith HR, Faught E, et al. (2005) Cognitive functioning in community dwelling older adults with chronic partial epilepsy. Epilepsia 46: 298–303.
126. Griffith HR, Martin RC, Bambara JK, et al. (2006) Older adults with epilepsy demonstrate cognitive impairments compared with patients with amnestic mild cognitive impairment. Epilepsy Behav 8: 161–168.
127. Piazzini A, Canevini MP, Turner K, et al. (2006) Elderly people and epilepsy: Cognitive function. Epilepsia 47 (Suppl 5): 82–84.

지적장애에서 뇌전증의 간호와 지역사회 측면

C. Hanson

서론

뇌전증은 "어떤 즉시적으로 확인된 원인에 의해 유발된 것이 아닌 반복적인 간질성 발작이 특징인 병"[1]이라고 정의된다. 흥분성 뉴런과 억제성 뉴런 사이의 불균형이 있게 되면, 그 결과 대뇌피질의 특정 영역 또는 피질 전체에 걸쳐 과도한 흥분이나 과도한 억제가 나타난다.[2] 지적장애(ID)를 가진 사람은 사회적 기능이나 적응 행동에서 심각한 지적 상해나 결함을 갖고 있다. 발달 기간 동안에 발생하기 시작한다.[3] 보건부[4]는 ID인 사람들이 새롭거나 복잡한 정보를 이해하는 능력이 심하게 감소되어 있고 독립적으로 대처하는 능력 또한 감소되어 있으며, 그런 일이 성인이 되기 전에 시작하여 발달하는 동안에 지속적으로 영향을 미친다고 본다.

영국에서 ID인 사람들 수가 얼마나 되는지에 대한 공식적인 단일 통계는 없다. 정부 통계는 현재 ID 관련 서비스를 받고 있는 사람들에 기반한 것이며, 부모가 돌보고 있거나 관련 서비스를 받지 않는 사람들은 제외되어 있다.

영국 웨일즈 국회[5]의 공식 수치는 다음과 같은 ID 유병률을 확인하였다. 영국에서 중증 ID 유병률은 1,000명당 3~4명, 즉 10만 명 중 360~380명으로 추정된다. 이를

V. P. Prasher, M. P. Kerr(eds.) *Epilepsy and Intellectual Disabilities,*
DOI : 10.1007/978-1-84800-259-3_13, ⓒ Springer Science+Business Media, LLC 2008

웨일즈에 적용하면 대략 10,830명의 사람들이 중증 ID를 가진 것으로 추정된다. 경증 ID 유병률은 더 높을 것이다. 대략 1,000명당 25~30명으로 추정된다. 향후 15년간 연 1%의 비율로 중증 ID가 증가할 것으로 추정된다.[6]

뇌전증은 영국에서 가장 보편적인 중증 신경학적 병으로 인구 200명당 1명[7] 또는 0.5~1%꼴이며,[8] 2001년 이래로 국가가 우선적으로 해야 할 조처로 강조되고 있다.[9] 남부 웨일즈 주민 434,000명을 조사한 결과, 3,000명의 환자들이 살고 있으며 이는 1,000명당 6.9명의 해당 기간 유병률을 보이고 있다.[10] 이는 일반모집단에서의 유병률과 유사하다. 위 두 조건의 집단은 이질성이라는 유산을 공유하는데, 높은 유병률 수치와 불행한 낙인을 공유한다.[11]

ID 환자들의 뇌전증 유병률은 높다. 문헌에 보고된 유병률은 14~40% 사이이며, ID가 중증이면 유병률은 50~60%에 이른다.[12-16] 그러나 뇌전증과 ID의 공존은 다양한 역학적 방법론과 정의를 사용해온 연구들의 주제이다. 내재된 모집단 편향성은 ID 환자들의 뇌전증 유병률 추정을 어렵게 만든다. 이는 ID 모집단에서의 뇌전증 발생 추정치에 관해 염려하게 만든다.[17-18]

뇌전증은 모든 연령, 인종, 사회계층의 사람들에게 영향을 미치는 심각한 신경학적 병이다. 흔히 ID 환자들은 항뇌전증 약물치료로 다루기 힘들다고 알려져 있다.[19] 뇌전증이라는 진단은 그 개인에 대해 매우 광범위한 의미를 줄 수 있다. 즉 뇌전증에 대한 오해 때문에 사회적 낙인이 찍힐 수 있다. 뇌전증 환자들은 흔히 교육, 취업, 보건의료 등에서 차별받고 있다.[20] 이는 뇌전증 관련 사망을 조사한 국립 진료평가 감시기구(National Sentinal Clinical Audit of Epilepsy Related Deaths)[21]에 의해 강조되었는데, 이 기관은 뇌전증 환자들에의 접근이나 의료보호의 질 등에서 결함이 많다는 것을 발견하였다. 그 결과 뇌전증은 의료건강 관련 의제를 앞당겼으며, 많은 기관들에 의해 강조되어왔다(예 : 영국 의사회, 국립 임상 유효성 연구원, 장기 질환에 대한 국가 서비스 체계).[22-24] 뇌전증 환자들의 치료와 보호 개선을 위한 국가 서비스 체제 내의 제안들은 뇌전증 환자가 건강과 사회적 요구에 시기에 맞게 적절한 접근을 하는 데서 부딪히게 되는 많은 문제들을 다루고 있다.

이 문헌들은 ID 서비스에 대한 시사를 하며 이 시사점들은 3차 진료에서의 ID 환자 관리와 뇌전증 치료를 촉진하는 이상적인 위상을 말해준다. 이 팀들 내에서 일하는 뇌전증 담당 간호사들은 환자들에게 쉽게 접근할 수 있으며, 뇌전증 치료 서비스에서 정신의학자와 신경학자들과 함께 일한 경험과 핵심 기술을 갖고 있으므로 뇌전증 환자 관리에서 중요한 기여를 할 것이다.

지적장애인을 위한 보건의료 제공

정상화 원리나 사회적 역할 정상화 원리[25-27]는 사회가 ID 환자들을 존중해야 한다고 말한다. 이 말의 핵심은 선택과 자율성의 전제, 즉 개인이 자기 삶을 주도하도록 허용해야 한다는 것이다. 이 돌봄의 철학은 ID 환자라고 이름표 붙이는 것을 취소하려는 가장 중요한 시도를 대표한다. 조화와 무조건적인 긍정적 배려를 사용하는 것은 보건의료의 내재적 부분이 되어야 하며 성공을 이루기 위한 핵심요소이다.

많은 문헌들이 ID인 사람들이 양호한 보건의료를 받는 데 있어 걸림돌에 대해 논의하고 있으며, 공유체험 철학을 채택하기 위해서 포괄적인 서비스를 지지할 필요가 있음을 논의하고 있다.[28-30] 이 문헌들은 ID인 사람들을 사회적으로 통합하는 것을 옹호한다. 그러나 이것이 포괄적 서비스 사용만을 뜻하는 것은 아니며, 그들이 필요한 서비스에 접근하는 것을 적절하게 지원한다는 의미이다. 그 결과, 지역사회 ID팀에 속한 간호사들은 ID인 사람들의 광범위한 건강 요구를 포함한 포괄적 보건의료 의제에 부응하고 있다.[31]

ID 분야에서 일하는 보건의료 전문의들은 이 취약 집단의 충족되지 못한 보건 요구와 그들을 위해 제공되는 보건의료에서의 격차를 오랫동안 인식해왔다. 양질의 보건과 복지를 유지하는 것은 그들이 ID이든 아니든 관계없이 대부분 사람들의 관심사이다. 1980년대 이후로 ID인 사람들의 보건과 복지에 관련된 연구논문들이 꾸준히 출판되는 흐름이 이어져 왔다. 이 논문들은 ID인 사람들이 보건의료 수혜에 접근하는 데서의 어려움을 강조했다.[32-36] 소중한 사람들 : ID인 사람들을 위한 21세기의 새로운 전략 (*Valuing People : A New Strategy for ID for the 21st Century*)이라는 책의 출판은 ID인 사람들이 "자신들의 요구 충족을 위해 디자인된 보건 서비스"[37]에 접근하는 권리를 강조하고, 그들을 위한 보건 서비스 질에서의 다양성을 인정했다. 일부 ID인 사람들이 당면한 보건 서비스에의 접근 문제는 인식되고 있으나, 보건문제 촉진이 ID 간호사 업무의 주도적인 일부가 되는 것과 1차 진료 서비스가 보건의료의 주요 공급자가 되는 것 두 가지가 기대되고 있다. 포괄적인 서비스와 특수한 서비스 간의 긴밀한 협력 필요성이 강조되고 있다.[38] 정부주도 정책, 지방 정책, 병원기반 의료에서 지역사회 의료로의 변화 등에 대한 반응들은 ID 간호사들로 하여금 다른 분야 대부분의 간호사들과 달리 새로운 방식의 업무를 받아들이도록 하였다. 등록된 ID 간호사들의 유연성이 그 논문들 내에서 강조되고 있다. 이런 증거는 ID 간호사가 ID인 사람들의 충족되지 못한 보건 요구를 탐지하는 데 핵심적인 사람임을 말해준다. 또한 ID인 사람들이 1차 보건 서비스를 받을 때 당면하는 어려움의 일부를 지역사회 ID 간호사가 해결해주는 중요한 기여를 할 수도 있음을 보여주었다.[39-42] ID 간호 프로젝트 보고서는 모든 1차 보건의료 근무자들이 언제 어떻게 환자들을 ID 팀에 의뢰할지와 언제 조언을 구할 것인가 등을 권고하였다.[43] 비록 제한적이기는 하지만, 현존하는 증거는 일반 개업의들이 ID 서비스의 역할을 알지도 못하고 또 이해하지도 못한다는 것을 보여주고 있다.[44] ID 간호사는 주류 서비스에서 일하는 건강 촉진자여야 한다. ID 간호사는 ID인 사람들의 보건 요구를 충족시키기 위해 가장 적합한 보건의료에 접근할 수 있는 필요 기술을 발전시키는 국민건강보험의 모든 분야에서 보조할 수 있다.

불행하게도 오늘날조차 ID인 사람들에 대한 일부 공개적이고 전문적인 부정적 태도가 남아 있으며, 그래서 ID 서비스 맥락 내에서 일상적인 삶을 이루는 일은 특별한 성취이다.

변화의 증거

1950년대 초기 이후, 많은 보고서들이 뇌전증 환자를 위한 서비스들이 제각각 나뉘어 있었으며 서로 간에 협력도 빈약하다는 사실을 강조하였다.[45, 46] ID 환자들은 뇌전증 서비스 만족도보다 더 낮은 만족도를 보인 것으로 시사되었다. 또한 1차 진료 환경에서 ID를 가진 뇌전증 환자를 모니터링하거나 검토했다는 증거가 거의 없다.

주요 어려움 중의 하나는 뇌전증과 ID 환자의 진단 문제들에 대한 전반적인 평가였다.[47, 48] 이는 의학 전문의들이 해당 집단과의 의사소통에 필요한 기술을 갖추지 못했을 때 복잡해진다.[49-52] 뇌전증 환자들이 일반적으로 받는 표준의료에 관해 떠오르는 관심들은 정부로 하여금 영국 내에서 이루어지고 있는 현재의 서비스 전달과 가용성에 대한 조언을 구하도록 촉진하였다. 잉글랜드와 웨일즈의 뇌전증 서비스를 개관한 임상표준 자문그룹(Clinical Standards Advisory Group, CSAG)의 보고서는 의료제공의 표준화된 과정이 없으며, 일반 개업의가 현재의 평가체계와 전문의에게 의뢰하는 일은 특별한 경우라고 얘기한다.[53] 그 보고서는 또한 주류 뇌전증 시설에의 접근이 일반적으로 부족하다고 지적하였다. 그러나 그 연구는 ID 전문 뇌전증 간호사와 정신의학자가 협동하여 일하는 것의 가치를 강조하였다. 임상표준 자문그룹은 많은 권고를 했는데, 예컨대 전문기관 간의 협력을 통한 서비스의 개선과 공평성의 증대, 서비스 발전을 지원하기 위한 자료정리와 결과자료 수집을 위한 향상된 시스템 제공 등이다.

1차 진료에서의 뇌전증 관리

여러 핵심 연구들이 1차 진료에서 뇌전증 관리가 잘 이루어지고 있지 않다고 강조하였다. 1997년에 국제뇌전증퇴치연맹(ILAE), 국제뇌전증사무국(IBE), 세계보건기구(WHO)는 뇌전증을 '음지로부터' 끌어내는 세계적인 캠페인을 진행하여 각국 정부와 보건 담당 부서로 하여금 뇌전증 환자들의 요구를 다루도록 장려하였다.[54] 국제 뇌전증관련 사망 진료평가 감시기구(NSCAERD)는 1차, 2차, 3차 진료에서 뇌전증 관리 서비스의 제공 및 그 서비스 측면들에 대해 조사하였다. 평가의 목표는 의료기준에서의 결함들이 뇌전증에서의 돌연사(SUDEP)에 기여했는지 여부를 결정하는 것이었다. 조사결과는 뇌전증 환자의 약 75%가 자신의 발작을 효과적으로 관리할 수 있다는 것이다.[55] NSCAERD는 많은 돌연사들이 발작과 연관되어 있으며, 그 조건을 적절하게 관리했더라면 사망사고는 피할 수 있었을 것으로 보았다. 평가에서 강조한 1차 진료에서의 주요 문제점들은 전문의로의 적절한 의뢰나 접근 부족, 비구조화된 관리계획, 의사소통 실패 등이었다. NSCAERD의 조사결과로 많은 수의 중요한 출판 문헌들이 1차 진료에서 뇌전증 환자들을 관리하는 데 개선할 점들을 지적하였다. 직접 반응으로는 "뇌전증 환자들을 위한 서비스 개선책(Improving Services for People with Epilepsy)"[56]의 출판이었다. NICE는 아동과 성인의 뇌전증 진단과 관리를 위한 지침서 개발 임무 및 항뇌전증약들에 대한 평가 임무를 부여받았다. 실행계획에는 아동과 장기 질환 둘 다에 대한 국가 서비스 체계에 뇌전증을 포함시키는 것이 촉진되었다. 더군다나 실행계획은 뇌전증이 1차 진료 서비스 계약에 포함되어야 한다고 권고하였다.[57] 이에 더하여, 뇌전증 환자에 대한 일반의의 역할을 개관해놓은 "모범 개업의에 대한 국가 성명(National Statement of Good Practice)"이 제정되었다.[58]

증거들에 의하면, 뇌전증과 ID 간의 연결은 연구나 조사, 효과적인 임상실습 지침 등에서 소홀하게 취급되어온 분야이다. 뇌전증과 ID인 사람들에게 적절한 의료를 제공했다는 증거는 거의 없다. 뇌전증과 ID인 사람들에게 적절한 기준의 의료를 제공하는 것은 1차적으로 건강증진, 삶의 폭 증가, 삶의 질 개선 등의 성취목표에 따라 이루어져야 한다.[59,60] 뇌전증과 ID인 사람들은 일반인 집단과는 다른 요구를 갖는다. 이런 것들은 ID의 원인에 해당되거나 같이 나타나는 행동적, 감각적, 다른 신체적인 문제들에 해당될 수 있다. 항뇌전증약에 대한 반응은 낙관적이지 않을 수도 있으며, 비ID 집단에서보다 덜 효과적일 수 있다. 진료상황 내에서 볼 때, 의사소통의 어려움은 제3자(가족이나 유료 간병인)를 필요로 할 수 있으며 이는 또 다른 어려움의 원천이 될 수도 있다.[61,62] 연구들에 의하면, 행동장애율과 정신장애율은 뇌전증과 ID인 사람들에게서 유의미하게 더 높다.[63] 이것이 그들의 뇌전증 때문인지 혹은 뇌전증 출현이 단지 증가된 행동적 또는 정신의학적 이환율 때문인지는 확실치 않다.[64] 그러나 ID인 사람들에 대한 의료는 발작이 전형적인 것인지와 다른 행동양상을 보이는 것인지를 구분할 수 있는 융합학문적인 팀과 함께 일할 수 있는 전문의에 의해 수행되어야 한다고 주장되고 있다.[65]

ID와 뇌전증인 사람들에 대한 융합학문적인 1차 진료 프로젝트의 보고는 많은 간병인들의 고립감을 강조한다.[66] 다양한 뇌전증 연합회들로부터 받을 수 있는 도움에 대한 인식 부족뿐만 아니라 보건의료 전문의들로부터의 지원이나 정보 부족으로 인해 많은 문제들이 나타났다. 특히 ID인 사람들을 위한 뇌전증 전문의 서비스에 접근하는 것에 대한 염려가 있다. ID인 성인 외래환자의 단지 5%만이 뇌전증과 ID에 관심을 가진 전문의를 봤다고 응답하였다. 게다가 ID인 성인의 6%는 소아과 서비스에서 성인의료로 전환된 후에는 추적할 수 없었다.

증거에 따르면, ID인 사람들과 그 간병인들은 뇌전증에 대해 질적 서비스를 받지 못하며, 이는 뇌전증과 ID에 대한 보건의료 전문의들의 이해 부족으로 인해 난처해지고 있다. 발작의 빈도와 유형에 관한 정확한 자료를 제공하여 이해를 증진시킴으로써, 뇌전증 관련 관심을 평가하거나 발작의 침범을 평가하는 것은 거의 전적으로 간병인의 지원에 달려 있다.[67] 엄격하게 말하면, 간병인의 관점은 환자와의 관계에 따라 좌우된다.[68] 간병인들이 갖는 관점은 탐색할 필요가 있는데, 왜냐하면 ID인 사람들은 복수의 간병인들이 있으며 그들은 서로 다른 유형의 애착을 형성하기 때문이다. 아마도 우리는 의견이나 관심의 만장일치를 바라지는 말아야겠지만, 표현된 요구의 범위를 정확하게 평가할 준비는 해두어야 할 것이다. 1차, 2차, 3차 서비스 간의 향상된 의사소통 및 통합된 경로에의 접근, 공유된 의료원안, 지침, 직원용 교육훈련의 제공 등은 뇌전증에 대한 서비스를 향상시키는 데 매우 중요하다.[69] 여기에는 뇌전증 전문의로의 적절한 의뢰와 접근, 구조화된 관리계획의 발전, 향상된 의사소통의 촉진 등이 포함된다.

ID인 사람들은 지역 ID 팀의 의료보호가 필요하다. 국립임상연구원(NICE)은 "뇌전증의 관리와 치료는 융합학문팀 내에서 일하는 전문의가 책임져야 한다"고 주장하고 있다.[70] ID인 사람들을 위한 뇌전증 의료는 그 사람들이 자신의 잠재력을 최대한 발휘하여 살아갈 수 있도록 하는 기준까지 성취해야 한다. 의료 질에서의 향상이 요구되며, 각 개인의 관점이 중심이 되어야 한다.

뇌전증 전문 간호사

뇌전증 전문 간호사의 역할은 융합학문 뇌전증 팀의 기본적인 요소가 되어야 한다. 이 간호사는 전문의나 일반의와 협력해서 일하며, 평가와 진단 과정에서 일부 역할을 하고, 환자에게 조언과 지원을 할 뿐만 아니라 삶의 질에 관한 영향력도 확립한다.[71, 72] 뇌전증 환자들은 흔히 필요할 때 지원받기가 어렵다는 것을 알며, 자신들의 뇌전증을 어떻게 다룰지에 대한 적당하고도 적절한 정보를 필요로 한다. 전문 간호사는 이럴 때 환자의 두려움을 알아주는 가장 적합한 사람이다. 뇌전증 전문 간호사는 첫 번 발작 후 새로 의뢰된 환자나 미진단 환자들을 분류하고, 병력을 기록하며, 차별적인 진단을 고려하고, 자문 동료들과의 의논을 거쳐 진단적 조사연구를 제안하거나 해석한다. 난치성뇌전증 환자들은 항뇌전증약의 효과성과 부작용을 알아보기 위해 관찰조사를 받는다. 일부 독립적 처방을 할 수 있는 뇌전증 전문 간호사들은 치료효과를 향상시키기

위해 약물치료의 변화에 대해 환자들에게 조언한다.[73,74]

간호사주도 뇌전증 클리닉

비록 많은 출판물들이 간호사주도 뇌전증 클리닉의 효과성을 조사했지만, 그것들은 모두 2차적 의료에 초점을 맞춘 경향이 있다.[75-80] 간호사주도 클리닉을 탐색하는 문헌들의 대부분은 간호 출판 대중지에서 볼 수 있으며, 흔히 몇 페이지 분량에 그친다. 1~3차 진료의 범위 내에서 간호사주도 뇌전증 클리닉의 효과성을 조사한 연구들은 거의 없다. 효과성을 조사한 논문들은 대부분 클리닉에 대해서 매우 긍정적이지만 일반적으로 서술적이며, 클리닉이 어떻게 어떤 이유로 발전해왔는지에 대한 통찰을 제공하는 보다 심층적인 분석은 부족한 경향이다.

영국 정부는 전문 간호사 개념을 인정했다.[81] "정부는 특히 지역사회 서비스에서 일하는 간호사들의 역할의 확장 발전(리더 역할 수용, 다른 간호사와 직원들 감독관찰과 교육, 진료관리, 간호사주도 클리닉을 기관이나 전문성이라는 경계를 뛰어넘어 발전시켜 의료의 계속성과 통합성을 확신시키는 역할 등)에 열심이다." 아동과 성인의 뇌전증 관리에 관한 최근의 진료 지침을 보면, 각 뇌전증 팀에는 뇌전증 전문 간호사가 포함되어야 한다고 권고하고 있다. 국립임상연구원은 이와 비슷한 권고를 하고 있다. "뇌전증 전문 간호사는 뇌전증 환자 진료망의 통합 분야를 담당해야 한다."[82,83]

증거에 의하면, ID인 사람들과 뇌전증, 의료 제공자 모두를 밀접하게 연결하는 사람이 바로 ID 간호사이다. ID 뇌전증 간호사는 이중의 자격(ID와 뇌전증)과 교육훈련 때문에 지역사회의 자산(인재)이다. 영국 내에서는 지역사회 뇌전증 관리가 이상적으로 발생하려면 지역사회 ID 간호사와의 연결을 통해야 한다.[84,85]

지역사회 기반 간호 내에서 뇌전증 간호는 간호사주도 뇌전증 클리닉의 발달로 자연스럽게 진행되었다. 이것은 천식 및 당뇨 클리닉과 비슷한 형태를 따른다.[86] 뇌전증 서비스 개발에서는 전문가들을 인도하는 과도한 자료들이 존재한다. 그러나 이러한 자료들을 ID 분야로 최대한 확장하기 위한 임상 서비스 개발을 이끌 경험 있는 개업의가 필요하다.

간호사주도 진료는 간호사가 환자 요구를 평가하고 그것에 근거해 진료를 제공하는 일에서 더 높은 신뢰를 받는 서비스 모델이다. 그러한 결정들은 간호사의 기술 및 능력 수준 그리고 실제 활동범위의 해석에 근거한다.

간호사주도 클리닉이 환자만족도, 질, 비용에서 의학이 주도하는 클리닉보다 동등하거나 더 낫다는 증거들이 늘고 있다. 1차 진료와 2차 진료에서 뇌전증 서비스의 증진은 뇌전증 전문 간호사 수를 증가시키는 것이다. 다수의 다른 연구들은 뇌전증 전문 간호사에게 환자가 진료받는 일은 비용효율성 향상, 병원 입원기간의 단축, 환자만족도 증가, 약물순응도 향상을 포함하는 확실한 이익을 가져옴을 보여준다.[87, 88] 그러나 환자들은 그들의 전반적인 간병에 일반적으로 만족한다. 젊은이들과 심한 뇌전증이 있는 사람들은 호스피스 케어를 더 선호하는 반면에 나이 든 환자들은 1차 진료를 더 선호했다. 일부 환자들은 간호사 중재를 받아 인지적 및 정동적 수준이 증가되었다고 보고했다. 그들은 라이프 스타일 이슈에 대한 조사 및 즉각적인 정보제공을 하는 간호사의 접근과 학습을 관련시킨다.[89]

최근 연구는 간호사가 운영하는 클리닉에서 이루어지는 일반진료의 편리함과 효과를 조사했다.[90] 이 연구는 사우스템즈 지역에서 6개 간호사 운영 일반 진료 클리닉 대 '통상적 진료'의 무작위 통제 시행으로 구성되었다. 연구의 전체적인 결론을 보면 간호사 운영 클리닉이 편리하고 사람들이 많이 이용했다. 연구는 기록된 전문가 의견(약물치료, 치료순응도, 라이프 스타일 이슈) 수준이 크게 향상되었음을 강조했다. 약물관리가 개선될 수 있는 방식이 환자의 1/5에서 확인되었다. 다른 연구는 2차 진료에서 일반의, 신경의, 뇌전증 전문 간호사가 제공한 치료에 대한 환자의 평가를 비교했다. 연구 결과는 환자가 정보, 권고, 상담, 치료지속성 부분에서 뇌전증 전문 간호사가 제공한 치료에 더 큰 만족감을 나타냈다고 결론 내렸다.[91, 92] 의사소통과 만족을 향상시킴으로써 뇌전증 전문 간호사들은 뇌전증 환자의 건강상태를 향상시키고 컨설턴트 대기 목록을 줄일 수 있다.

뇌전증에서 환자와 간병인이 가장 두려워하는 측면은 통제부족이다. ID 환자와 간병인들이 병(뇌전증)을 이해할 수 있도록 사용하기 쉬운 포괄적인 정보를 제공하는 일은 근거 없는 사회적 통념을 제거하고 병에 대한 공포를 줄여주며 또한 환자로 하여금 자신의 뇌전증을 더 잘 통제하도록 힘을 줄 수 있다.[92, 93] 대부분의 뇌전증 환자들은 자신의 병에 대한 더 많은 정보를 원하고 간호사와 병에 대해 논의하길 바란다. 간호사

들은 공감적이며 클리닉 예약시간을 더 많이 갖는 것으로 밝혀졌다.[94]

뇌전증 간호사 중재에 대한 두 개의 질적 보고서는 만족도와 환자관리에서 비슷한 향상을 보고했다.[95,96] 간호사주도 클리닉의 설립을 통해 간호 전문가들이 환자와 가족들에게 향상된 상담, 지원, 교육을 하는 데 기여했다. 뇌전증에 대한 높아진 이해와 치료는 환자와 가족의 삶의 질을 간접적으로 향상시킬 수 있었다.

뇌전증 전문 간호사 역할의 구체적 요소

뇌전증 전문 간호사는 ID가 있는 사람의 뇌전증을 전반적으로 관리하는 중요한 역할을 한다. 뇌전증이 서로 다른 여러 방식으로 사람들에게 영향을 준다면 개별적 뇌전증 관리가 중요하다. NICE 지침은 각각의 사람마다 포괄적인 치료계획을 세워야 한다고 말한다. 치료계획은 의학적 이슈 및 라이프 스타일 이슈를 포함하며 환자와 1차, 2차, 3차 서비스가 동의한다. 뇌전증 전문 간호사는 초기 평가를 수행하며 뇌전증 프로파일을 완성한다. 뇌전증 프로파일은 진단과 치료계획을 지원하는 핵심 요소이다. 사람중심 접근(person-centered approach)은 뇌전증이 있는 사람이 가능한 한 적은 제한을 갖고 독립적 생활을 하도록 지원하는 기초가 된다.

다음은 핵심적 역할 요소이다.

- 지적장애와 뇌전증이 있는 사람들의 치료와 관리에 효과적인 전문 간호기술, 지식, 전문성(expertise)을 제공한다.
- 보완적이고 독립적인 간호사 처방
- 간호사주도 클리닉을 조성한다. 환자분류, 이행(transition), 미주신경자극
- 총체적 뇌전증 평가를 수행하고 환자중심 치료를 계획한다.
- 건강보험과 사회적 서비스와 다른 기관들 사이의 공동작업(파트너십 워킹)을 조화시킨다.
- 발작 일기를 쓰도록 격려한다.
- 개별 뇌전증 관리지침/구조 의료지침
- 정확한 뇌전증 진단을 정하고 변별진단을 상세히 조사하는 걸 돕는다.

- 발작유형과 발작증후군을 확인한다.
- 증상성 국소발작과 수술 가능성을 논의한다. VNS, 수술 등의 시행결과에 대한 간결한 정보를 제공한다.
- 복합발작 관리와 증후진단을 위한 특수 약물치료를 고려하기 시작한다.
- 복합 의료 적정(titration) 제도를 통해 환자와 치료에 대한 지원과 지침을 제공한다.
- 투약의 적합성(concordance)을 모니터링한다.
- 뇌전증이 있는 사람을 평가하고 위험평가를 시작한다.
- 뇌전증의 병리와 출현 및 그것이 인지기능에 주는 효과를 이해함으로써 미세한 변화를 확인한다.
- 복합약물치료의 잠재적 합병증, 약의 부작용, 행동변화, 인지적 감퇴를 인지하고 모니터링한다.
- 행동과 뇌전증에 영향을 주는 건강문제와 신체적 장애를 확인한다.
- 뇌전증이 있는 사람과 그 가족에게 교육과 정보를 제공한다.
- 가임연령의 여성에게 수태전 상담(preconception counseling)을 한다.
- 교육적 프로토콜, 기준, 지침을 개발하고 참여한다.
- 임상적 조사(clinical review)에 참여한다.
- 가정에서 독립적으로 살 수 있도록 돕는 유연한 서비스를 제공한다.
- 입원치료를 개선하기 위해 2차 진료와 연락을 취한다.
- 삶의 질과 다른 임상적 결과를 평가한다.
- 회계감사와 연구를 한다.

지적장애가 있는 사람과 뇌전증 위험 평가

뇌전증과 ID를 가진 사람들은 다양한 진료환경에서 살고 있으며 가족이나 부양기관의 지원을 받거나 아니면 자신의 집에서 혼자 산다. 위험의 수준은 각 개인, 뇌전증의 빈도, 중증도(severity), 그리고 발작 순간에 그들을 둘러싼 환경에 따라 달라진다.[97] 심리사회적 불건강 및 발작이 그 사람의 삶의 질에 주는 영향을 감소시키기 위해서 위험수준 평가는 중요하다. 이러한 관리는 통합치료경로의 한 부분으로 뇌전증 전문 간호사에 의해 조정될 수 있다. 뇌전증 전문 간호사는 정신의학, 심리학, 언어치료, 작업치료, 식이요법을 포함하며 믿을 수 있는 위험평가를 수행하는 다학제 팀에 연결되어 있다. 경로의 목표는 다음과 같다.

- 발작관련 불건강을 감소시키는 것이다 – 머리 손상, 화상, 끓는 물에 뎀.
- 발작관련 사망을 감소시키는 것이다 – SUDEP, 익사, 사고.
- 치료관련 불건강을 감소시키는 것이다 – 투약의 부작용, 투약 순응성, 인지적 손상의 모니터링.
- 심리사회적 불건강을 감소시키는 것이다 – 과잉보호 감소, 사회적 활동과 일상생활 활동에 참여하는 것 격려.

동의

치료나 신체적 중재를 하기 전에 확실한 동의를 받아야 하는 게 일반적인 법적·윤리적 원칙이다.[98,99] 동의자격을 갖기 위해서 그 사람은 현재의 결정과 관련된 정보를 이해하고 기억할 수 있어야만 한다. 만약 그 사람이 자격이 없다면 치료에 관한 중요한 원칙은 그 사람에게 최선의 이익이 되는 것이다. 제공되는 치료는 어떤 치료라도 그 사람에게 가장 이익이 되어야 함을 보여줄 수 있도록 그 사람과 가까운 사람들을 포함하는 것은 다학제 팀에게 좋은 관행이 된다.

ID가 있는 사람들이 뇌스캔을 하기 위해 전신마취를 할 때 동의서에 서명이 되지 않으면 수술팀은 마취를 하지 않을 것이다. 뇌전증 전문 간호사는 서비스 간의 체계적인 진료과정을 촉진할 진료 경로를 확립하기 위해 환자와 진료에 포함된 전문가들과 연락을 하는 중요한 위치다.

여성과 뇌전증

ID인 여성은 다른 여성과 마찬가지로 치료되어야 하며 수태전 상담을 받아야 한다. 그들의 발작을 통제하고 피임, 생식, 임신, 태내발달, 양육, 폐경이 뇌전증 자체나 발작을 통제하기 위해 필요한 투약에 의해 위태로워지지 않도록 보장하기 위해서이다. 증거들은 수태전 상담을 뇌전증 전문 간호사에 의뢰하는 것이 이익이 될 수 있다고 제안한다. 간호사는 질문에 답하는 전 과정에 걸쳐서 항상 물을 수 있고 지지적이어야 한다. 그리고 그 여성과 간병인들이 가능한 선택안들을 고려하며 정보를 가지고 결정할 수 있게 해줄 수 있어야 한다.[100]

피임

뇌전증인 여성의 관리를 위한 최선의 실천시침에 따라서 수태전 상담은 진단 시에 시작해야 하고 관리전반에 걸쳐 간격을 두고 반복되어야 한다.[101] 뇌전증 진단과 항뇌전증약 치료는 가임기 여성에게 특수한 문제를 일으킨다. phenobarbitone, primidone, carbamazepine, topiramate는 간의 P-450 미세소체 효소(microsomal isoenzyme)의 유도물질이다. 이 효소는 에스트로겐과 프로게스테론의 대사를 책임지며[102] 피임효력을 감소시킨다. lamotrigine도 경구피임약(COC)의 효력을 감소시키나 증거는 제한적이고 일치하지 않는다. COC는 보통 하루에 50mcg 처방된다. COC는 2~3배까지 신진대사를 유도한다. 이것은 lamotrigine 수준을 더 낮추어서 더 높은 용량이 필요하게 된다.[103] 역으로 COC 사용을 멈추었을 때는 약이 독성 수준에 이르는 걸 막기 위해 lamotrigine 양을 줄일 필요가 있다. 다른 피임 선택안은 12주 간격 대신에 10주 간격으로 depot provera(피임용 주사제)를 맞는 걸 고려하는 것이다.

임신

임신기간 중 lamotrigine의 혈장수준(plasma level)이 떨어진다. lamotrigine의 기저선 수준을 알아내고 임신 동안에 임상적 결정을 뒷받침해줄 lamotrigine 혈장수준을 모니터링하는 것은 좋은 관행이다. 만약 임신 동안 lamotrigine 양이 증가되어야 한다면, 그 양이 임신 후에는 낮아져야 함을 기억해야 한다. 그렇지 않으면 lamotrigine 수준이 독성을 갖게 될 수 있다. 임신 동안의 엽산보충은 이분척추증(spina bifida)의 위험을 감소시킨다. 특히 여성이 효소유도 투약 중이라면 그렇다.

생리와 월경간질(Catamenial Epilepsy)

연구 증거는 활동성뇌전증이 있는 일부 여성은 생리주기 즈음에 발작활동 증가를 경험한다고 말한다. 정확하게 측정하면 단지 12%의 여성만이 발작 발생과 생리주기 간의 분명한 시간관계가 있다.[104] 에스트로겐은 가벼운 간질원성(epileptogenic)이다. 그리고 생리주기에 난포기의 높은 에스트로겐 농도는 더 큰 발작경향을 일으킬 가능성이 있는 기저원인이다. 그러나 발작은 clobazam 같은 간헐적 구조약물에 반응한다.[105, 106]

유전학

유전학 백서는 지식과 이해의 진전이 어떻게 개인의 유전 프로파일에 근거한 더 정확한 진단, 더 개별화된 위험 예측, 신약과 신치료, 목표를 더 잘 잡은 질병 예방과 치료를 가져올 것인지의 윤곽을 보여준다.[107] 뇌전증유전증후군에서의 발전은 희귀한 뇌전증증후군을 더 정확하게 진단할 기회를 계속 제공한다. 그것들은 또한 일반적 질병의 유전적 요인과 환경적 유발요인을 더 잘 알아내게 해준다. 더 정확한 진단을 내릴 수 있게 되는 것은 환자와 가족을 지원하는 데 필요한 서비스가 어떤 것인지 결정하는 것도 돕게 된다. 유전상담에 의뢰된 아동의 부모와 성인들은 지역 유전학 서비스에서와 마찬가지로 뇌전증 전문 간호사에게도 지원을 요구한다.[108, 109]

결론

뇌전증은 만성병이고 ID와 뇌전증을 같이 갖고 있는 사람은 자기 병의 복잡성을 이해하려고 노력해야 한다. 뇌전증이라고 진단받는 것은 발작이 신체에 주는 영향을 다룰 줄 아는 걸 포함한다. 마찬가지로 의학적 및 외과적 뇌전증 관리도 포함된다. ID가 있는 사람에서의 뇌전증 평가는 일반적 서비스와 다르지 않다. 뇌전증 경로를 따라 치료과정을 분명히 그리는 게 중요하다. 이 치료과정이 전문가, 부모, 간병인들로 하여금 분명한 치료기대의 초점을 갖게 해준다. ID가 있는 대부분의 사람들은 증상을 확인하고 건강전문가들에게 그들의 증상을 전달할 때 다른 사람에게 의지한다. 건강전문가를 이끄는 뇌전증 전문 간호사의 개입은 큰 기여를 보여준다. 지역사회 서비스 안에서의 간호사는 뇌전증 치료를 관리하도록 되어 있다. 사람중심 및 사람지향(person-directed) 치료는 모두 뇌전증인 사람이 좋은 삶의 질을 유지하고 그들 일상생활에 큰 영향을 줄 수 있는 심리사회적 결과를 관리할 수 있게 하는 데 중요하다.

참고문헌

1. Smithson. (2000) Epilepsy in primary care. Primary Health Care10:18–21.
2. Hickey J. (2003) The clinical practice of neurological and neurosurgical nursing. Philadelphia: Lippincott, Williams and Williams.
3. American Association on Mental Retardation. (2002) Mental retardation – definition classification and system of supports (AAMR), 10th ed. Washington DC.
4. Department of Health. (2001) Shifting the balance of power within the NHS securing delivery. London: HMSO.
5. National Assembly for Wales. (2001) Fulfilling the promises: A proposal for a framework for services for people with learning disabilities. Cardiff: NAW.
6. Department of Health. (2001) Valuing people: A new strategy for learning disability for the 21st century. London: HMSO.
7. National Society for Epilepsy. (2004) London.
8. Morgan C, Kerr M. (2001) The epidemiology of epilepsy revisited. Ann Neurol 49:336–344.
9. Epilepsy Action. (2005) Epilepsy facts, figures and terminology. http://www.epilepsy.org.uk/uk/press/facts.html
10. Morgan C, Kerr M. (2002) Epilepsy and mortality: A record linkage study in a UK population. Epilepsia 43: 1251–1255.
11. Lhatoo S, Sander J. (2001) The epidemiology of epilepsy and learning disability. Epilepsia 42: 6–9.
12. Bowley C, Kerr M. (2000) Epilepsy and intellectual disability. J Intellect Dis Res 44: 529–543.
13. International Association of the Scientific Study of Intellectual Disabilities (IASSID). (2001) Clinical guidelines for the management of epilepsy in adults with an intellectual disability. Seizure 10: 401–409.
14. Crawford P, Brown S, Kerr M. (2001) A randomized open-label study of gabapentin and lamotrigine in adults with learning disability and resistant epilepsy. Seizure 10: 107–115.
15. Sheepers M, Kerr M. (2003) Epilepsy and behaviour. Neurology 16: 183–187.
16. Deb S, Joyce J. (1999) The use of antiepileptic medication in a population-based cohort of adults with learning disability and epilepsy. Int J Psych Clin Practice 3: 1–5.
17. Welsh Office. (1995) Welsh health survey. Cardiff: Welsh Office.
18. Kerr M, Bowley C. (2001) Multidisciplinary and multiagency contributions to care for those with learning disability who have epilepsy. Epilepsia 42: 5–56.
19. Smithson WH. (2000) Epilepsy in primary care. Primary Health Care 10: 18–21.
20. Clarke B, Upton A, Castellanos C. (2006) Work beliefs and work status in epilepsy. Epilepsy Behav 9: 119–125.
21. Hannah J, Black M, Sander J, et al. (2002) The national sentinel clinical audit of epilepsy related death: Epilepsy — Death in the shadows. London: The Stationary Office.
22. British Medical Association. (2004) New general medical services contract. BMA. London:
23. National Institute for Clinical Excellence. (2004) The epilepsies: Diagnosis and management of the epilepsies in adults in primary and secondary care. London: NICE.

24. Department of Health. (2005) National service framework for long term conditions. London: HMSO.
25. Wolfensberger W. (1972) The principles of normalisation in human services. Toronto: National Institute on Mental Retardation.
26. Wolfensberger W. (1983) Social role valorisation: A proposed new term for the principle of normalisation. Mental Retard 21: 234–239.
27. O'Brien J. (1987) A guide to lifestyle planning: using the activities to integrate services and natural support systems. In: Wilcox BW, Bellamy GT. The activities catalogue: An alternative for youth and adults with severe disabilities. Baltimore: PH Brookes.
28. Gates B. (2003) Learning disabilities: Toward inclusion, 4th ed. Churchill Livingstone. London:
29. Department of Health. (1998) Signposts to success in commissioning and providing health services for people with learning disabilities. London: NHS Executive.
30. Department of Health. (1999) Making a difference. Strengthening the nursing, midwifery and health visiting contribution to health and healthcare. London: HMSO.
31. Department of Health. (2001) Shifting the balance of power within the NHS securing delivery. London: HMSO.
32. Corbett J, Thomas C, Prior M, et al. (2003) Health facilitation for people with learning disabilities. Br J Comm Nursing 8: 405–410.
33. Howells G (1996) Situations vacant: Doctors required to provide care for people with learning disabilities. Br J Gen Practice 46: 59–60.
34. Williams R, Rhead L. (2003) Community learning disability nursing. In: Watkins W, Edwards J, Gastrell P (eds.). Community health nursing: Frameworks for practice. London: Bailliere Tindall.
35. Cumella S, Martin D. (2002) Secondary care for people with a learning disability. Br Inst Learning Disability. London: BILD.
36. Gibson T. (2006) Welcoming the learning disabled practice. Practice Nursing 17: 593–596.
37. Kerr M. (2006) Reducing the impact of epilepsy in people with a learning disability. Prog Neurol Psychiat 10: 20–26.
38. Department of Health. (2003) Improving services for people with epilepsy. Action Plan. London: DOH.
39. Powrie E. (2001) Caring for adults with a learning disability. Br J Nursing 10: 928–939.
40. Beacock C. (2001) Come in from the cold. Nursing Standard 15: 23.
41. Gates B. (2003) Learning disabilities: Toward inclusion, 4th ed. Churchill Livingstone. London:
42. Davies D, Northway R. (2001) Collaboration in primary care. J Comm Nursing 15: 14–18.
43. Hunt C, Flecknor D, King M, et al. (2004) Access to secondary care for people with learning disabilities. Nursing Times 100: 34–36.
44. Bollard M. (1999) Learning disability nursing: Improving primary care for people with learning disabilities. Br J Nursing 8: 1216–1221.
45. British Epilepsy Association. (2000) An agenda for action. Leeds: BEA.
46. Brown S. (1999) A two year follow up of NHS executive letter 95/120. Where is the commitment to equality? Seizure 8: 128–131.
47. Bradley P. (1998) Audit of epilepsy services in Northamptonshire Health Authority.
48. Jenkins L, Brown S. (1996) Some issues in the assessment of epilepsy occurring in the context of learning disability in adults. Seizure 1: 49–55.
49. Singh P. (1997) Prescription for change: Mencap report on the role of GP's and carers in the provision of primary care for people with learning disabilities. London: Mencap.
50. Thornton C. (1999) Effective healthcare for people with learning disabilities: A formal carers' perspective. J Psych Ment Health Nursing 6: 383–390.
51. Espie C. (1998) The epilepsy outcome scale: The development of a measure for use with carers of people with epilepsy plus intellectual disability. J Intellect Dis Res 42: 90–96.
52. Kerr M, Todd S. (1996) Caring together in epilepsy. Issues in the care of people with learning disabiliti es and epilepsy. Cardiff: The Welsh Centre for Learning Disabilities.
53. Department of Health. (2000) Services for patients with epilepsy. The Stationary Office. London: Report of a clinical standards Advisory Group (CSAG) committee chaired by

Professor Alison Kitson.

54. Reynolds E. (2002) Epilepsy in the world: Launch of the second phase of the ILAE/IBE/ WHO global campaign against epilepsy. Epilepsia 43: 6.

55. Epilepsy Action. (2005) Epilepsy facts, figures and terminology. http://www.epilepsy.org. uk/uk/press/facts.html

56. Department of Health. (2003) New roles for nurses and GPs to expand primary care and drive down waiting lists. http://www.dh.gov.uk/publicationsandstatistics/pressreleases/pressreleasesnotices/

57. British Medical Association. (2004) New general medical services contract. London: BMA.

58. Joint Epilepsy Council. (2002) National statement of good practice for the treatment and care of people who have epilepsy. Liverpool: JEC.

59. Bowley C, Kerr M. (2000) Epilepsy and intellectual disability. J Intellect Dis Res 44: 529–543.

60. Kerr M, Bowley C. (2001) Multidisciplinary and multiagency contributions to care for those with learning disability who have epilepsy. Epilepsia 42: 55–56.

61. Kacperek L. (1997) Non-verbal communication: The importance of listening. Br J Nursing 6: 275–279.

62. Van der Gaag A. (1998) Communication skills and adults with learning disabilities: Eliminating professional myopia Br J Learning Disabil 26: 88–93.

63. Bouras N, Drummond C. (1992) Behaviour and psychiatric disorders of people with mental handicaps living in the community. J Intellect Dis Res 36: 349–357.

64. Deb S. (1997) Mental disorder in adults with mental retardation and epilepsy. Compr Psychiat 38: 179–184.

65. Shuttleworth A. (2004) Implementing new guidelines on epilepsy management. Nursing Times 100: 28–29.

66. Frith A. (1997) Improving health of people with learning disabilities living in the community. The Halton Learning Disabilities Project. North Cheshire Health.

67. Kerr M, Espie C. (2002) Epilepsy and learning disability. Implications for quality of life. In: Epilepsy. Beyond seizure counts in assessment and treatment. In: Baker G, Jacoby A (eds.). Amsterdam: Harwood Academic Publishers.

68. Espie C, Watkins J, Duncan R, et al. (2003) Perspectives on epilepsy in people with intellectual disabilities: Comparison of family carer, staff carer and clinical score profiles on the Glasgow Epilepsy Outcome Scale (GEOS). Seizure 12: 195–202.

69. Hayes C. (2004) Clinical skills: Practical guide for managing adults with epilepsy. Br J Nursing 13: 7–10.

70. National Institute for Clinical Excellence. (2004) The epilepsies: Diagnosis and management of the epilepsies in adults in primary and secondary care. NICE, London: 37.

71. Scottish Intercollegiate Guidelines Network. (2003) Diagnosis and management of epilepsy in adults. Edinburgh: SIGN.

72. Risdale L, Kwan I, Morgan M. (2003) How can a nurse intervention help people with newly diagnosed epilepsy? A qualitative study of patients' views. Seizure 12: 69–73.

73. Mills N, Bachmann M, Cambell R, et al. (1999) Effect of a primary care based epilepsy service on quality of care from a patients perspective: Results at two years follow-up. Seizure 8: 291–296.

74. Macdonald D, Torrance N, Wood S, et al. (2000) General-practice-based nurse specialists-- taking a lead in improving the care of people with epilepsy. Seizure 9: 31–35.

75. Hatchett R. (2003) Nurse led clinics: Practice issues. Routledge. London:

76. Poole K, Moran N, Bell G. (2000) Patients' perspectives on services for epilepsy: A survey of patient satisfaction, preference and information provision in 2394 people with epilepsy. Seizure 9: 551–558.

77. Risdale L. (2000) The effect of a specially trained epilepsy nurses in primary care: A review. Seizure9:43–46.

78. Mills N, Campbell R, Bachmann M. (2002) Professional and organizational obstacles to establishing a new specialist service in primary care. Case study of an epilepsy specialist nurse. J Adv Nursing 37(1): 43–51.

79. Rogers D, Taylor M. (1996) Don't fit in front of your work mates: Living with epilepsy in

Doncaster. Doncaster: Doncaster Medical Audit Advisory Group.

80. Rogers G. (2003) Emerging guidance for epilepsy: The onus on primary care professionals to have an increased awareness of epilepsy issues. Primary Health Care 13 (6): 39–42.

81. Department of Health. (1997) The new NHS. London: HMSO.

82. National Institute for Clinical Excellence. (2004) The epilepsies: Diagnosis and management of the epilepsies in adults in primary and secondary care. NICE, London: 37.

83. Scottish Intercollegiate Guidelines Network. (2003) Diagnosis and management of epilepsy in adults. Edinburgh: SIGN.

84. Hannah J, Brodie M. (1998) Epilepsy and learning disabilities — a challenge for the next millennium? Seizure 7: 3–13.

85. Kerr M. (2003) Fraser W, Kerr M. Epilepsy in the psychiatry of learning disabilities. In: 2nd ed. London: The Royal College of Psychiatrists.

86. Rogers G. (2003) Emerging guidance for epilepsy: The onus on primary care professionals to have an increased awareness of epilepsy issues. Primary Health Care 13 (61): 39–42.

87. Hatchett R. (2003) Nurse led clinics: Practice Issues. London: Routledge.

88. Poole K, Moran N, Bell G, et al. (2000) Patients' perspectives on services for epilepsy: A survey of patient satisfaction, preference and information provision in 2394 people with epilepsy. Seizure 9: 551–558.

89. Risdale L, Robins D, Cryer C, et al. (1997) Feasibility and effects of nurse run clinics for patients with epilepsy in general practice: Randomised controlled trial. Br Med J314: 120–122.

90. Scrambler A, Scrambler G, Risdale L, et al. (1996) Towards an evaluation of the effectiveness of an epilepsy nurse in primary care. Seizure 5: 255–258.

91. Goodwin M, Higgins S, Lanfear J, et al. (2004) The role of the clinical nurse specialist in epilepsy in the United Kingdom. Epilepsia 43: 8.

92. Epilepsy Advisory Board. (1999) Epilepsy care: Making it happen. A toolkit for today. London: Epilepsy Advisory Board.

93. Scrambler A, Scrambler G, Risdale L, Robins D. (1996) Towards an evaluation of the effectiveness of an epilepsy nurse specialist in primary care. Seizure 5: 255–258.

94. Higgins S. (2006) Quantifying the role of nurse specialists in epilepsy. Data from diaries and interviews. Br J Neurosci Nursing 2 (5): 239–246.

95. Taylor M, Readman S, Hague B, Boulter V, Hughes L, Howells S. (1994) A district epilepsy service, with community based specialist liaison nurse and guidelines for shared care. Seizure 3: 121–127.

96. Appleton R, Sweeney E. (1995) The management of epilepsy in children: The role of the clinical nurse specialist. Seizure 4: 287–291.

97. International Association of the Scientific Study of Intellectual Disabilities (IASSID). (2001) Clinical guidelines for the management of epilepsy in adults with an intellectual disability. Seizure 10: 401–409.

98. National Assembly for Wales. (2002) Reference guide to consent for examination or treatment. Cardiff: NAW.

99. British Medical Association and the Law Society. (1995) Assessment of mental capacity: Guidance for doctors and lawyers. London: BMA Publishing Group.

100. Greenhill L, Betts T. (2003) The lifelong care needs of women with epilepsy. Practice Nursing 14 (7): 302–309.

101. Crawford P. (2005) Best practice guidelines for the management of women with epilepsy. Epilepsia 46 (9): 117–124.

102. Craig J. (2005) Epilepsy and women. In: Saunder J, Walker M, Smalls J (eds.). Epilepsy 2005, from euron to NICE: A practical guide, 10th ed. St. Annes College. Oxford: Lecture notes for the 10th epilepsy teaching weekend.

103. Sabers A, Bucholt J, Uldall P, Hansen E. (2001) Lamotrigine plasma levels reduced by oral contraceptives Epilepsy Res 47: 151–154.

104. Svalheim S, Tauboll E, Bjornenak T, Morland T. (2006) Onset of epilepsy and menarche — Is there any relationship? Seizure 15: 571–575.

105. Shorvon S. (2000) Handbook of epilepsy treatment. London: Blackwell Science.
106. Betts T, Crawford P. (1998) Women and epilepsy. London: Martin Dunitz.
107. Department of Health. (2003) Our inheritance, our future. Realising the potential of genetics in the NHS. London: The Stationary Office.
108. Barr O, Miller R. (2003) Parents of children with intellectual disabilities, their expectations and experience of genetic counseling. J Applied Res Intellectual Disabil. 16: 189–204.
109. Skirton H. (2001) The client's perspective of genetic counseling — a grounded theory study. J Genet Counseling 10 (4): 311–329.

에필로그—늘 그대로인가?

M. P. Kerr & V. P. Prasher

서론

만약 전문가와 돌보는 사람이 이 책에 있는 지식을 소화하고 실천한다면, 많은 뇌전증 환자들의 삶의 질이 향상될 것이다. 그러나 뇌전증은 여전히 매우 심한 발작장애를 가지고 있고 많은 사람을 사회적 통합이 제한된 상태로 방치하고 있다. 우리가 끝으로 하고 싶은 질문은 "지적장애와 뇌전증이 있는 사람들은 늘 그대로인가?"라는 것이다. 그래서 우리는 지적장애가 있는 사람들에 대한 뇌전증 치료의 미래에 대해 서로 관련된 세 개의 소망을 제안한다. 그것은 전문화된 뇌전증 서비스에 대한 보편적 접근, 발작으로부터의 해방, 뇌전증 관련 사회적 제약의 부재이다.

전문화된 치료에 대한 보편적인 접근이 가능해져야 한다. 하지만 그러기 위해서는 큰 장벽이 제거될 필요가 있다. 첫 번째 장벽은 이 집단의 실제 요구에 대한 교육과 인정의 부족이다. 그것은 요구를 저평가(그리고 자금을 충분히 지원하지 않는)하는 경향을 가져온다. 지적장애와 뇌전증이 있는 사람으로 치료의 일부 측면의 변화로부터 이익을 볼 수 없는 사람은 없다. 여전히 뇌전증 관리 자체의 변화를 위한 준비 또는 변화를 나타낼 준비가 안 되어 있는 서비스로 인해서 이 집단이 너무 자주 모든 고생을 하

V. P. Prasher, M. P. Kerr(eds.) *Epilepsy and Intellectual Disabilities,*
DOI : 10.1007/978-1-84800-259-3_14, ⓒ Springer Science+Business Media, LLC 2008

고 있다. 이러한 상황을 시정하기 위한 접근은 1차 치료와 2차 치료 모두에 이들과 돌보는 사람의 능력(empowerment) 및 감시 가능한(auditable) 치료기준을 포함시켜야만 한다. 건강시스템이 목표지향적이라면 이런 목표들이 건강증진에 의미 있게 연결되어야 한다. 두 번째 장벽은 철학적 소망을 잘못된 대상에 두는 것이다. 일상적 생활은 생활에서의 일상적 결과산출을 의미하며 그것을 달성하려면 매우 특수한 도움이 필요할 수 있다. 이런 집단을 위한 뇌전증 서비스는 이러한 요구를 반영해야 한다. 1차 치료를 받는 대다수의 사람들에 대한 현재의 매우 간략한 개관의 관행은 단지 이 모집단의 요구를 충족시키지 못하게 될 뿐이다. 일반적 관리(generic care) 정책은 일부 환자가 숙련된 학습장애 서비스에 접근하는 것을 제한할 것이다. 숙련된 학습장애 서비스는 이 사람들의 복합적인 요구를 인식하고, 접근하는 게 가능하다. 게다가 그런 일반 정책은 비학습장애 서비스에서 치료를 제공하려는 노력을 줄이게 될 것이다. 결국 정치적 및 전문적 우선순위가 필요하다. 이것은 특히 목소리가 거의 들리지 않는 집단에서 중요하다.

발작으로부터의 해방은 비현실적으로 보일 수 있다. 이것은 중요한 열망을 남겨둔다. 이 목표를 달성하기 위한 과학적 기반은 항상 진전하고 있다. 뇌자도(magnetoencephalogram)와 증가된 MRI 스캐너의 힘과 같은 신경영상의 새로운 방법론은 구체적 뇌손상을 확인하는 능력을 증진시키고 수술 선택에 대한 접근을 증가시킨다. 약학의 진보는 AED의 새로운 목표를 확인하거나 또는 내성이 향상된 약의 생산을 통해서 느리긴 하나 분명한 진전을 계속하고 있다.

이러한 향상이 발작 해방을 조금씩 이루어낼 것이지만, 가장 큰 변화가 이루어지는 것은 이 사람들을 이해하는 우리의 능력의 진전을 통해서일 것이다. 이러한 향상은 주로 유전학과 분자생물학 분야에서 일어났다. 치료에 대한 반응의 개인차는 뇌전증 관리의 통합부분이긴 하지만―고용량의 AED를 견뎌내는 한 사람의 능력과 가장 작은 용량도 견뎌내지 못하는 다른 사람의 능력이 보여주듯이―우린 왜 그런지에 대해 잘 알지 못했다. 약이 뇌로 이동하는 방식을 이해하는 것에서의 최근의 진전은 여러 종류의 약에 대한 내성 단백질(Multi Drug Resistance Proteins)로 알려진 시스템을 통해 정확한 약용량을 알기 위한 확인가능한 잠재적 기전을 확인했다. 연구자들은 이러한 단백질의 표출에서 보이는 개인적 유전적 변이가 AED가 뇌로 수송되는 데 영향을 줌을 보여주었다. 아마도 이것이 어떤 사람들에게 있는 약에 대한 '내성'을 설명해줄 것이다. 사람들을 이해하는 데서의 그다음으로 큰 진전은 지적장애의 인과관계의 인식을 통해서 왔다. 이러한 유전지식의 폭발은 특정 인과관계가 그것의 작용 양식에 따라서 또는 일부 사례에서는 개별 원인을 치료하는 능력을 통해서 적합한 특정 치료유형을 찾을 수 있다는 희망을 품게 한다. 뇌전증 발달로 이끌 수 있는 과정을 실제로 되돌리는 일은 먼 꿈으로 남아 있지만, 최근 연구는 Rett Mice에서 표출된 Rett 표현형의 측면들이 그런 가역성이 가능하다는 증거로 작용함을 보여준다.

　뇌전증 관련 사회적 제약의 제거는 완전히 다른 일련의 장애물이다. 의학적 진보가 발작 제거를 통해서 또는 급성발작의 향상된 치료를 통해서 장애 중 일부는 물리칠 수 있다. 불행하게도 지적장애가 없는 뇌전증 환자 연구로부터의 교훈은 발작 세거가 본질적으로 뇌전증과 관련한 낙인을 완전히 제거해주지 못함을 말해준다. 이런 점에도 불구하고 뇌전증은 천천히 '그림자를 벗어나고' 있으며 이것이 지적장애인 사람을 도울 것이다. 비차별적 법적 제도의 지원을 받은 공교육, 뇌전증 롤모델의 확인이 사회적 제약을 감소시키는 길로 갈 것이다.

　다른 것과 분리되어 존재하는 의학 부문은 없다. 그리고 뇌전증이 있는 지적장애인 사람들이 연구의 우선순위는 아니지만 전체 과학에 걸쳐서 이루어진 진보로부터 이들은 많은 이익을 볼 것이다. 미래는 완벽하지 않을 것이지만 희망이 있다. 이 집단에 관계된 사람들의 과제는 목소리가 들리는 것을 보장하는 것이다. 이것은 이 집단의 중요성을 인정하는 것뿐만 아니라 이들의 특수한 요구와 특수한 도전을 충족시키는 일이 모든 이의 치료를 향상시킬 것이다.

찾아보기

Frank M.C. Besag, FRCP, FRCPsych, FRCPCH
Department of Neuropsychiatry, Bedfordshire and Luton Partnership NHS Trust,
Twinwoods Health Resource Centre, Bedford, UK

Stephen W. Brown, MA, MB, BChir, FRCPsych
Department of Neuropsychiatry, Cornwall Partnership NHS Trust and Peninsula
Medical School, Cornwall, UK

Jennifer D. Dolman, BM, MRCPsych, MSc(Epilepsy),
Learning Disabilities Service, Gloucestershire Partnership NHS Foundation
Trust, Gloucester, UK

Elizabeth Furlong, MBChB, MRCPsych
Department of Psychiatry, Queen Elizabeth Psychiatric Hospital,
Birmingham, UK

Christine L. Hanson, BSC (Hons), RNMH, SpPrCNLD, DipCHS, DipEp
Learning Disabilities Directorate, Bro Morgannwg NHS, Cardiff, Wales

Mike P. Kerr, MBChB, MRCPsych, MSc, MPhil, F.IASSID,
Welsh Centre for Learning Disabilities, Cardiff University, Cardiff, Wales

Ann Johnston, MB, MRCP
Department of Neurology, University Hospital of Wales, Cardiff, Wales

Peter Martin, MD
Séguin Clinic for Persons with Severe Intellectual Disability, Epilepsy Centre
Kork, Kehl-Kork, Germany

Christopher L.L. Morgan, BA, MSc, DFPH
Department of Pyschology, Cardiff University, Cardiff, Wales

Andrew Nicolson, MD, MRCP
Department of Neurology, The Walton Centre for Neurology and Neurosurgery,
Liverpool, UK

Vee P. Prasher, MBChB, MMedSc, MRCPsych, MD, PhD, F.IASSID
Department of Neuropsychiatry, The Greenfields, Monyhull Hospital,
Birmingham, UK

Mark I.A. Scheepers, MBChB, MRCPsych
Learning Disabilities Service, Gloucestershire Partnership NHS Foundation Trust,
Gloucester, UK

Mary Lou Smith, PhD
Department of Psychology, University of Toronto, Mississauga, Canada

Philip E.M. Smith, MD, FRCP
Epilepsy Unit, Department of Neurology, University Hospital of Wales,
Cardiff, Wales

Lathika Weerasena, MBBS, MD, MRCPsych
Department of Psychiatry, Sandwell Mental Health and Social Care Trust, West
Bromwich, UK

Jodie Wilcox, MRCPsych
Department of Psychiatry, Bro Morgannwg NHS Trust, Cardiff, Wales

Sameer M. Zuberi, MB, ChB, FRCP, FRCPCH
Fraser of Allander Neurosciences Unit, Royal Hospital for Sick Children,
Glasgow, Scotland

역자 소개

송길연

서울대학교 심리학과 문학 석사

중앙대학교 심리학과 문학 박사

세종대학교 겸임교수, 서울대학교, 중앙대학교, 충북대학교 강사 역임

현재 한국심리학회 산하 발달심리학회 전문가 자격관리위원

성신여자대학교, 서강대학교 출강

아이캔! 인지학습발달센터 소장

문진화

한양대학교 의과대학 의학박사

소아과 전문의, 소아신경전문의

현재 한양대 구리병원 소아청소년과 교수

이진숙

서울대학교 의과대학 졸업

서울대학교 의학대학원 뇌신경과학 박사수료

현재 가천대 길병원 소아청소년과 교수